Aventura Nueva: 3

Rojo

>ROSA MARÍA MARTÍN >MARTYN ELLIS

Hodder Murray

A MEMBER OF THE HODDER HEADLINE GROUP

Acknowledgements

The authors would like to thank the following for their contribution to the production of this book:

Tessa and Isabel Ellis Martín, our daughters; Señores Manuel Martín and Rosa Yuste; the people of Belchite and Zaragoza who assisted in the project and all other friends and family members who gave their support; and finally the editorial team at Hodder: Tim Weiss, Katia Dallafior, Martin Davies, Debbie Clegg and all other members of the team.

The Publishers would like to thank the following for permission to reproduce copyright material:

Photo credits
© Franz-Marc Frei/Corbis, p32 (left-hand photo); © Pat Behnke/Alamy, p32 (right-hand photo); © O. Alamany & E. Vicens/Corbis, p42 (photo a); © David Stares/Alamy, p42 (photo b); © Macduff Everton/Corbis, p42 (photo c); © Reuters/Corbis, p42 (photo d); © Liam Bailey/Alamy, p52 (photo a); © Emma Lee/Life File, p52 (photo c); © oote boe/Alamy, p52 (photo d); © Taxi/Getty Images, p92; © Fernando Alda/Corbis, p94 (top photo); © Enigma/Alamy, p94 (bottom photo); © Kevin Schafer/Corbis, p95 (top photo); © Patrick Ward/Corbis, p95 (bottom photo); © Robert Harding Picture Library Ltd/Alamy, p96 (bottom photo); © ALBERT GEA/Reuters/Corbis, p97 (top photo); © Rex 350276A, p97 (bottom photo); © British Film Institute, p123; © Stone Getty eb6560-002, p137 (right-hand photo); © Stone/Getty Images, p140; © Michael Juno, p144 (photo a); © EPA/EMPICS, p144 (photos b, h, i, j); © Photodisk, pp144 (photos c, e, f), 162 (bottom photo); © Rex 450005W, p144 (photo d); © Rex 411028B/ Sipa Press, p144 (photo g); © Image bank Getty 200148267-002, p157; © Carmen Redondo/Corbis, p162 (top photo); © Galen Rowell/Corbis, p162 (middle photo); © Peter M. Wilson/Corbis, p163 (left-hand photo); © Rolf Richardson/Alamy, p163 (middle photo); © Owen Franken/Corbis, p163 (right-hand photo); © Jeff Greenberg/Life File, p172.

Every effort has been made to trace all copyright holders, but if any have been inadvertently overlooked the Publishers will be pleased to make the necessary arrangements at the first opportunity.

Although every effort has been made to ensure that website addresses are correct at time of going to press, Hodder Murray cannot be held responsible for the content of any website mentioned in this book. It is sometimes possible to find a relocated web page by typing in the address of the home page for a website in the URL window of your browser.

Orders: please contact Bookpoint Ltd, 130 Milton Park, Abingdon, Oxon OX14 4SB. Telephone: (44) 01235 827720. Fax: (44) 01235 400454. Lines are open 9.00–6.00, Monday to Saturday, with a 24-hour message answering service. Visit our website at www.hoddereducation.co.uk

© Rosa María Martín, Martyn Ellis 2005
First published in 2005 by
Hodder Murray, an imprint of Hodder Education,
a member of the Hodder Headline Group
338 Euston Road
London NW1 3BH

Impression number   10 9 8 7 6 5 4 3 2 1
Year   2010 2009 2008 2007 2006 2005

Cover photo © The Image Bank/Getty Images.
Typeset in New Century Schoolbook 10/12pt by Pantek Arts Ltd, Maidstone, Kent
Printed in Italy

A catalogue record for this title is available from the British Library

ISBN-10: 0340 876 328
ISBN-13: 978 0340 876 329

Aventura Nueva: 3

CONTENTS

Contents

Welcome to **Aventura Nueva 3**, the third level of the new Spanish course that will help you to extend your knowledge of Spanish throughout Years 10 and 11 and at the same time prepare you for important examinations.

At this level, you will continue to practise using some of the language that you have already studied and will add to this some more important structures and grammar points. Alongside, the wide range of topics in the course will help you to build up your knowledge of vocabulary. As the interesting and varied tasks in each **Unidad** help you to develop your listening, reading, speaking and writing skills, so you become better prepared to pass your examination.

The third book of the series is in a slightly different format from the previous two. There are twenty **Unidades** altogether, each one on a different topic or range of topics, and each one broken down into three, sometimes four, lessons (A, B, C and D). After **Unidades** 5, 10 and 20 you get an opportunity to practise your speaking skills further through a set of role plays based on the language you have just learned and practised. In addition, **Unidades** 11 and 20 provide you with lots of revision practice in reading and writing skills. After **Unidades** 11 and 20 you will also find coursework tasks with longer texts and questions to check your understanding, followed by a related writing task, which gives you a chance to express yourself in Spanish.

Of course, grammar is a very important part of all language courses, so in this book we have given you as much help as possible to provide you with useful and easy-to-understand information. First of all, each time a new or recycled item of grammar appears in a lesson, we give you a short explanation and example of the grammar point on the same page. Then at the end of the **Unidad** you will see a page devoted to a full explanation of the same grammar points. Finally, at the end of the book, we have included a full grammar section, which includes verb forms and tenses as well as all the other grammar items covered in the course.

The other very important element is vocabulary. At the end of each **Unidad**, we have given you a list, from Spanish to English, of all the key vocabulary from the **Unidad**. This means that if you have any difficulties understanding any of the texts or other language items, all you have to do is quickly refer to this section. If, on the other hand, you need to find a word in Spanish that you know in English, simply turn to the back of the book and look the word up in the English-Spanish word list. Simple!

Remember that you also have the *Cuaderno* (Workbook), which provides you with further practice for all the lessons you do.

Enjoy learning and communicating in Spanish,

¡Buena suerte!

¿Qué sabes?

Lee lo que dice Pepe y escribe las preguntas que corresponden a cada respuesta.

1 Escucha a María que hace las preguntas a Pepe y compáralas con tus preguntas.

2 Lee la postal de Tessa.

Hola, amigos y amigas:

Algunos ya me conocéis pero otros no, <u>por eso</u> os cuento algo sobre mí. Me llamo Tessa. Tengo catorce años y soy española, <u>pero</u> también soy inglesa, <u>porque</u> mi padre es inglés. Mi madre es española y <u>por eso</u> yo nací en España, pero vivo en Inglaterra, vivo en Londres. Mi cumpleaños es el diecisiete de junio. Tengo una hermana más pequeña que yo <u>que</u> se llama Isabel. Estudio cuarto curso de secundaria en un instituto. Tengo muchos amigos y amigas en España porque normalmente voy siempre de vacaciones a un pueblo que se llama Belchite. <u>También</u> tengo muchos amigos y amigas en Inglaterra. En las vacaciones fui primero dos semanas a la playa, a Marbella, que está en el sur de España, fui con mis padres. <u>Después</u> fui un mes al pueblo con mis abuelos. Lo pasé muy bien. ¿Y tú?

Un abrazo, Tessa.

a Contesta las preguntas.

1. ¿Qué información personal da?
2. ¿Adónde va de vacaciones normalmente?
3. ¿Adónde fue las vacaciones pasadas?
4. ¿Qué tal lo pasó?

b ¿Qué significan las palabras subrayadas?

Interrogative pronouns (question words)

Don't forget the accent: **qué** *what*; **cómo** *how / what*; **dónde** *where*; **cuándo** *when*; **cuántos / cuántas** *how many*.

Remember the past: **fui** *I went*; **nací** *I was born*; **lo pasé muy bien** *I had a good time* (lit. **pasé** *I passed / spent*).

3 Escribe una postal similar con a) tu información personal; b) tus vacaciones pasadas.

 **4** Habla con tu compañero/a: usa la información de la postal.

Ejemplo: Me llamo… Tengo… años… Mis padres son de… En las vacaciones fui a… (la playa) 15 días. Fui con… Lo pasé muy bien.

 **5** Lee el artículo sobre lo que tienes que hacer para organizarte y empezar bien el nuevo curso. Une cada consejo con su dibujo correspondiente.

CURSO NUEVO, VIDA NUEVA

¿Eres ordenado o eres un desastre? Si eres un desastre, éste es un buen momento para solucionar tu problema. Así que si quieres empezar el curso bien, éstas son las cosas que tienes que hacer:

1 Tienes que limpiar y ordenar tu cuarto todas las semanas.
2 Tienes que planificar tus actividades y escribirlas en tu agenda.
3 Tienes que hacer los deberes y estudiar todos los días.
4 Tienes que trabajar en equipo y ser simpático/a con tus compañeros/as y profesores.
5 Tienes que comer comida sana.
6 Tienes que hacer ejercicio.
7 Tienes que dormir de ocho a diez horas.
8 Pero sobre todo: tienes que divertirte porque así puedes estudiar más y vivir mejor durante todo el año.

 **6** Escucha a Manolo que habla de lo que tiene que hacer este año. Compara con el artículo de la Actividad 5. ¿Qué es diferente?

 **Meta**

Y tú, ¿qué planes tienes para el curso? Haz una lista, de más importante a menos importante (lo más importante primero). Habla con tus compañeros/as y compara las listas.

Ejemplo: Tengo que estudiar español todos los días.

Ayuda

Uses of *tener*
to have: **Tengo una hermana.** *I have a sister.*

Instead of *to be* to give ages: **Tengo 14 años.** *I'm 14 years old. (lit. I have 14 years.)*

to have to do something: **Tengo que hacer más ejercicio.** *I have to do more exercise.*

 ¿Qué sabes?

Sergio va a hacerse socio de un club deportivo. ¿Qué preguntas de información personal crees que le hace la recepcionista del club para rellenar la ficha?
Decide con tu compañero/a.

STADIUM DELICIAS

R –   Aprobado en J. R. de ....
Número de Registro ....

SOLICITUD SOCIO DE NÚMERO

D. .... con domicilio en calle .... número .... piso .... Natural de
.... Fecha de nacimiento .... de .... de ....
Estado .... Profesión .... (indicar centro estudios, organismo o empresa donde trabaja) .... Hijo de .... profesión .... y de .... profesión
.... domiciliados en ....

---

1 Escucha el diálogo. ¿Coinciden tus preguntas con las de la recepcionista? Completa la ficha.

2 Haz un diálogo similar con tu compañero/a. Completad la ficha con vuestros datos.

3 Escucha a Tessa, Sergio y David y contesta en inglés.

1 Where are they?
2 Who is Sergio?
3 Who is David?
4 Who doesn't know whom?
5 Who introduces the other two people?

4 Ahora practica presentaciones con tus compañeros/as. Tú: Presenta a Estudiantes A y B.

Ayuda

Remember to use **ser** (*to be*) with names, professions and nationalities.

Soy María, soy profesora, soy española.

Note: **Soy profesor. (Soy ~~un~~ profesor.)**

Ayuda

Presentaciones

Te presento a Tessa. *I'd like you to meet Tessa.* (Personal pronoun **te**: informal *you*)

Use **Le** instead of **Te** in a very formal situation: **Le presento al señor Ruíz.**

Éste es Sergio. *This is Sergio.* (Demonstrative pronoun **éste** / **ésta**: *this*)

Mucho gusto / Encantado/a. *Pleased to meet you.*

5   **Ahora completa el diálogo. Escucha otra vez y comprueba.**

David: Mira, Sergio, ésta _____ la cafetería. ¡Hombre! Aquí _______ Tessa. Hola, Tessa.

Tessa: Hola, David. ¿Qué _____?

David: Muy _________, ¿y tú?

Tessa: Bien, gracias.

David: Mira, Sergio, te presento a Tessa. Tessa _______ casi todos los días al club.

Tessa, éste _____ Sergio, _____ nuevo en el club.

Sergio: Mucho gusto, Tessa.

Tessa: ¿Qué _____, Sergio?

Sergio: Bien, _______.

David: Bueno, tengo que irme. Hasta __________.

Sergio y Tessa: Hasta __________.

6   **Escucha a estas dos personas que se presentan y dicen su profesión y la dirección de sus oficinas. Completa sus tarjetas de visita.**

Tarjeta a

Pilar _________

Ejecutiva

Avda _____ no. _____ 1º ___

Tel. 976_________

Zaragoza

Tarjeta b

Ricardo _________

C/ _______ no. _____ 2º ___

Tel. ___________

Málaga

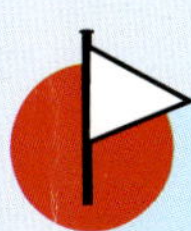   **Meta**

Haz un diálogo similar con tu compañero/a.
Usa la información de las tarjetas.

Estudiante A: Señora (o Señor) Gonzálvez

Estudiante B: Señor (o Señora) Yuste

Usted ('you' formal) is used with the third person singular of the verb:
¿Es usted la señora Gonzálvez?

C: Mi familia

Objectives: ■ Talk about your family

¿Qué sabes?

Une el nombre con la palabra de la familia. Después escucha y comprueba.

Ejemplo: 1 g

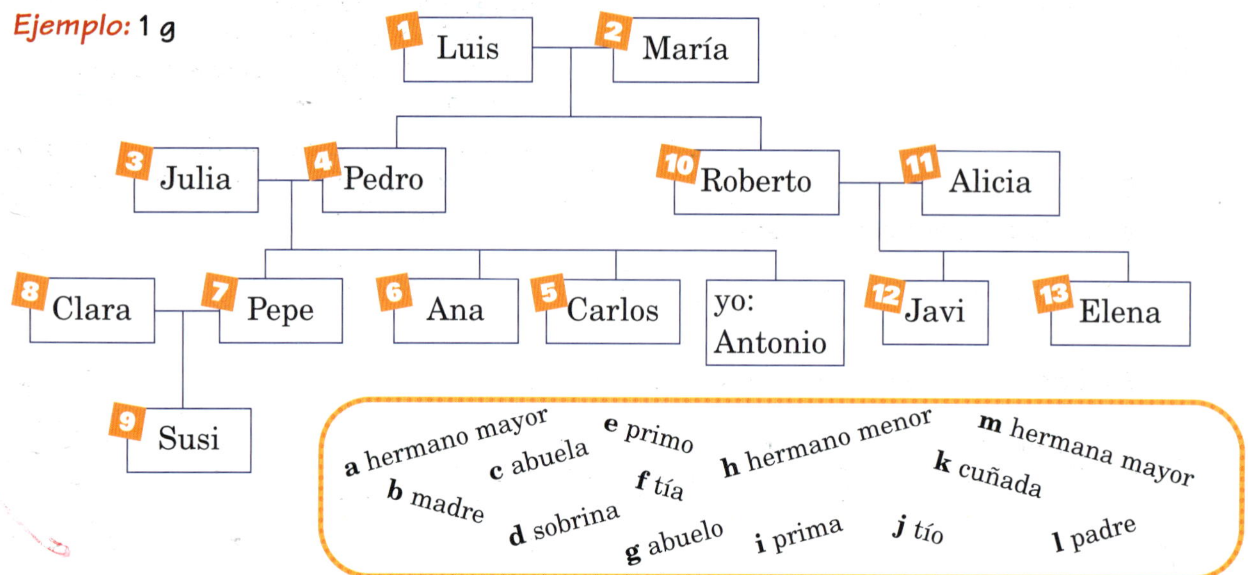

1 **Escucha a seis chicos y chicas que nos presentan a su familia. Indica qué familia corresponde a cada uno.**

1 Enrique
2 Luisa
3 Marisa
4 Lucía
5 Susana
6 Carlos

2 **Ahora presenta a tres de las familias a tu compañero/a. Tu compañero/a te presenta a las otras tres.**

Ejemplo: Ésta es Lucía. Ésta es su madrastra que se llama Carmen, y éste es el hermanastro de Lucía, que se llama Toni.

Demonstrative pronouns

éste / ésta es *this is*
éstos / éstas son *these are*

Possessive adjectives

mi / mis *my*; **tu / tus** *your*;
su / sus *his / her*:
mi hermana *my sister*
mis padres *my parents*, etc.
Note that the adjective agrees with the object, not the owner.

We can also express possession with **de** (*of*):
El padre <u>de</u> Isabel *Isabel's father* (lit. *the father of Isabel*)

Ayuda

Remember that the plural is formed by adding **-s** to the end of most words: **un hermano, dos hermanos**. Also remember that if we are talking about brothers and sisters together, we use the masculine plural form: **tengo tres hermanos**. Remember also that to say *parents* we use the plural of *father*: **los padres**.

3 Escribe las profesiones que recuerdas y di en qué lugar trabaja cada persona.

Ejemplo: Mi hermana es camarera, trabaja en un restaurante.

4 ¿Qué significan estas palabras? Busca en el diccionario.

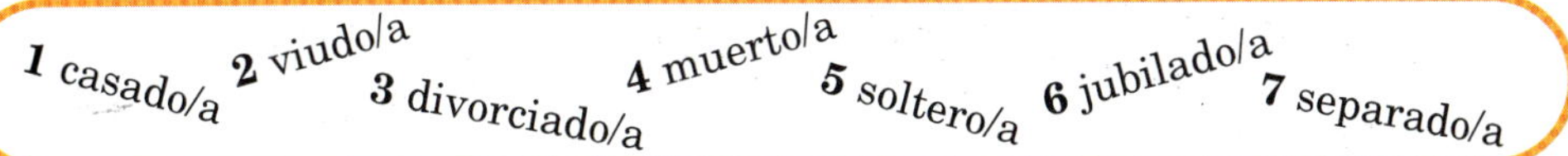

1 casado/a 2 viudo/a 3 divorciado/a 4 muerto/a 5 soltero/a 6 jubilado/a 7 separado/a

5 Escucha y lee lo que dice Marisol. Después escucha a Antonio, Pilar y Fernando y completa un texto similar para cada uno/a.

Me llamo Marisol, **nací en** Barcelona. **Nací el** 28 de mayo de 1980. **Estoy** soltera, pero tengo novio. **Soy** peluquera y **trabajo en** una peluquería en el centro de Barcelona. **Mi familia está compuesta por** mi madre y yo; soy hija única. Mi madre está divorciada.

6 Escribe un texto similar sobre ti y tu familia.

Ser / estar (to be)

ser + profession: **soy / eres / es estudiante.**

estar + state: **estoy casado** *I'm married*
estás soltero *you are single*
está divorciada *she is divorced*

Meta

Presenta a tu familia o/y una familia famosa a tus compañeros/as. Usa estas preguntas.

¿Cuántas personas hay en tu familia? ¿Cómo se llaman? ¿Qué relación tienen contigo? (ej. María es mi hermana mayor.) ¿De dónde son? ¿Cuántos años tienen? ¿Cuándo nacieron? ¿Cuál es su profesión? ¿Dónde trabajan? ¿Cuál es su estado civil? (ej. soltero/a)

D: Mi álbum de fotos

Objectives:
- Describe people and animals
- Talk about nationalities

¿Qué sabes?

Describe a Juana, Elena y Daniel. ¿Cómo son? Usa las palabras del cuadro.

> Tiene una estatura media.
>
> Tiene ojos azules / marrones oscuros / marrones claros / verdes / negros.
>
> Es rubio/a bajo/a delgado/a gordo/a mediano/a moreno/a alto/a.
>
> Tiene el pelo rubio / moreno / castaño oscuro / castaño claro / negro / rizado / liso / corto / largo / con melena.
>
> Llev gafas / gafas de sol / lentes de contacto.

 **1** Escucha y comprueba tu descripción.

2 Ahora describe a dos personas que conoces o a dos personas famosas; trae fotos de revistas.

a Juana   b Elena   c Daniel

 **3** Lee los emails de Juana, Elena y Daniel y di quiénes son estas personas y animales.

Ejemplo: **1** Es el hermanastro de Elena.

En mi familia hay cuatro personas: mis padres, mi hermana y yo. Mi padre lleva gafas y tiene cincuenta años, es alto y moreno. Mi madre es ama de casa, es rubia y es de estatura media. Mi hermana tiene catorce años y es baja y rubia también. Tengo un perro y un gato. Mi perro es grande y negro y mi gato es grande también y de color marrón. Hasta pronto:
Juana

En mi familia somos cuatro: mi madre, mi padrastro, mi hermanastro y yo. Mi madre es de estatura media, no es ni gorda ni delgada. Su pelo es castaño oscuro y lleva una trenza muy larga. Mi padrastro es un poco gordo y es alto y calvo, bueno, tiene un poco de pelo rubio y lleva bigote. Mi hermanastro es mayor que yo, es delgado, alto y rubio. También tengo un perro y un gato. Mi perro es grande y blanco y mi gato pequeño y gris.
Elena

Mi familia está formada por cuatro personas: mi tía, su hijo, mi abuelo y yo. Mi tía es alta y delgada, es muy guapa. Tiene el pelo largo y rizado y es muy morena, tiene ojos negros. El hijo de mi tía, o sea mi primo, es moreno también, y tiene ojos verdes, es bajo porque es muy pequeño, sólo tiene cinco años. Mi abuelo es alto y un poco gordo, tiene el pelo blanco y tiene barba y bigote blancos también. Tengo un conejillo de indias de color gris y blanco.
Daniel

> Adjectives usually come after the noun and agree with it in number and gender:
> **un chico bajo** (*m*); **una chica baja** (*f*); **unos chicos bajos** (*mpl*); **unas chicas bajas** (*fpl*).

4 ¿Recuerdas los nombres de los animales? Escribe todos los nombres de animales que recuerdas.

5 Escribe un email similar a los de la Actividad 3 sobre tu familia o una familia famosa; incluye a los animales.

6 Manolo habla de una foto que hizo a los amigos que encontró durante sus vacaciones. Eschucha y:

a Escribe la nacionalidad y el nombre de cada uno con la letra de la flecha correspondiente.

b Después describe tú la foto.

Meta

a Trae fotos de tu familia, de tus amigos y de tus animales. Descríbelos a tus compañeros/as.

b Trae fotos de revistas o periódicos con fotos de personas famosas y descríbelas.

1▷ Present tense of regular verbs, *ser* and *ir*   See page 174

Regular verbs	-ar estudiar	-er comer	-ir vivir	Irregular verbs ser	ir
yo	estudio	como	vivo	soy	voy
tú	estudias	comes	vives	eres	vas
él/ella/Vd	estudia	come	vive	es	va
nosotros/as	estudiamos	comemos	vivimos	somos	vamos
vosotros/as	estudiáis	coméis	vivís	sois	vais
ellos/ellas/Vds	estudian	comen	viven	son	van

2▷ *Ser / estar* (to be)   See page 175

Use **ser** to say who you are and to talk about jobs, nationality or description:
Soy María. *I'm María.*
¿Eres profesora? *Are you a teacher?*
Es española. *She's Spanish.*
Son altos. *They're tall.*
Notice that when the noun is a profession, it follows the verb without the article **un / una**: **Soy profesor. (Soy ~~un~~ profesor.)**
Estar is used to talk about whether you are married, single, divorced, etc.
Estoy casado. *I'm married.*
Está divorciada. *She is divorced.*

3▷ Question words (Interrogative pronouns)   See page 181

Notice they all have an accent: **Qué** *What*; **Cómo** *How*; **Dónde** *Where*; **Cuándo** *When*; **Cuántos** (masculine plural) / **Cuántas** (feminine plural) *How many*.

¿Qué haces? *What are you doing?* **¿Dónde vives?** *Where do you live?* **¿Cuántas* hermanas tienes?** *How many sisters do you have?* ***Cuántas** agrees with **hermanas** (feminine plural).

4▷ Demonstrative pronouns: *éste / ésta / éstos / éstas*   See page 181

They are used to present or introduce things or people. Each form agrees with the noun.
Éste es mi padre. *This is my father.* **Éstas son mis hermanas.** *These are my sisters.*

5▷ Possessive adjectives   See page 178

singular: **mi** *my*   **tu** *your*   **su** *his / her*
plural: **mis** *my*   **tus** *your*   **sus** *his / her*
mi padre *my father*; but **tus hermanas** *your sisters*, **sus tíos** *his / her aunts and uncles*.

Use **de** to express possession or family relationship: **el padre de Isabel** *Isabel's father* (lit: *the father of Isabel*); **el coche de mi amigo** *my friend's car.*

6▷ Adjectives   See page 178

Adjectives in Spanish agree with the noun they describe.
un chico bajo   *a short boy*
una chica baja   *a short girl*
dos chicos bajos   *two short boys*
dos chicas bajas   *two short girls*

Adjectives that end in a consonant or in **-e** do not change in the singular form:
un coche gris   *a grey car*
una bicicleta gris   *a grey bike*
un coche verde   *a green car*
una bicicleta verde   *a green bike*

In the plural form, adjectives ending in a consonant add **-es** and those ending in a vowel (e.g. **-e**) simply add **-s**:
dos coches grises; dos bicicletas verdes.

The only exception is nationalities ending in a consonant, which add **-a**: **un chico inglés / una chica inglesa; un hombre español / una mujer española.**

Ejercicio
Write two questions with each of the following question words:
Qué, Cómo, Dónde, Cuándo, Cuántos, Cuántas.

Nacionalidades — Nationalities

Soy...	I'm...
argentino/a	Argentinian
colombiano/a	Colombian
español(a)	Spanish
peruano/a	Peruvian

La familia — Family

casado/a	married
el/la cuñado/a	brother/sister-in-law
divorciado/a	divorced
más pequeño/a que yo	smaller than I am
mayor/menor	older/younger
(estar) muerto/a	(to be) dead
el novio/la novia	fiancé(e), boy/girlfriend
separado/a	separated
soltero/a	single
viudo/a	widower/widow

Descripciones — Descriptions

la barba	beard
el bigote	moustache
calvo	bald
una coleta/una trenza	ponytail/plait
de estatura media	medium height
con melena corta	with shoulder-length hair
lentes de contacto	contact lenses
pelo castaño	chestnut brown hair
pelo rizado/liso	curly/straight hair
Llevo gafas.	I wear glasses.
Mis ojos son marrones/ azules (claros/oscuros).	My eyes are (light/dark) brown/blue.

Profesiones — Professions

la empresa	company
el/la ingeniero/a	engineer
Mi padre/madre es:	My father/mother is:
… electricista	… an electrician
… empresario/a	… a company manager
… enfermero/a	… a nurse
… fontanero/a	… a plumber
… jubilado/a	… retired

Los animales — Animals

un conejillo de Indias	guinea pig
una serpiente	snake
Tengo un perro.	I have a dog.

Los planes para el nuevo curso — Plans for the new course

el curso	the course, school year
divertirse	to enjoy oneself
hacer los deberes	to do homework
limpiar	to clean
ordenar	to tidy, to organise
ordenado/a	tidy, organised
planificar (actividades)	to plan (activities)
portarse bien	to behave well
respetar	to respect
sobre todo	especially

Información personal — Personal information

la ficha	form
hacerse socio	to join, become a member
rellenar	to fill in
Soy bilingüe.	I'm bilingual.
¿Cómo se escribe tu nombre/apellido?	How do you spell your name/surname?

Las presentaciones — Introductions

la tarjeta (de visita)	(business) card
presentar	to introduce (someone)
Éste es (Juan)./Ésta es (María).	This is (Juan). This is (María).
Te presento a (Juan/ María).	Let me introduce you to (Juan/María).
Yo soy el señor/la señora (Yuste).	I'm Mr/Mrs (Yuste)
Mucho gusto./ Encantado/a.	Pleased to meet you.
Hasta luego.	See you later.

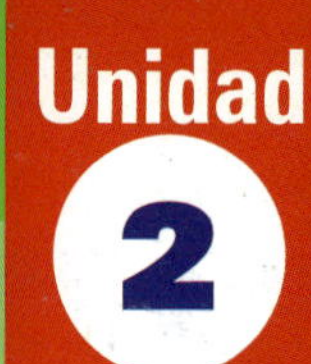

¿Qué sabes?

Lee: ¿cómo son estos chicos y chicas? Después descríbete tú.

1 **Pepe:** Soy tranquilo, pero también soy nervioso cuando tengo exámenes.

2 **Luis:** Soy abierto, pero a veces soy tímido, especialmente con las chicas.

3 **María:** Soy trabajadora, pero en las vacaciones soy muy perezosa.

4 **Susana:** Generalmente soy seria, pero soy simpática con mis amigos.

5 **Pedro:** Soy bueno y sincero, pero a veces soy un poco antipático y bastante impaciente.

6 **Clara:** Soy inteligente y divertida, pero muchas veces tengo mal genio.

1 **Escucha a Tessa que nos presenta a una amiga y dos amigos nuevos.**

a **Di a quién (o a quiénes) se refieren estos datos.**

b **Toma notas sobre otros detalles.**

Tessa

Rocío

Gonzalo

Víctor

1 Tiene mucha paciencia.

2 Tessa habla de su familia.

3 Le encanta el arte.

4 Es familia de Tessa.

5 No es español(a).

6 Tessa lo / la describe físicamente.

7 Es muy deportista.

8 Tessa habla de su personalidad.

9 Su padre tiene un puesto de autoridad.

10 Es la persona más mayor.

> **¡Atención!**
> **corre mucho** = he / she runs a lot
>
> **tiene mucha paciencia** = he / she has a lot of patience
>
> **o sea que** = that is
>
> **diplomático** = diplomatic
>
> **un puesto de autoridad** = a post of authority
>
> **La República Dominicana** = Dominican Republic

2 **Rocío y Víctor nos han escrito una postal cada uno. Complétalas con la información que tienes sobre ellos. Usa la primera persona: Tengo el pelo corto… Hago atletismo, estudio en la universidad.**

Hola, ¿qué tal?
Mi nombre es Elisa Rocío,
pero todos me llaman
Rocío…

Hola, ¿cómo estáis,
amigos?
Yo soy Víctor…

 **3** **a** **Escribe una descripción de dos de tus amigos/as.**

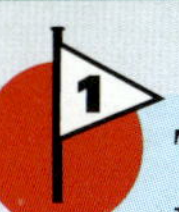 To say you or someone else likes something use **me / te / le / nos / os / les gusta(n)** followed by the thing you like:

Me gusta la paella. *I like paella.*
Les gustan los plátanos. *They like bananas.*

To say that you or someone else likes something very much, use **me / te / le / nos / os / les encanta(n)**:
Nos encanta el arte. *We love art.*
Le encantan los deportes. *S(he) loves sports.*

 **b** **Después tu compañero/a te hace unas preguntas.**

Ejemplo: ¿Cómo se llama tu amigo/a? ¿Cómo es físicamente? ¿Cómo es su personalidad? ¿Cómo es su familia?

 **4** **a** **Mira la foto de Sara y adivina (*guess*) sus gustos. Completa su ficha 'Muy personal'.**

Muy personal	**a** según tú	**b** según ella
1 Bebida favorita		
2 Comida favorita		
3 Fruta preferida		
4 Color preferido		
5 Animal preferido		
6 Medio de transporte preferido		
7 Lugar favorito		
8 Deporte favorito		
9 Música o baile preferidos		

 **b** **Escucha a Sara y comprueba si lo que dice coincide con lo que tú has escrito en la ficha.**

c **Ahora escucha otra vez las preguntas a Sara para estudiar la diferencia entre las preguntas con *cuál* y con *qué*.**

 Interrogative pronouns *cuál* and *qué* (contrast)

cuál + verb: **¿Cuál es tu bebida favorita?**
What's your favourite drink?

qué + noun: **¿Qué color prefieres?**
What colour do you prefer?

Ejemplo: ¿Cuál es tu deporte favorito? ¿Qué fruta prefieres?

 **Meta**

a **Rellena tu ficha 'Muy personal', sin poner tu nombre. En grupos mezclad las fichas y cada estudiante coge una, la lee e intenta adivinar de quién es.**

b **Rellena una ficha 'Muy personal' con la información de tu compañero/a. Haz preguntas con *cuál* y *qué*.**

Ejemplo: ¿Cuál es tu comida favorita? ¿Qué animal prefieres?

B: ¡Me gusta la música!

Objectives: ■ Talk about hobbies and pastimes

 **¿Qué sabes?**

Mira los dibujos y di a qué actividades de tiempo libre corresponden.

Ejemplo: **a** la música / escuchar música

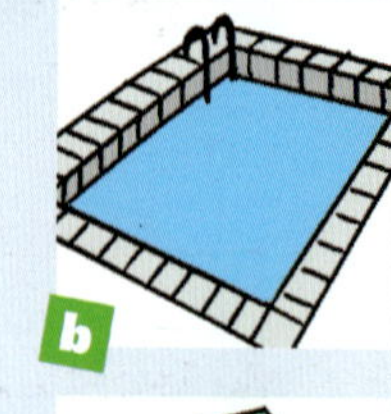

 **1 Escucha a Manolo y a Ana, y señala las actividades que menciona cada uno.**

 **2 ¿Qué significan estas palabras y expresiones?**

> aunque   pero   aparte de   por ahí
> sobre todo   lo que más   quizás   muchísimo

Verbs such as **gustar** and **encantar** can also be followed by a verb in the infinitive:
Me gusta leer *I like reading / I like to read.*
Note that in Spanish the infinitive is used, whilst in English we normally use the *-ing* form.

Study also the following expressions with
lo que más / lo que menos:

Lo que más me gusta es nadar.
What I like most is swimming.

Lo que menos me gusta es correr.
What I like least is running.

3 Lee lo que dice Manolo y rellena los espacios en blanco con las palabras y expresiones.
Después escucha y comprueba.

Me gusta _________ la música, _________ el rock, _________ me encanta también toda la buena música, música clásica, pop, toda la música americana me encanta, especialmente el rap. _________ la música, _________ me gusta es jugar con el ordenador.

Mi pasatiempo favorito es escuchar música, claro. Y _________ soy un poco raro, _________ me encanta estudiar Ciencias en mi tiempo libre.

Tengo mi grupo de amigos, estudiamos juntos, salimos _________. Vamos al cine y a las discotecas, a bailar, vamos de compras, hacemos una vida juvenil normal.

 **4 Usa los dibujos de la Actividad 1 y haz diálogos como el siguiente.**

Ejemplo: A: ¿Qué te gusta hacer en tu tiempo libre?
B: Me gusta escuchar música, me gusta mucho la música (rock). Los fines de semana mis amigos y yo escuchamos música en mi casa.

 **5**   En grupo: di lo que haces en tu tiempo libre y pregunta a tus compañeros/as.

 **6**   Lee las cartas de una revista en las que varios chicos y chicas buscan amigos/as y decide a quién vas a escribir.

CORREO DE LA AMISTAD

a Me llamo César y soy un joven cubano de 18 años. Mido 1,75 y peso 70 kilos. Estudio diseño industrial y me gusta mucho la gimnasia y la natación, pero sobre todo, hacer amigos. Me gustaría escribirme con chicas de quince a dieciocho años. Podéis venir a visitarme, os invito. César.

b Si te gusta la lectura, escribir, y en el fondo eres un romántico, si no soportas la hipocresía y tienes entre 15 y 19 años, escríbeme. Te aseguro que te responderé. Lola

c Hola chicas, mi nombre es Antonio y soy de Guinea Ecuatorial, aunque vivo en España. Tengo 15 años. Quiero conocer a chicas de Sevilla, de mi misma edad. Si te gusta el cine, la música rock, la pintura y viajar, escríbeme o llámame cuanto antes. Antonio.

d Hola, soy de Valencia y tengo 17 años. Deseo conocer a chicas mayores que yo, cariñosas y románticas con el fin de establecer una hermosa amistad. Me gusta la música romántica y pasear por el campo. Jorge.

e Hola, soy un chico de 17 años, no soy muy atractivo, pero soy simpático, aunque un poco tímido. Me gusta el baloncesto y quiero encontrar a una chica como tú, simpática y divertida. Llámame.

f ¡Acabó tu espera! Aquí está el chico que tanto has esperado. Si tienes 14 o 15 años, si eres sincera, atrevida, divertida, si eres un poco rara, te gusta llevar ropa extraña y el pelo teñido de colores, eres la chica que quiero conocer, porque yo soy así, un poco 'raro'. Joaquín.

¿A quién escribes si...

1 eres divertida?

2 no eres tímida?

3 no te gusta la mentira?

4 no te importa el físico?

5 quieres conocer a un chico un poco extraño?

6 quieres conocer a una persona de África?

7 quieres visitar una isla donde se habla español?

8 tienes un aspecto físico diferente?

9 te gusta el arte?

10 te gusta el deporte?

11 te gusta ir a otros lugares?

12 te gustan los libros?

13 tienes 15 años o menos?

14 no llevas el pelo natural?

15 tienes un carácter cariñoso?

 **7**   **a**   Contesta a una de las cartas.

   b   Escribe una carta similar a la revista dando información sobre ti. Buscas a un chico o una chica español(a) para ser amigos/as.

 **Meta**

En grupo: busca en la clase a compañeros/as que tienen personalidad y gustos similares a los tuyos.

Pregunta: ¿Cómo eres? ¿Qué pasatiempos te gustan? ¿Qué te gusta hacer en tu tiempo libre?

C: Me gustan los deportes

Objectives: ■ Talk about sports and sportspeople

¿Qué sabes?

¿Qué deportes se juegan o se practican en estos lugares? Di o escribe frases. Escucha.

Ejemplo: En una pista se juega al hockey.

una pista   un gimnasio   un campo
una cancha   una piscina   una mesa

Ayuda
Remember: *jugar al* fútbol, al tenis, al hockey, al ping-pong, al baloncesto;
practicar la natación, el patinaje, la gimnasia.

1 El entrenador David hace unas preguntas a Sergio: ¿qué contesta Sergio?

2 Haz un diálogo similar. El / la entrenador(a) – tu compañero/a – te hace las preguntas. ¿Qué deportes son tus favoritos? ¿Cuánto ejercicio haces? ¿Qué instalaciones deportivas te gustaría usar?

3 Tessa y Sergio se encuentran en el gimnasio. Escucha y completa las frases.

1 Sergio quiere tomar __________.
2 Sergio vive en Zaragoza hace __________.
3 Tessa vive en __________.
4 Tessa está ahora en Zaragoza porque tiene __________.

5 El deporte favorito de Sergio es __________.
6 El deporte favorito de Tessa es __________.
7 Sergio no sabe jugar al __________.
8 Tessa y Sergio van a jugar al tenis el __________.

4 Escucha otra vez y escribe cuánto hace que Sergio y Tessa practican estos deportes.

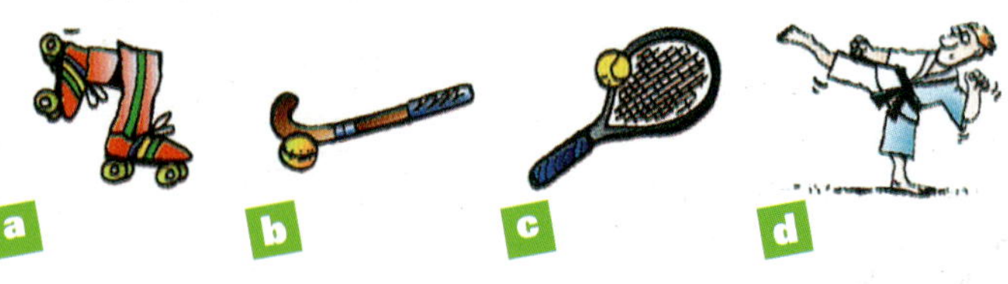

a   b   c   d

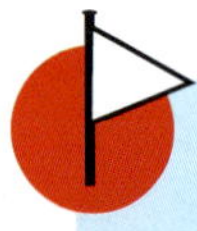
To say how long you have been doing something, use **hace** or **desde hace**.

¿Cuánto (tiempo) hace que patinas?
How long have you been skating?

**Patino hace ocho años. /
Patino desde hace ocho años.**
I have been skating for eight years.

5 Transforma las frases como en el ejemplo.

Ejemplo: Patinar (8 años)   ¿Cuánto tiempo hace que patinas?
Yo patino desde hace ocho años.

1 vivir aquí (10 años)
2 estudiar español (3 años)
3 tocar la guitarra (2 años)
4 pasar las vacaciones en Mallorca (5 años)
5 ir al instituto (4 años)

6 **Reportaje: Una gran campeona de esquí.**

a Marlén García es una de las mejores esquiadoras juveniles españolas. Escucha esta entrevista que hizo para la radio. Rellena su ficha personal.

<table>
<tr><td colspan="2">PERSONAL DETAILS</td></tr>
<tr><td>Name</td><td>. . . . .</td></tr>
<tr><td>Age</td><td>. . . . .</td></tr>
<tr><td>Nationality / Home</td><td>. . . . .</td></tr>
<tr><td>Date of birth</td><td>. . . . .</td></tr>
<tr><td>Years skiing</td><td>. . . . .</td></tr>
<tr><td>Hobbies</td><td>. . . . .</td></tr>
<tr><td>Studies / Where?</td><td>. . . . .</td></tr>
</table>

b Ahora lee el artículo que apareció en una revista y rellena la ficha profesional en inglés.

c Señala y traduce los verbos que aparecen en pasado (pretérito indefinido) y di los infinitivos.

Ejemplo: aprendí; I learnt: aprender

UNA GRAN CAMPEONA DE ESQUÍ

Entrevistadora: Marlén, ¿por qué elegiste el esquí?

Marlén: Pues porque mis padres eran esquiadores y trabajaron como instructores de esquí durante varios años en las pistas de esquí de Cataluña y yo nací allí.

Esquío desde hace muchos años, desde pequeña. Casi aprendí a esquiar antes que a andar.

Entrevistadora: ¿En qué categoría estás?

Marlén: Ahora estoy en la categoría juvenil.

Entrevistadora: ¿Cuáles son los títulos más importantes que tienes en tu carrera como esquiadora?

Marlén: Fui campeona de Cataluña cuatro veces. Ahora esquío con el equipo nacional juvenil de esquí y fui campeona dos veces. También participé en los terceros Juegos Olímpicos de invierno infantiles.

Entrevistadora: ¿Cuál es tu objetivo profesional como esquiadora?

Marlén: Mi objetivo es estar en el Equipo Nacional de Esquí, de adultos, y espero ganar campeonatos a nivel internacional.

Entrevistadora: Viajas mucho, ¿verdad? Hace poco estuviste en Chile.

Marlén: Sí, viajo por todo el mundo, me encanta viajar. Fui a Chile a participar en los campeonatos internacionales que se celebraron allí. Gané una medalla y fue una experiencia inolvidable.

<table>
<tr><td colspan="2">PROFESSIONAL DETAILS</td></tr>
<tr><td>History</td><td>. . . . .</td></tr>
<tr><td>Goals</td><td>. . . . .</td></tr>
<tr><td>Category</td><td>. . . . .</td></tr>
<tr><td>Club / Team</td><td>. . . . .</td></tr>
<tr><td>Titles</td><td>. . . . .</td></tr>
<tr><td>Journeys</td><td>. . . . .</td></tr>
</table>

Meta

Pregunta a tus compañeros/as: haced una encuesta de deportes en la clase y del tiempo que hace que se practican.

Ejemplo: A: ¿Cuánto hace que practicas la natación / juegas al fútbol?
B: Practico la natación / Juego al fútbol (desde) hace 2 años.

1 ▷ The verb *gustar*

See page 178

Use the verb **gustar** to talk about things you like or don't like. **Gustar** literally means *to please*, so when you say **me gusta la paella** (*I like paella*) its literal meaning is *paella pleases me*. This is why **gustar** is used in the 3rd person singular.

When you like more than one thing, use the plural form:
Me gustan los plátanos. *I like bananas. (Bananas please me.)*

To ask someone if (s)he likes something, you have to change the object pronoun:
¿Te gusta la paella? *Do you like paella? (Does paella please you?)*
To say (s)he (or formal you: **usted**) likes something, use **le**.
Le gusta el arte. *He likes art.* **Le gustan los deportes.** *He likes sports.*

Another verb that works in this way is **encantar**:
Me encanta el arte. *I love art.* **Me encantan los deportes.** *I love sports.*

To say that you like *doing* something, you use **gustar** followed by the verb in the infinitive:
Me gusta leer. *I like reading.*

To say what you like doing most or least, use **lo que más** or **lo que menos**:
Lo que más me gusta es nadar. *What I like most is swimming.*
Lo que menos me gusta es correr. *What I like least is running.*

2 ▷ Interrogative pronouns

See page 181

¿Qué? and **¿Cuál?** both mean What? or Which? Look at the difference in the way we use them.

¿Qué bebida prefieres? *What drink do you prefer?*
¿Cuál es tu bebida favorita? *What is your favourite drink?*

Use **¿Qué?** when the question word is followed by a noun: **¿Qué bebida … ?** and **¿Cuál?** when the question word is followed by a verb: **¿Cuál es … ?**

3 ▷ *hace / desde hace*

Use **hace** and **desde hace** to talk about how long you have been doing something. In the question with **hace** you also use **que**. You can include the word **tiempo** (*time*) or leave it out.

¿Cuánto (tiempo) hace que patinas? *How long have you been skating?*

Notice that the verb is in the present simple form: **patinas**.

The answer can be in two forms:
Patino desde hace ocho años. *I've been skating for eight years.*
Hace ocho años que patino. (lit.) *It's eight years that I've been skating.*

Ejercicio
Rellena los espacios en blanco con palabras de la gramática estudiada.

A: ¿Te __________ los deportes?

B: Sí, me __________ mucho.

A: ¿Qué deportes te __________?

B: Me __________ el fútbol y el baloncesto.

A: A mí me __________ mucho patinar, ¿te __________ patinar?

B: Sí, me __________ patinar, pero lo que más me __________ es esquiar.

A: ¿Cuánto __________ que esquías?

B: Esquío desde __________ tres años, ¿y tú? ¿Cuánto __________ hace que esquías?

A: __________ dos años.

Carácter	**Character, personality**
abierto/a	open
antipático/a	unfriendly, nasty
atrevido/a	naughty, daring
bueno/a	good
cariñoso/a	affectionate
divertido/a	amusing, funny
la hipocresía	hypocrisy
impaciente	impatient
nervioso/a	nervous, excitable
paciente	patient
perezoso/a	lazy
serio/a	serious
tener mal genio	to be bad-tempered
tener paciencia	to have patience
tímido/a	shy
trabajador(a)	hard-working
tranquilo/a	calm

Los deportes	**Sports**
el atletismo (hacer)	athletics (to do)
el baloncesto	basketball
el campeón/la campeona	champion
los campeonatos	championships
la cancha (de baloncesto)	(basketball) court
correr	to run
el/la entrenador(a)	trainer
el esquí/esquiar	skiing/to ski
el/la esquiador(a)	skier
estar en forma	to be fit
el futbito	indoor football
la gimnasia	gymnastics, exercise
el gimnasio	gym, gymnasium
la instalación deportiva	sports installation/facilities
los Juegos Olímpicos de invierno	winter Olympics
lo que más me gusta es	what I like most is
la medalla	medal
la mesa de ping-pong	table tennis table
¿Cuánto mides?	How tall are you?
la natación	swimming

el pasatiempo	pastime
el patinaje	skating
pesar	to weigh
la pista de (patinaje, tenis)	skating rink/tennis court
los vestuarios	changing rooms
¿Cuánto (tiempo) hace que juegas?	How long have you been playing?
Desde hace tres años.	For three years.
Hace cinco años (que juego).	I've been (playing) for five years.

Verbos	**Verbs**
charlar	to chat
dar una vuelta	to go for a short walk
encantar	to delight
formar parte de	to form part of
soportar	to bear, to stand

Nombres	**Nouns**
el/la diplomático/a	diplomat
el diseño industrial	industrial design
la lectura	reading
la mentira	lie
la pintura	painting
el primo hermano/la prima hermana	first cousin

Otras palabras/expresiones	**Other words/expressions**
aparte de	apart from
aunque	although
en el fondo	deep down, in the background
extraño/a	strange, weird
lo que más	what ... most
muchísimo	a lot
o sea que	that is
(pelo) teñido	dyed (hair)
por ahí	around and about
preferido/a	favourite, preferred
quizás	perhaps, maybe
raro/a	rare, unusual
sobre todo	especially, above all

¿Qué sabes?

a Lee el cuadro y di qué significan las asignaturas en inglés. Escucha.

el Diseño   el Comercio   la Sociología   la Informática   la Tecnología   la Ética

b Escribe los nombres de todas las asignaturas que recuerdas.

c ¿Recuerdas las horas? Di o escribe las horas que hay en los relojes. Escucha y comprueba.

 **1** Escucha a Manolo que nos dice su horario del lunes. Escríbelo en inglés.

Recuerda: <u>son</u> las tres (it's 3 o'clock) but: <u>a</u> las tres (at 3 o'clock)

2 Di el horario, o parte del horario, de un día de la semana. Tu compañero/a tiene que escribirlo en inglés y decir qué día es.

Ejemplo: A las nueve tenemos Ciencias, a las once es el recreo, a la una es la comida.

 **3** Escucha a Manolo y a María que dicen las asignaturas que estudian este año y las que van a estudiar el año próximo. Completa el cuadro.

	Curso	Asignaturas
Este año		
El año próximo		

Lunes: mañana

08.45–09.45	____________
09.45–10.45	____________
10.45–11.00	Recreo (descanso)
11.00–12.00	____________
12.00–13.00	____________

tarde

13.00–13.45	Comida y actividades
13.45–14.45	____________
14.45–15.45	____________

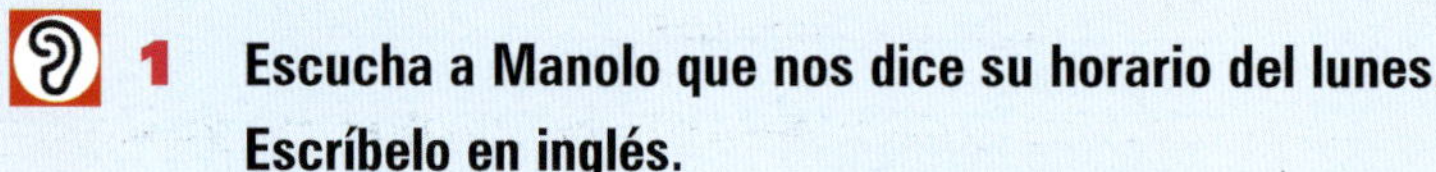

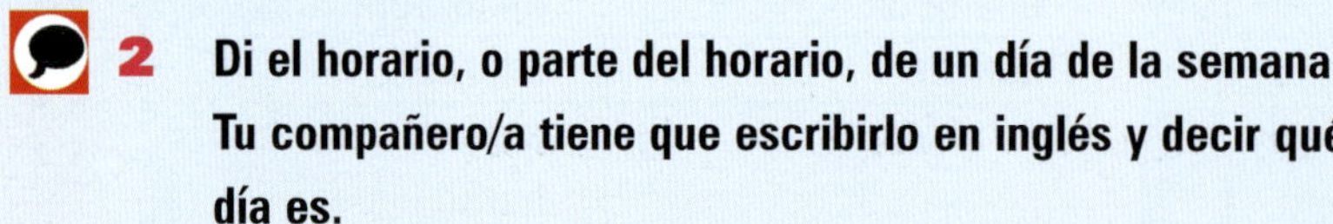
1
To express the immediate future, *going to*, you can use the structure **ir + a** + infinitive: **voy / vas / va / vamos / vais / van + a** + infinitive. **Voy a estudiar.** *I am going to study.* **Vamos a viajar.** *We are going to travel.*

 **4** **Habla con tu compañero/a. Usa la conversación siguiente como ejemplo.**

Ejemplo:

A: ¿Qué curso / año estudias?

B: Estudio el curso (diez) / estoy en el año (diez).

A: ¿Y qué asignaturas estudias?

B: (Pues) este año estudio (Español, Literatura).

A: Y el año próximo ¿qué curso vas a estudiar?

B: El año próximo voy a estudiar el año (once).

A: ¿Y qué asignaturas vas a estudiar entonces?

B: Voy a estudiar (Ciencias).

 **5** **Escucha a María y contesta las preguntas.**

1 ¿Qué asignaturas le gustan y por qué?

2 ¿Qué asignaturas no le gustan y por qué?

3 ¿Qué profesores menciona y qué dice de ellos?

Información

In Spain secondary school starts at the age of 12 and finishes at the age of 16. It's called ESO (Enseñanza Secundaria Obligatoria). At 16 people can start work or training for work or continue studying 'Bachillerato' (Baccalaureate) for two years and then go to university.

¡Atención!

¿Qué asignatura se te da mejor? = What subject do you do best at?

Se me da mejor la Lengua. = I do best at language.

La Ética no está mal. = Ethics isn't bad.

Ayuda

Remember: you have to add the article *the* (**el, la, los, las**) when you say what subjects you like: **me gusta el español**; but not when you say what you are studying: **estudio español**.

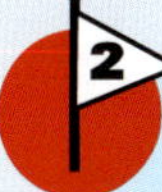

To say what you like most or least use **más** and **menos**:

La asignatura que más / menos me gusta es… *The subject I like most / least is…*

Also: **La asignatura que me gusta más / menos es**…

 **6** **Escribe un email a tu amigo/a español/a sobre tus asignaturas y horarios.**

 **Meta**

Ahora habla con tus compañeros/as. Di qué asignaturas te gustan y no te gustan. ¿Qué asignatura(s) te gusta(n) más? ¿Por qué? ¿Qué asignatura(s) te gusta(n) menos? ¿Por qué? ¿Cómo es el profesor / la profesora?

B: Éste es mi instituto

¿Qué sabes?

Mira los dibujos del instituto y di cómo se llaman estos lugares. Escucha y comprueba. Después lee las palabras subrayadas de la Actividad 1: ¿sabes lo que significan?

1 María escribe sobre su instituto.

a Encuentra todas las palabras relacionadas con posición o dirección.

Ejemplo: a la derecha.

b Encuentra el equivalente de estas palabras inglesas en el texto.

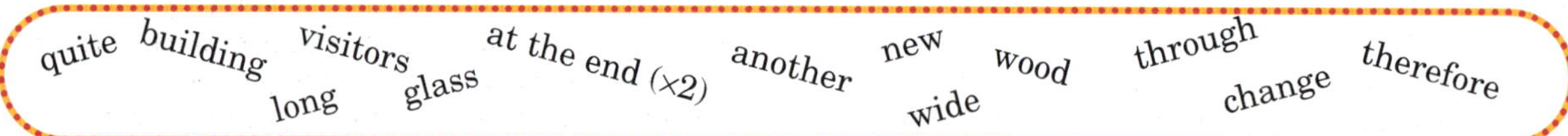

c Dibuja un plano del instituto y escribe los nombres de los lugares subrayados.

Mi instituto es muy grande y bastante nuevo. Primero se entra por <u>una puerta muy grande</u> y hay <u>un patio</u> muy grande. Después se ve <u>el edificio</u> enfrente y a la derecha hay <u>una puerta de cristal</u>; por esa puerta entran los profesores y los visitantes. Allí hay <u>un pasillo</u> y <u>la recepción</u> está a la derecha y <u>la oficina</u> general a la izquierda. <u>La oficina del director</u> está al final del pasillo. Los estudiantes entramos por otra puerta que hay a la izquierda que es de madera y es muy ancha. Entramos, y hay un pasillo con <u>el salón de actos</u> a la érecha y <u>los servicios</u> están a la izquierda. Al lado del salón de actos está <u>la sala audiovisual</u> y enfrente, al lado de los servicios está <u>la biblioteca</u>. Al fondo del pasillo está <u>la sala de profesores</u> y hay <u>una escalera</u> y <u>un ascensor</u>. En el primer piso hay un pasillo muy largo y <u>las aulas</u> están allí. En el segundo piso están <u>los laboratorios de Ciencias</u> y <u>la sala de música</u>. En otro edificio al lado están <u>el comedor</u> y <u>el gimnasio</u>, y detrás hay <u>un patio</u> muy grande y <u>un campo de fútbol</u> pequeño. Cada grupo tiene su aula, así que no tenemos que cambiar, excepto cuando vamos al laboratorio, al gimnasio o a la sala de música.

 **2** Ahora escribe tú un email similar sobre tu instituto y dibuja un plano con los nombres en español.

 **3** Escucha a Manolo que dice cómo es su clase.

a Contesta las preguntas en inglés.

1 How does he describe the furniture?
2 What is there on the walls?
3 How many classrooms do they use?

b Escribe en inglés los objetos que menciona en dos listas: cosas que hay en la clase; cosas que lleva en su mochila.

 **4** Juego en la clase: con tu compañero/a haz dos listas, en un tiempo límite, de: cosas que hay en tu clase; cosas que llevas en tu mochila / cartera. Gana la pareja que tiene más objetos en su lista.

5 ¿Llevas uniforme? Lee los emails de Manolo y de su amiga Victoria, que vive en Inglaterra, y escribe en inglés las diferencias que hay en la ropa que llevan al instituto. ¿Qué opina cada uno de llevar uniforme?

Hola, Victoria:
En los institutos en España no llevamos uniforme. Algunos colegios privados tienen uniforme, antes tenían casi todos, pero ahora la mayoría ya no. Nosotros podemos llevar la ropa que queremos, pero todos vamos con vaqueros, camisetas y jerseys, y zapatillas de deporte. En general llevamos ropa cómoda. Algunas chicas llevan falda, pero son pocas, y la mayoría prefiere los pantalones, especialmente en invierno, cuando hace frío. También llevamos chaquetones o cazadoras, y algunos llevan abrigos. La verdad es que no me gustaría llevar uniforme, ¡todos iguales! ¡qué aburrido! ¿no?
Hasta luego, Manolo.

Hola, Manolo: Yo voy a un instituto inglés y nosotros sí que tenemos que llevar uniforme. Generalmente en todos los colegios e institutos el uniforme está compuesto por la misma ropa, pero los colores son diferentes, negro, verde, morado, azul e incluso rojo. Yo llevo pantalones negros o falda blanca y negra, a cuadros, camisa blanca, chaqueta negra, con el escudo del instituto y corbata negra también. Luego, claro, los zapatos y los calcetines, o medias para las chicas que llevan falda. Es cómodo y fácil, porque por las mañanas no tengo el problema de pensar qué voy a ponerme, pero ya me canso un poco de él y tengo ganas de terminar la secundaria para no tener que llevar uniforme. ¡Además no podemos llevar maquillaje! ¡Es una lata! Hasta pronto, Victoria.

 ## Meta

Habla con tu compañero/a.

¿Cómo es tu instituto? ¿Cómo es tu clase? ¿Qué cosas necesitas para el instituto?

¿Llevas uniforme? ¿Cómo es? ¿Te gusta? ¿Por qué? ¿Por qué no?

Si no llevas, ¿qué ropa te pones para ir al instituto o al colegio?

¿Qué uniforme te gustaría llevar? / ¿Cuál es tu uniforme ideal?

C: ¿Qué haces todos los días?

Objectives:
■ Talk about what you do every day and at the weekend
■ Talk about what you are doing at the moment

 **¿Qué sabes?**

 ¿Qué hace Manolo todos los días? Mira los dibujos y escribe. Escucha y comprueba.

Ejemplo: **a** Manolo se despierta a las seis y media.

 **1** Lee el email de Manolo que hay abajo. Di a qué dibujo de ¿Qué sabes? se refieren las frases subrayadas. ¿Qué significan las otras frases subrayadas?

Me despierto a las seis y media, pero me levanto a las siete menos cuarto porque generalmente tengo mucho sueño. Me voy directamente a la ducha y me ducho con agua fría porque si no, no me despierto bien. Entonces me visto, pero ahora sólo me pongo los pantalones y una camiseta, porque si no me mancho el jersey cuando tomo el desayuno. Después me lavo los dientes y me pongo el jersey y el abrigo. ¡Ah, a veces me peino! Salgo de casa a las siete y media y me voy a la parada del autobús. El autobús es un desastre y siempre llego tarde al instituto. Tengo clases desde las ocho hasta las diez y media y entonces tengo el recreo. Después clases otra vez y a las doce y media como. Normalmente como en el comedor del instituto, pero a veces me llevo un bocadillo porque la comida del instituto es horrible. Entonces tengo clase hasta las tres. A veces tengo actividades extraescolares en el instituto o juego al fútbol y me quedo hasta las cinco. Después vuelvo a casa, hago los deberes, y escribo emails, ceno, veo la tele, me acuesto, leo un rato en la cama antes de dormir y me duermo a las once más o menos. Como ves mi vida es bastante aburrida. Y tú, ¿qué haces todos los días?

 **2** Ahora escucha a Manolo que dice lo que hace el fin de semana, y compara con un día normal. ¿Cuáles son las diferencias?

Ejemplo: Durante la semana Manolo se despierta a las seis y media, pero el fin de semana se despierta a las diez y media.

Todos los días
se despierta a las 6.30

El fin de semana
se despierta a las 10.30

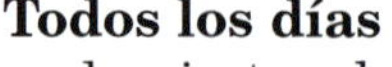

 **3** Habla con tu compañero/a. ¿Qué haces todos los días? ¿Qué haces los fines de semana?

 **4** Escribe un email como el de Manolo: di a tu amigo/a lo que haces todos los días y los fines de semana.

5 **Mira los dibujos y di lo que está haciendo Manolo en este momento.**

Ejemplo: **a** Manolo está comiendo (con sus amigos).

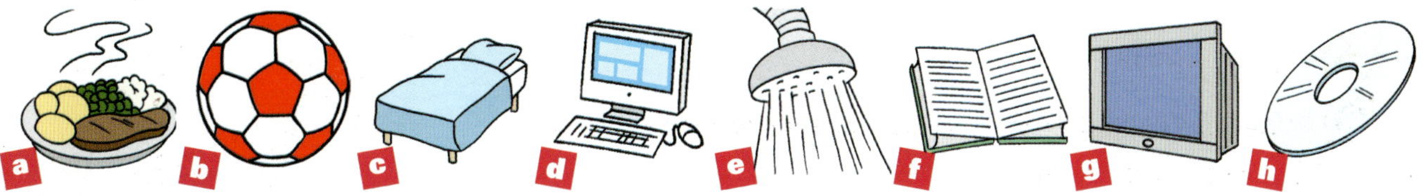

6 **María llama a Manolo, pero está muy ocupado; María habla con su hermano. Une las cinco conversaciones telefónicas con los cinco dibujos anteriores correspondientes.**

Hola, ¿puedo hablar con Manolo?

1 Pues, lo siento, pero está jugando al fútbol con sus amigos.

2 Pues no, porque está duchándose.

3 Pues no, porque está haciendo los deberes.

4 Pues, lo siento, pero está durmiendo.

5 Pues no, porque está comiendo en casa de su amigo Luis.

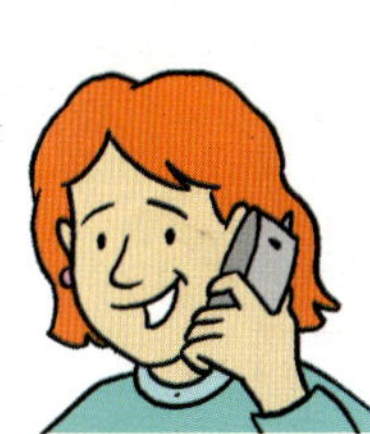

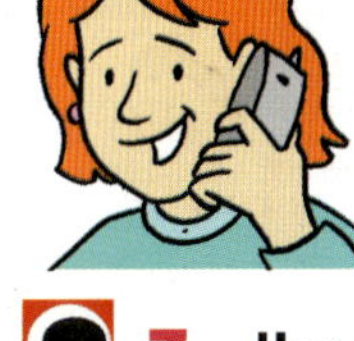

7 **Haz conversaciones similares con tu compañero/a. Usa otros verbos: *estudiar, hablar por teléfono, escribir emails, jugar al baloncesto, cenar con sus primos*, etc.**

8 **Mira las fotos del fin de semana que María pasó en la montaña y escribe una frase para cada una.**

Ejemplo: Aquí estoy nadando en la piscina del hotel.

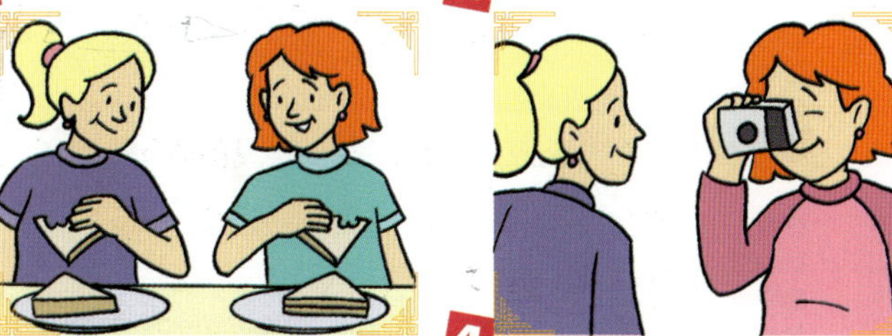

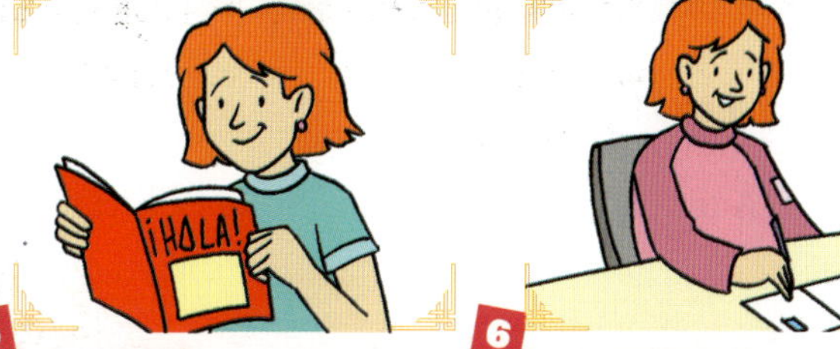

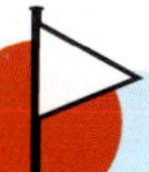

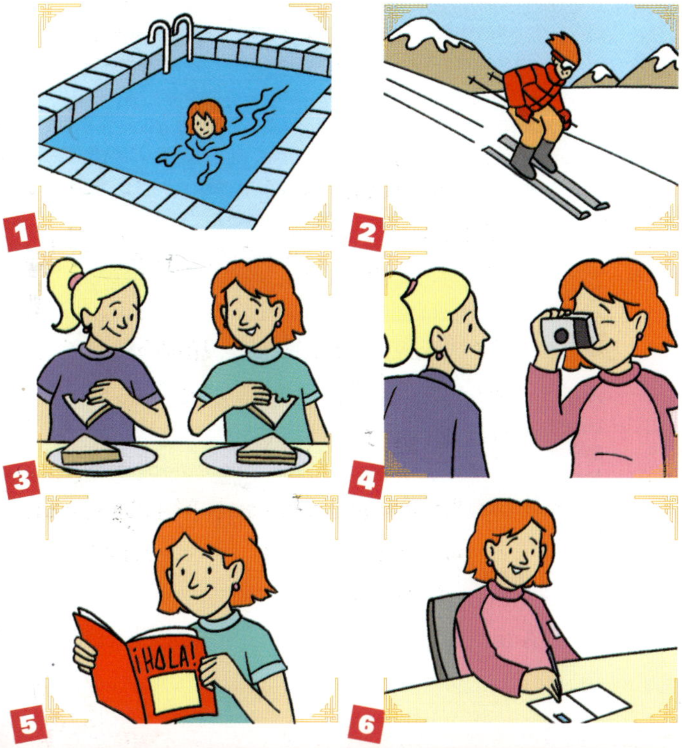

Present / Present continuous

hago (hacer) *I do*; **duermes (dormir)** *you sleep*; **desayuna (desayunar)** *he/she has breakfast*; **se levanta (levantarse)** *he/she gets up*.

To say what you are doing at this moment you can use the present continuous:
estar + gerund (*-ing* form: eating).
Estoy haciendo los deberes.
I'm doing my homework.

With reflexive verbs the pronoun usually goes after the verb: **Manolo está duchándo<u>se</u>.**
Manolo is having a shower.

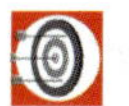

Meta

¿Qué estoy haciendo?

a Mima una acción. Tus compañeros/as adivinan y dicen lo que estás haciendo.

b En grupo: representad una historia, haciendo mimo, para los demás compañeros/as que tienen que escribirla.

D: ¿Qué hiciste el fin de semana?

Objectives: ■ Talk about about what you did yesterday and during the weekend

 **¿Qué sabes?**

Elige la frase correcta para cada dibujo.

> cenar en casa
> tomar el autobús
> ver una película en el cine
> llegar al centro deportivo
> comer en la cafetería
> jugar al baloncesto
> salir de casa   acostarse tarde   levantarse   comprar una camiseta
> bailar en la discoteca
> desayunar

1 Ahora escribe las frases en la primera persona (yo) del pretérito. Empieza así:

Me levanté, desayuné …

 **2** Ahora escucha a Ana y comprueba. Escribe las horas en las que hizo cada cosa.

3 Lee lo que escribió María ayer en su diario. Escribe tres listas de los verbos en el pretérito (mira los ejemplos) y después escribe los infinitivos.

Ejemplo:

Regulares	Reflexivos	Irregulares
desayuné	me desperté (despertarse)	fui

4 Escribe lo que hiciste tú ayer, con las horas.

Ejemplo: Ayer me levanté a las siete.

 **5** Habla con tu compañero/a; pregúntale qué hizo ayer y a qué hora.

¿A qué hora te levantaste? ¿A qué hora tomaste el autobús? ¿A qué hora comiste? ¿A qué hora hiciste los deberes? etc.

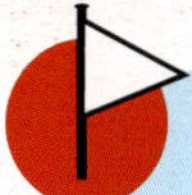

The preterite (pretérito indefinido)

Regular: **desayuné** *I had breakfast*; **comiste** *you had lunch*; **escribió** *he/she wrote*; **cenamos** *we had dinner*; **salisteis** *you went out*; **bebieron** *they drank*.

Reflexive verbs: **se despertó** *he/she woke up*; **se duchó** *he/she had a shower*.

Irregular: **tuve (tener)** *I had*; **hiciste (hacer)** *you did*; **durmió (dormir)** *he/she slept*; **fuimos (ir)** *we went*; **estuvisteis (estar)** *you were*; **fueron (ir)** *they went*.

 **6** **Manolo habla con María de lo que hicieron el fin de semana pasado.**

a **Lee y completa el diálogo con los verbos del cuadro.**

María: Hola, Manolo, qué _________ el fin de semana?

Manolo: No _________ nada especial, me _________ mucho. ¿Y tú? ¿Qué _________ el fin de semana?

María: El fin de semana _________ a esquiar a los Pirineos.

Manolo: ¿ _________ con tu familia?

María: No, _________ con el instituto, los veinticinco chicos y chicas de mi clase y tres profesores. _________ en autocar. _________ el viernes por la noche y el viaje _________ cuatro horas, _________ un poco pesado por el tráfico.

Manolo: ¿Dónde _________?

María: _________ en un hotel de tres estrellas, muy cómodo.

Manolo: Pero, ¿sabes esquiar?

María: No mucho, pero _________ clases con un profesor estupendo. Además _________ otras muchas actividades.

Manolo: ¿Sí? ¿Qué tal lo _________?

María: Lo _________ fenomenal.

Manolo: Pues, ¿qué _________?

María: Pues _________ en la pista de hielo, _________ en la piscina cubierta del hotel y _________ a la discoteca con mis amigos.

> pasaste   tuve   duró   fuimos   patiné   estuvimos   pasé   fuiste
> hice (×2)   hiciste (×3)   fui (×3)   fue   estuvisteis   nadé   aburrí   salimos

b **Escucha y comprueba y contesta las preguntas.**

1 ¿Adónde fue María a esquiar?   2 ¿Con quién fue?   3 ¿Dónde estuvo?   4 ¿Qué actividades hizo?

 **7** **Escribe un email: cuenta un fin de semana especial, un viaje, una excursión, o alguna actividad interesante que hiciste tú.**

 **Meta**

Habla con tu compañero/a de lo que hiciste el fin de semana. Usa las frases siguientes como ayuda.

¿Qué hiciste el fin de semana?	No hice nada especial. / Hice muchas cosas.
¿Adónde fuiste?	Fui a jugar al fútbol / a bailar / a patinar; fui al cine / a la discoteca con mis amigos; nadé en la piscina; fui a la playa.
¿Dónde estuviste?	Estuve en casa / en casa de mi amiga / en casa de mis abuelos / en la playa / en la montaña / en un hotel / en un camping.
¿Con quién fuiste?	Fui con mis padres / mis hermanos / mis abuelos / mis amigos.
¿Qué tal lo pasaste?	Lo pasé fenomenal. / Me aburrí mucho.

1 ▷ Radical-changing verbs in the present tense

See page 175

Some types of verbs change their form in the stem. Notice that, in all these verbs, the changes to the stem occur in the 1st, 2nd and 3rd person singular and the 3rd person plural.

jugar (*to play*): **ju**e**go, ju**e**gas, ju**e**ga, jugamos, jugáis, ju**e**gan**
volver (*to return*): **vu**e**lvo, vu**e**lves, vu**e**lve, volvemos, volvéis, vu**e**lven**
dormir (*to sleep*): **du**e**rmo, du**e**rmes, du**e**rme, dormimos, dormís, du**e**rmen**

2 ▷ Irregular verbs in the present

See page 174

Some verbs are regular except in the 1st person singular:
hacer (*to make / do*): **hago, haces, hace, hacemos, hacéis, hacen**
salir (*to leave / go out*): **salgo, sales, sale, salimos, salís, salen**

Others are irregular in the 1st person and also change the stem:
tener (*to have*): **tengo, ti**e**nes, ti**e**ne, tenemos, tenéis, ti**e**nen**
venir (*to come*): **vengo, vi**e**nes, vi**e**ne, venimos, venís, vi**e**nen**

3 ▷ Reflexive verbs

See page 175

Many everyday verbs are reflexive: **levantarse** (to get up):
Me levanto a las seis. *I get up at six.*

Some of these verbs are also stem-changing verbs:
despertarse: me despie**rto** *I wake up*; **vestirse: me v**i**sto** *I get dressed.*

4 ▷ Preterite / simple past

See also pages 70, 176

desayunar (*to have breakfast*): **desayun**é**, desayun**aste**, desayun**ó**, desayun**amos**,
desayun**asteis**, desayun**aron**
comer (*to have lunch / to eat*): **com**í**, com**iste**, com**ió**, com**imos**, com**isteis**, com**ieron**
escribir (*to write*): **escrib**í**, escrib**iste**, escrib**ió**, escrib**imos**, escrib**isteis**, escrib**ieron**

Notice that the endings of **-er** and **-ir** verbs are the same in the simple past.

5 ▷ Irregular forms in the simple past

See page 176

hacer (*to do*): **hice, hiciste, hizo, hicimos, hicisteis, hicieron**

¿Qué hiciste / hicisteis? *What did you do?*
Hice / Hicimos los deberes. *I / We did homework.*

ir (*to go*): **fui, fuiste, fue, fuimos, fuisteis, fueron**
¿Adónde fuiste / fuisteis? *Where did you go?*
Fui / Fuimos (al cine). *I / We went (to the cinema).*

estar (*to be*): **estuve, estuviste, estuvo, estuvimos, estuvisteis, estuvieron**
¿Dónde estuviste / estuvisteis? *Where were you?*
Estuve / Estuvimos en casa. *I was / We were at home.*

6 ▷ Talking about what you are doing at the moment.

See page 175

Use **estar** plus the verb stem with **-ando** (for **-ar** verbs) or **-iendo** (for **-er** and **-ir** verbs). This is the same as the *-ing* form in English.

¿Qué estás haciendo**?** *What are you doing?* **Estoy estud**iando**.** *I'm studying.*
Está comiendo *S(he) is eating*; **estamos leyendo** *we're reading*; **estáis escribiendo** *you're writing*; **Están viendo la televisión.** *They're watching television.*

Ejercicio
Write sentences describing what you do every day, what you did yesterday and what you are doing now. Include some reflexive verbs.

La ropa — Clothes

La ropa	Clothes
los calcetines	socks
la camiseta	T-shirt
la cazadora	'bomber' jacket
la corbata	tie
la falda	skirt
las medias	tights
ponerse el abrigo	to put on an overcoat
los (pantalones) vaqueros	jeans
las zapatillas de deporte	sports shoes/trainers
cambiarse de ropa	to change one's clothes

Las asignaturas — School subjects

Las asignaturas	School subjects
las actividades extraescolares	extra-curricular activities
el Dibujo	Art/Drawing
el Diseño	Design
la Educación Física	Physical Education
la Enseñanza Secundaria	Secondary Education
ESO (Educación Secundaria Obligatoria)	Compulsory Secondary Education
la Ética	Ethics
la Física	Physics
la Gimnasia	Exercise/Gymnastics
el horario	timetable
la Informática	Information Technology
la Lengua	Language
la Química	Chemistry
el recreo	break/recess
la Sociología	Sociology
la Tecnología	Technology

Los lugares del instituto — Places in school

Los lugares del instituto	Places in school
el ascensor	lift, elevator
el aula (f)	classroom
la biblioteca	library
el colegio privado	private school
el comedor	dining room
el edificio	building
la escalera	staircase
el escudo	crest, shield
el instituto	secondary school
el pasillo	corridor, passage
el patio	playground
la piscina cubierta	indoor swimming pool
el piso	floor
la puerta	door, gate
la sala audiovisual	audiovisual room
la sala de profesores	staff room
el salón de actos	assembly hall

Nombres — Nouns

Nombres	Nouns
el autocar	coach
la cartera	school bag
el comercio	business
el cristal	glass
la madera	wood
el maquillaje	make-up
la mochila	rucksack
el odio	hate, dislike
la parada del autobús	bus stop
el rato	short period of time
los servicios	toilets

Verbos — Verbs

Verbos	Verbs
acostarse	to go to bed
Me dedico a la enseñanza.	I work in teaching.
descansar	to relax
divertirse	to enjoy oneself
durar cuatro horas	to last four hours
necesitar	to need
peinarse	to comb one's hair

Adjetivos — Adjectives

Adjetivos	Adjectives
aburrido/a	boring
ancho/a	wide
fenomenal	great

Otras expresiones — Other expressions

Otras expresiones	Other expressions
es una lata	it's a pain
lo pasé fenomenal	I had a great time
(la Física) no me entra	I don't 'get' (physics)
otra vez	again
(la Historia) se me da mejor	(History) suits me better
tener mucho sueño	to be very sleepy

A: ¿Quieres venir a mi pueblo?

Revision:
- Describe your town or village
- Discuss the positive and negative aspects of living in a town or village

 **¿Qué sabes?**

 ¿Cómo se llaman estos lugares que hay en una ciudad o en un pueblo? Escucha y comprueba.

1 Escucha el diálogo entre Jaime y una amiga que quiere visitar su pueblo.

   a Contesta las preguntas.

      1 ¿Dónde está el pueblo en relación con la capital?
      2 ¿Cómo se puede llegar al pueblo?
      3 ¿Cómo es el pueblo?

   b Marca los dibujos de ¿Qué sabes? que menciona con una ✓. ¿Qué hay en el pueblo?

2 Lee lo que escribe Jaime sobre el tiempo que hace en su pueblo y completa el texto con la estación del año de la que habla. Traduce lo que dice. ¿Qué tipo de clima tiene el pueblo?

1 **More uses of *ser* / *estar* (to be)**

Use **ser** to describe things that are permanent and do not change. Use **estar** to describe where things are and also to describe things that can change.

a) **estar** + place: **Está en el sur / cerca / lejos.** *It's in the south / nearby / a long way away.* **¿A cuántos kilómetros está? Está a 50 km**. *How many kilometres away is it? It's 50 km away.*

b) **ser** + adjective (with a permanent quality): **Es pequeño.** *It's small.* **estar** + adjective (when it can change): **Está abierto.** *It's open (it will close later).*

a En _____(1)_____, en mi pueblo hace sol, pero hace mucho frío. No llueve casi nada, y no nieva tampoco. A veces hace niebla. En general el tiempo es seco y frío en esta estación.

b En _____(2)_____ hace mucho calor y hace mucho sol, pero a veces hay tormentas y llueve, aunque muy poco.

c En _____(3)_____ hace viento, es un viento muy fuerte, y llueve bastante. A veces hace ya bastante frío.

d En _____(4)_____ hace buen tiempo, hay días en los que aún hace fresco, pero en general la temperatura es agradable y ya empieza a hacer calor.

 **3** Escribe sobre el tiempo que hace en tu pueblo o ciudad en las diferentes estaciones del año.

 **4** Describe tu pueblo o ciudad (o una ciudad que te gusta) a tu compañero/a.

¿Cómo es tu pueblo o ciudad? ¿Dónde está? ¿Está cerca de otra ciudad / de la capital? ¿A cuántos kilómetros está de otra ciudad importante / la capital? ¿Qué hay? (monumentos, autobuses, etc.) ¿Qué tiempo hace?

 **5** Escucha a Clara y a Enrique. Los dos viven en el mismo pueblo. ¿Qué diferencias hay en lo que dicen sobre él? Completa el cuadro para cada uno.

	Clara	Enrique
Descripción del pueblo		
Descripción de la gente		
Su opinión sobre el pueblo		
¿Le gustaría vivir en una ciudad? ¿Por qué?		

 **6** Lee la carta de Goreti en la que escribe sobre su ciudad, Vitoria.

a Escribe en inglés la información que da sobre los puntos siguientes:

1 population, **2** architecture, **3** economy, **4** transport, **5** climate

b Según Goreti: ¿qué es lo bueno de la ciudad? y ¿qué es lo malo de la ciudad?

Querido amigo:

Yo soy de Vitoria, una ciudad de unas doscientas cincuenta mil personas que está en el País Vasco, en el norte de España. Es pequeña y bonita, y muy tranquila, pero lo malo es que no hay muchas diversiones para los jóvenes. Pero lo bueno es que tiene muchos parques y muchos bosques y no hay demasiado tráfico ni contaminación. Es todo muy verde porque casi siempre está lloviendo. Vitoria está rodeada de montañas. Vivo en el centro pero desde mi balcón veo montañas alrededor. Los edificios no son muy altos y hay casas antiguas y pisos modernos. El centro de la ciudad está muy cerca del campo porque es pequeño. Hay bastante industria y muchas tiendas y oficinas; es una ciudad bastante rica. El transporte es bueno; no hay metro, pero hay autobuses que son cómodos y puntuales.

La gente es simpática y me gusta vivir allí, pero creo que es demasiado tranquila y me gustaría ir a estudiar a una ciudad más grande.

Un abrazo, Goreti.

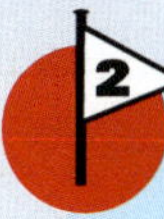

Adjectives expressing quantity always agree with the noun they describe: masculine, feminine, singular and plural.

demasiado ruido *too much noise*
demasiada contaminación *too much pollution*
demasiados coches *too many cars*
demasiadas fábricas *too many factories*.

Pronoun *lo* followed by an adjective

Lo bueno es que hay parques.
The good thing is that there are parks.
Lo malo es que llueve mucho.
The bad thing is that it rains a lot.
Me / te / le / nos / os / les gustaría…
I / you / he / she / we / you / they would like…

¿Dónde te gustaría vivir?
Me gustaría vivir en un pueblo.

 **7** Escribe una carta sobre tu ciudad o pueblo. Usa la de Goreti como ejemplo.

 **Meta**

Habla con tu compañero/a. Di por qué te gusta tu pueblo o ciudad y por qué no te gusta.

Ejemplo: Me gusta porque es divertido/a; no me gusta porque hay mucho tráfico.

 **¿Qué sabes?**

a Describe las fotos de la Actividad 1.

b Escribe los nombres de las habitaciones de una casa o un piso.

 **1** Escucha a Miguel y a Ana que describen el barrio donde viven. Escribe lo que les gusta (las ventajas) y lo que no les gusta (las desventajas) de su barrio.

Miguel

Ana

 **2** Habla de tu barrio. Contesta las preguntas del ejemplo.

A: ¿Dónde está?
B: Está cerca / lejos del centro. / Está en las afueras de la ciudad.
A: ¿Cuánto tardas en llegar al centro?
B: Tardo un cuarto de hora / media hora / una hora.
A: ¿Qué hay?
B: Hay mucho tráfico / contaminación / edificios altos / casas con jardín / tiendas / árboles / parques / colegios / cines / piscinas / centros deportivos…
A: ¿Cómo es?
B: Es muy tranquilo / ajetreado / bonito / feo / divertido / aburrido.

 **3** Escucha a María que habla de su piso a su amigo Manolo.

a Answer the questions.

1 How long has she been living there?
2 On which floor does she live?
3 How many floors are there in total?
4 What is there underneath the building?
5 How does she describe her flat?

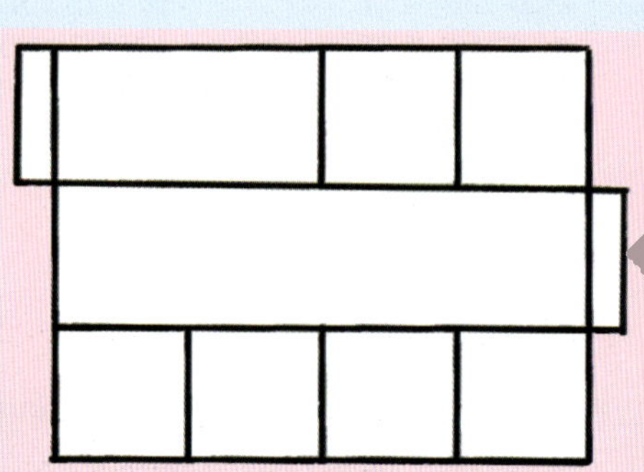

b Escribe en el plano los nombres de las habitaciones y lugares del piso.

Ayuda
Prepositions and expressions of place

a la derecha *on the right*; **a la izquierda** *on the left*;
al fondo *at the end*; **al lado de** *next to*; **entre** *between*.

Remember how to ask and explain how long we have done or been doing something:

¿Cuánto (tiempo) hace que vives allí?
How long have you lived there?
Hace tres años / Vivo allí (desde) hace ocho años.
For three years / I have lived there for eight years.

Ordinal numbers
primero/a *first*; **quinto/a** *fifth*; **octavo/a** *eighth*.

Possessives

Possessive adjectives: **mi(s)** *my*;
tu(s) *your*; **su(s)** *his / her*:
mi casa *my house*;
tus amigos *your friends*;
su trabajo *his / her job*, etc.

Possessive pronouns:
el mío *mine*; **el tuyo** *yours*:
¿Qué coche es el tuyo?
Which car is yours?
Este libro es el mío.
This book is mine.

 **4** Ahora dibuja un plano de tu piso (o casa) y descríbelo a tu compañero/a, que lo dibuja y escribe en inglés el nombre de cada habitación. Compara los dos planos.

 **5** Lee el email de Manolo y di si las frases son verdaderas (V) o falsas (F).

Hola. Gracias por tu email y por la foto de tu casa. Es muy bonita y tu cuarto es fenomenal, tan moderno. ¡Ah! y me encanta el color de las paredes: ¡Naranja! Me preguntas en tu carta cómo es mi casa. Pues yo no vivo en una casa, vivo en un piso, pero es bastante grande. Hace muchos años que vivimos allí, por lo menos catorce. Está en el centro de mi ciudad, Sevilla. Está en un edificio muy moderno con ascensor, ¡menos mal! porque vivimos en el octavo piso.

Entras por la puerta, ¡claro! y allí está la entrada, entonces hay un pasillo muy largo. Tiene la cocina, que es muy pequeña, un cuarto de baño, un salón-comedor muy grande donde comemos siempre porque no cabemos todos en la cocina, y tres dormitorios: el dormitorio de mis padres, el de mi hermano pequeño y el mío. Hay otra habitación que antes era el dormitorio de mi hermano mayor y ahora es un estudio, porque mi hermano mayor ya no vive con nosotros, estudia en Madrid y vive allí.

Yo tengo suerte porque mi habitación es una especie de apartamento dentro de la casa y está al final del pasillo y tengo mi propio cuarto de baño. Mi cuarto es grande y tiene un balcón que da a la calle. **Manolo**

1 El color del cuarto de Manolo es naranja.

2 El piso de Manolo tiene tres dormitorios.

3 Manolo comparte su habitación.

4 Su hermano mayor vive en otra ciudad.

5 El piso está en un piso alto.

6 La cocina del piso es pequeña pero se puede comer allí.

7 Todos los dormitorios tienen su propio cuarto de baño.

8 El cuarto de Manolo es bastante independiente.

9 Desde la habitación de Manolo se ve la calle.

 **6** Escribe un email como el de Manolo sobre tu barrio y tu casa o piso.

 ## Meta

Habla con tu compañero/a. Contesta las preguntas siguientes.

¿Vives en una casa o en un piso? ¿Dónde está? ¿Cómo es? ¿Cuántos dormitorios / baños tiene? ¿Dónde están? ¿Tiene jardín / terraza / piscina / garaje? ¿Cuánto tiempo hace que vives allí?

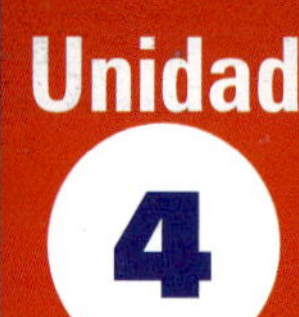

C: Mi casa y mi habitación

Objectives:
- Talk about your house and your room
- Describe places in the past

 **¿Qué sabes?**

Juego de la memoria. Mira la casa de abajo durante un minuto. Tapa el dibujo y contesta las siguientes preguntas.

1 ¿Cuántas habitaciones hay?
2 ¿Cuántas sillas hay?
3 ¿Cuántos espejos hay?
4 ¿Cuántas personas hay?

5 ¿Qué muebles hay en el salón?
6 ¿Dónde está el gato?
7 ¿De qué color son las paredes del salón y de la cocina?
8 ¿De qué color es la toalla del baño?

 **1** Escucha a Miguel y a Ana que describen sus habitaciones. Dibuja los planos y compara.

 **2** Escribe una carta describiendo tu habitación. Usa lo que dicen Miguel y Ana como ayuda.

 **3** Escucha a Manolo que habla sobre su casa y su habitación ideal y traduce lo que dice para tu amigo que no entiende español.

 **4 a** Describe tu habitación a tu compañero/a. Él / Ella toma notas y/o la dibuja.

b Inventa y dibuja tu casa y tu habitación ideal y descríbelas a tu compañero/a.

5   Completa los espacios en blanco siguientes con *es*, *está* o *hay*.

La casa donde vive mi abuela _____ muy bonita, pero _____ muy pequeña. La casa _____ en las afueras de la ciudad. En la casa _____ cinco habitaciones. La casa _____ muy limpia. También _____ un jardín. El jardín _____ muy grande. En el jardín _____ muchos árboles. La casa _____ al lado de la playa.

6   **Ahora escribe el texto de la Actividad 5 en el pasado; usa *había*, *era*, *estaba*. Empieza así:**

> La casa donde <u>vivía</u> mi abuela
> <u>era</u> muy bonita, pero...

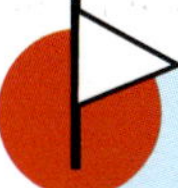

To describe places in the past, use the imperfect tense:

es *is* / **era** *was*; **está** *is* / **estaba** *was*;
hay *there is* / **había** *there was*.

El piso era pequeño. *The flat was small.*
La casa estaba en el centro.
The house was in the centre.
Aquí había un cine antes.
There was a cinema here before.

7   **María y Manolo fueron a Inglaterra en un intercambio. Nos dicen cómo era su casa y su habitación. Escucha y lee. Di si las frases son verdaderas (V) o falsas (F).**

a   *Manolo*: Pues yo tuve un cuarto para mí solo. La casa era pequeña, pero había dos pisos y mi habitación estaba en el segundo piso. Era el cuarto del hermano de mi amigo que estaba de vacaciones y entonces era el típico cuarto juvenil con una cama individual. Había un armario empotrado, una mesa, una silla; había también una estantería, pero no muchos libros, un ordenador, un equipo de música y las paredes llenas de pósters de música.

b   *María*: Yo compartí la habitación con mi amiga inglesa, porque su familia vive en un piso muy pequeño, en la cuarta planta. La habitación era pequeña también; había dos camas y un armario, había una mesilla y una silla, había también pósters de deportes y de deportistas, sobre todo de tenis y de fútbol que son los deportes favoritos de mi amiga y ... nada más porque era muy pequeña, pero era muy bonita.

¡Atencion!

tuve = I had
para mí solo = just for myself
juvenil = young / teenage
las paredes = the walls
llenas de = full of
yo compartí = I shared

1   Manolo shared a room in a small house.
2   He stayed in his friend's room.
3   His friend's brother was on holiday.
4   There were lots of books on the shelves.
5   María shared a room.
6   María stayed in a small flat on the fourteenth floor.
7   There was a big table and a chair in the room.

8   **Describe la casa / el piso y la habitación donde estuviste en tu intercambio. Si quieres, inventa. Usa como modelo lo que dicen María y Manolo.**

Meta

Encuentras a tu amigo/a después de tu intercambio. Dile cómo era la casa y la habitación donde estuviste. Haz el diálogo con tu compañero/a.

A: Hola, ¿qué tal la casa de tu amiga?
B: Era muy bonita y la habitación era... En la habitación había... Y tu casa, ¿qué tal?

1 ▷ Uses of *ser* and *estar*

See page 175

Use **estar** to refer to where something is located:
¿Dónde está? *Where is it?*
Está en el sur / cerca / lejos.
It's in the south / nearby / a long way (away).
¿A cuántos kilómetros está?
How far is it?
Está a cien kilómetros.
It's a hundred kilometres away.

Also use **ser** and **estar** to describe the state of something. Use **ser** for things that don't change and **estar** for things that do.

Compare these:
El coche es pequeño.
The car is small. (This doesn't change.)
La tienda está abierta.
The shop is open. (It will close later on.)

2 ▷ Explaining what you would like to do (*gustaría*)

See page 178

To say what you would like to do, use the verb **gustar** in the conditional tense plus another verb in the infinitive. The conditional is formed by adding **-ía** to the end of **gustar**.

¿Dónde te gustaría vivir?
Where would you like to live?
Me gustaría vivir en un pueblo.
I'd like to live in a village.

3 ▷ Possessive adjectives and pronouns

See pages 178, 180

Important: the possessive adjectives and pronouns agree with the object possessed and not with the owner.

1st and 2nd person plural possessive adjectives have masculine and feminine forms as well as singular and plural forms. All the others have only one singular and one plural form:

mi / tu / su / nuestro / vuestro / su coche
my / your / his, her / our / your / their car
mi / tu / su / nuestra / vuestra / su casa
my / your / his, her / our / your / their house
mis / tus / sus / nuestros / vuestros / sus coches
my / your / his, her / our / your / their cars
mis / tus / sus / nuestras / vuestras / sus casas
my / your / his, her / our / your / their houses

Possessive pronouns are also used to describe what is yours:

Masculine singular:
el mío *mine*; **el tuyo** *yours*; **el suyo** *his, hers*; **el nuestro** *ours*; **el vuestro** *yours*; **el suyo** *theirs*.

Feminine singular:
la mía; la tuya; la suya; la nuestra; la vuestra; la suya.

Masculine plural:
los míos; los tuyos; los suyos; los nuestros; los vuestros; los suyos.

Feminine plural:
las mías; las tuyas; las suyas; las nuestras; las vuestras; las suyas.

Examples: **¿Es tu casa? Sí, es la mía.**
¿Éstos son los libros de Juan? Sí, son los suyos.

4 ▷ The imperfect tense

See page 176

Use this form to describe things in the past:

La casa era grande. *The house was big.*
Estaba en el campo. *It was in the country.*
Había un parque. *There was a park.*

5 ▷ Adjectives expressing quantity

Adjectives expressing quantity always agree with the noun they describe: masculine, feminine, singular and plural.

demasiado ruido *too much noise*
demasiada contaminación *too much pollution*
demasiados coches *too many cars*
demasiadas fábricas *too many factories*.

6 ▷ Pronoun *lo* followed by an adjective

Lo bueno es que hay parques.
The good thing is that there are parks.
Lo malo es que llueve mucho.
The bad thing is that it rains a lot.

Ejercicios

1 Write about where you would like to live. Where is it? Describe it.

2 Describe a place you went to when you were younger.

Las direcciones Directions

¿A cuántos kilómetros está?	How far away is it? (how many kilometres)
a la derecha	to/on the right
a la izquierda	to/on the left
al fondo	at the end
las afueras	the outskirts
al lado de	next to
alrededor de	around, surrounding
el bosque	wood (trees)
los campos	fields
cerca de	near
enfrente de	opposite
entre	between
Está a 50 km.	It's 50 km away.
lejos	far away

La zona/ el barrio — The area

el árbol	tree
el centro deportivo	sports centre
la contaminación	pollution
estrecho/a	narrow
la gente	people
los habitantes	inhabitants
el lago	lake
no hay nada (que hacer)	there isn't anything (to do)
el ruido	noise
las ruinas	ruins
seco/a	dry

La casa — The house

antiguo/a	old (place)
el armario (empotrado)	(fitted) wardrobe
el barrio	neighbourhood
la bodega	wine cellar
caber (no cabemos)	to fit (we don't fit/ there's no room for us)
el castillo	castle
la cocina	kitchen
el comedor	dining room
el cuarto	room
el cuarto de baño	bathroom
da a la calle	it gives on to/faces the street
da mucho el sol	(it) gets a lot of sun

debajo de	underneath, below
la entrada	entrance
el equipo de música	music centre, hi-fi
el espejo	mirror
la estantería	shelf
la habitación	room
la mesilla	bedside table
los muebles	furniture
el pasillo	hallway, corridor
el salón-comedor	lounge-dining room

El tiempo — Weather

buen tiempo	good weather
el clima	climate
la estación	season
el fresco	fresh air
hace fresco/mal tiempo/ frío/viento	it's cool/bad weather/ cold/windy
hay niebla	it's foggy
llover (llueve)	to rain (it rains/ it's raining)
lo malo es que llueve mucho	the bad thing is that it rains a lot
nevar (nieva)	to snow (it snows/ it's snowing)
la tormenta	storm

Otras palabras/ expresiones — Other words/ expressions

aburrido/a	bored
acostumbrado/a	used to, accustomed to
ajetreado/a	busy
compartir	to share
demasiado/a	too much, too many
la diversión	fun, a good time
lo bueno	the good thing
lo malo	the bad thing
más o menos	more or less
¡menos mal!	thank goodness (for that)!
oscuro/a	dark
(mi) propio	(my) own
tampoco	neither
tardar (tardo)	to take (time) (I take…)
tener suerte	to be lucky

 **¿Qué sabes?**

Di lo que haces normalmente por las tardes, después de clase. ¿Qué vas a hacer esta tarde?

 **1** Escucha a Manolo y a María que nos dicen lo que van a hacer esta tarde y compara.

 **2** Escribe tu agenda de esta semana y di a tu compañero/a lo que vas a hacer cada tarde.

Ejemplo:

A: ¿Qué vas a hacer el miércoles por la tarde?

B: El miércoles por la tarde voy a salir con mis amigos.

Ayuda

Remember that to express the immediate future you use **ir + a** + infinitive (*going to*).

Voy a salir. *I'm going to go out.*
Voy a ir al cine. *I'm going (to go) to the cinema.*

3 Escucha a Mari Carmen y a Curro que quieren salir un día juntos. Escribe en la agenda lo que va a hacer Mari Carmen cada día. ¿Cuándo pueden quedar para salir juntos?

NOVIEMBRE	
Lunes 3	**Jueves 6**
Clases todo el día	Clases todo el día
Martes 4	**Viernes 7**
Clases mañana 9–1	Clases 9–1
Miércoles 5	**Sábado 8**
Clases 9–1	————————
	Domingo 9

Ayuda

To invite: ¿Te gustaría venir conmigo a la discoteca? Podemos / Podríamos / Podíamos ir al cine. ¿Por qué no vamos al fútbol? A ver si quedamos para salir. ¿Te va bien…?

To say no: No puedo / No me apetece / No me gusta / Me aburre (Me aburro) / No puede ser / Pues… no sé…

To say yes: Sí, claro / Estupendo / Fenomenal / Me gustaría mucho / Me encantaría.

4 **Tú puedes ir al cine solamente mañana a las siete. ¿Cuál de los mensajes envías a tu amigo? Lee y elige. Después traduce los mensajes.**

a
No me apetece ir al cine hoy. Si quieres vamos mañana a las nueve en vez de hoy. ¿Qué te parece? Quizás es un poco tarde, pero es que voy a ir a clase de inglés y no termino hasta las siete. Te esperaré en la puerta. Llámame si no puedes ir y podemos quedar para otro día.

b
Voy a ir al médico con mi hermano esta tarde y no voy a poder salir hasta las seis, así que no vamos a poder ir a la sesión de las cinco. Llámame si puedes ir a la de las siete y podemos quedar a menos cuarto en la puerta del cine si te va bien.

c
Mañana tengo un problema a las nueve porque tengo que ir a cenar a casa de mis primos, así que no voy a poder salir por la noche. ¿Podríamos quedar a las siete en el cine Gran Vía? Mis primos viven muy cerca y así puedo llegar a las nueve para cenar con ellos. Mándame un email esta noche para ver si te va bien.

5 **Escribe mensajes similares. Usa la información y decide algo diferente.**

1 Place: the swimming pool. Time: today at 2.30pm. Reason for change: have to help father clean the garage. Suggestion.

2 Place: disco. Time: tomorrow evening at 9.15pm. Reason for change: you are invited to a friend's party. Suggestion.

3 Place: football stadium. Time: this afternoon at 3.30pm. Reason for change: no tickets left. Suggestion.

a

b

c

Meta

Escribe varias actividades en una agenda como la de la Actividad 3 y haz un diálogo con tu compañero/a para salir. ¿Qué día coincidís? Usa las expresiones de la Actividad 3.

Ejemplos: A ver si quedamos para salir algún día. ¿Podríamos quedar el … ?
Pues estoy bastante ocupado/a. No puedo. No puede ser.
Tengo la tarde libre. Me encantaría.

B: ¿Qué harás el fin de semana?

¿Qué sabes?

 **Escribe estas frases en el futuro (usa la 1ª persona). Escucha y comprueba.**

Ejemplo: comer en la cafetería: comeré en la cafetería; levantarse: me levantaré.

ducharse   tener clases todo el día   volver a casa a las cinco   cenar con la familia   acostarse a las once

ir al instituto   salir de casa   hacer los deberes   levantarse

vestirse   desayunar en una cafetería   comer en la cafetería   leer un libro   ver la televisión

1 ¿Qué harán estos chicos y chicas el fin de semana?

a Lee los emails y une a cada persona con los dibujos correspondientes.

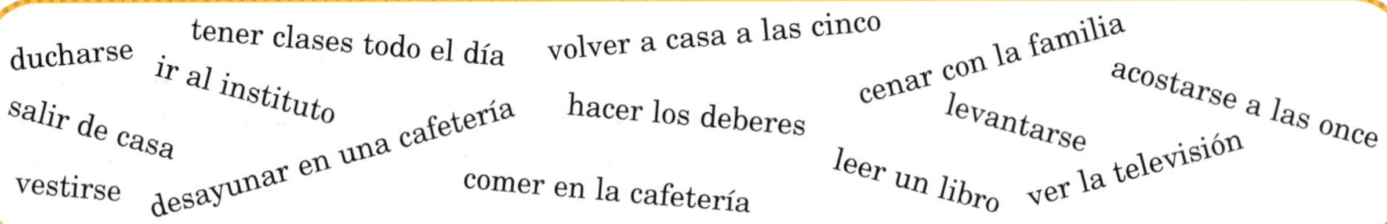

b Say who…

a wants to be in good shape.

b likes horror films.

c is worried about his diet.

d doesn't like his sister's friends.

1

Me preguntas qué haré mañana. Pues, mañana a mediodía comeré en casa de mis abuelos y después iré al cine con mis amigos y veremos una película de terror porque a todos mis amigos les encantan las de terror, aunque a mí no me gustan mucho, la verdad. Después, daremos una vuelta y volveré a casa pronto porque quiero ver un partido en la tele. **María**

2

Yo haré deporte, jugaré al baloncesto y después nadaré un rato porque quiero ponerme en forma para las vacaciones. Después cenaré en una pizzería con mis amigos; ya sé que no es muy sano, pero en vez de pizza comeré una ensalada, ¡pero no sé si podré resistir la tentación! **Luis**

3

Yo saldré con mis amigos de compras y por la tarde tendré una fiesta en casa porque es el cumpleaños de mi hermana. Como no me gustan los amigos de mi hermana, mi madre dice que podré invitar a varios de mis amigos. ¡Menos mal!, porque si no la fiesta será muy aburrida. **Carlos**

2 Estos seis chicos y chicas son amigos de los que escribieron los emails anteriores. Escucha lo que harán y di con quién van a salir: con María, Luis o Carlos.

 **3** Escribe un email a tu amigo/a sobre lo que harás el domingo. Usa los dibujos y los emails de la Actividad 1 como ejemplo.

 **4** Habla con tu compañero/a de lo que harás el fin de semana.

Ejemplo:
A: ¿Qué harás el fin de semana?
B: Me quedaré en casa / haré los deberes / daré una fiesta / saldré con mis amigos / iremos al cine …

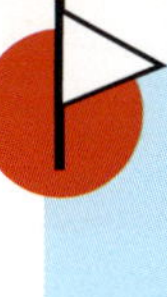

There are two ways of expressing the future. You have already learnt about the immediate future, **ir + a** + infinitive. Here is the second way, the future tense.

Regular: **yo cenaré** *I'll have dinner*; **tú comerás** *you'll have lunch*; **él verá** *he will see*; **nosotras escribiremos** *we'll write*.

Irregular: **yo saldré** *I'll go out (leave)*; **tú darás** *you'll give*; **ella tendrá** *she'll have*; **vosotros haréis** *you'll do*; **ellas podrán** *they'll be able to.*

To express something that will happen as a result of something else, use **si** (if) + present + future: **Si llueve, iré al cine.** *If it rains, I'll go to the cinema.*

 **5** ¿Qué tiempo hará el fin de semana? Lee los símbolos del tiempo que hay en el periódico: ¿qué significan?

1 Sol / Despejado	**6** Lluvia
2 Variable	**7** Tormenta
3 Cubierto	**8** Niebla
4 Nublado / Nubes	**9** Viento
5 Chubascos	**10** Nieve

 **6** Escucha la predicción del tiempo para el fin de semana y pon el símbolo en el lugar correspondiente del mapa.

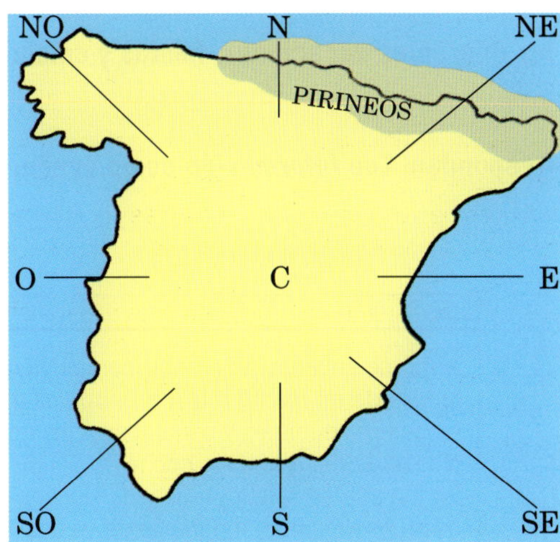

 **7** Escucha lo que harán estos chicos el fin de semana y completa las frases.

Ejemplo: 1 Si llueve iremos al cine.

1   Si llueve…
2   Si hace calor…
3   Si hay tormenta…
4   Si nieva…
5   Si hace sol…
6   Si hace viento…

 **Meta**

Habla con tu compañero/a de lo que harás el fin de semana. Empieza con las frases de la Actividad 7.

Ejemplo: Si hace frío iré al cine.

💡 ¿Qué sabes?

¿Qué harás en las vacaciones próximas? Mira las fotos de la Actividad 1. Tú vas a ir de vacaciones a uno de los lugares; habla de lo que harás allí.

Ejemplo: Yo iré a Lanzarote y nadaré en la playa.

1 María y Manolo van a tener unas vacaciones muy especiales en Navidad. Escucha y toma notas sobre: **1** el lugar; **2** el alojamiento; **3** las actividades que harán; **4** el tiempo que hará.

2 Habla con tus compañeros/as de lo que harás en las vacaciones próximas.

Ejemplo: A: ¿Adónde irás? B: Iré a España.

Otras preguntas: ¿Con quién irás? ¿Cuánto tiempo estarás? ¿Dónde estarás (te alojarás)? ¿Qué harás? ¿Qué tiempo crees que hará?

3 Estos chicos escriben su opinión sobre las diferentes vacaciones, fiestas y celebraciones que tienen.

a Mira los dibujos y di a qué texto corresponden. Lee *Información* como ayuda.

A mí me encanta la Navidad porque viene toda la familia de mi madre a mi casa, que es muy grande, todos nos reunimos y cenamos juntos en la Nochebuena, que es la noche del 24 de diciembre. En España se celebra mucho la Nochebuena y después de cenar, mucha gente va a la Misa del Gallo que es a las doce y es una ceremonia muy bonita. Mis abuelos van siempre porque son bastante religiosos y yo voy con ellos alguna vez. El día de Navidad, vamos a comer a casa de mis otros abuelos y comemos pavo. Lo pasamos estupendamente y comemos mucho turrón y cantamos villancicos.
Isabel

A mí me gustan las vacaciones de Navidad, pero especialmente me encanta la Nochevieja que es el 31 de diciembre, porque vamos a una fiesta con mis amigos y lo pasamos muy bien. Lo más divertido es comer las uvas: tomamos doce uvas cuando dan las doce campanadas. También me gusta mucho la fiesta de los Reyes Magos. Se celebra el día 6 de enero y el día 5 por la noche los Reyes traen juguetes a los niños. El día 5 por la tarde hay cabalgatas en todas las ciudades; son muy bonitas y después hay fiestas. El día 6 comemos el roscón que es un pastel especial.

Manolo

A mí me gustan sobre todo las vacaciones de verano porque son muy largas y como no me gusta mucho estudiar, prefiero estar sin hacer nada. En mi ciudad hace mucho calor en verano, así que casi toda la gente toma las vacaciones en julio y agosto y se va a la playa, a la montaña o a su pueblo, a pasar unos días. Yo voy al pueblo con mis abuelos y mis primos casi todo el verano, aunque también voy quince días a la playa con mis padres. Vamos a Marbella que es una ciudad del sur que tiene unas playas fenomenales. Me lo paso fenomenal. **Enrique**

Yo prefiero la Semana Santa porque es en primavera y ya empieza a hacer buen tiempo. También hay procesiones, como en todos los pueblos y ciudades de España, y aquí en el sur hay procesiones muy bonitas, especialmente en Sevilla. En mi ciudad son más pequeñas, pero va también mucha gente. En las procesiones la gente lleva estatuas religiosas por las calles. A los turistas les gustan mucho también porque son muy típicas de aquí. También me encanta comer huevos de chocolate el domingo de Pascua. **Marta**

Información

La Navidad is the Christmas season. **El día de Navidad** is Christmas Day.
La Nochebuena is Christmas Eve and literally means 'the good night'. **La Misa del Gallo** is Midnight Mass, which people celebrate at midnight on Christmas Eve.
El turrón is a special kind of nougat, which comes in different flavours including chocolate and fruit and is very popular at Christmas time. **El villancico** is the name given to Christmas songs and carols.
La Nochevieja is New Year's Eve and literally means 'the old night'. It is traditional to eat twelve grapes (**uvas**) at midnight on New Year's Eve, one for each chime (**campanada**) of the clock. **Los Reyes Magos** are the Three Kings. **La cabalgata** is a street procession. **El roscón** is the special cake eaten on 6th January; it has coins and gifts hidden inside. **La Semana Santa** is the name given to Easter week.
Las procesiones are the parades that take place at Easter. **Las estatuas religiosas** are religious statues. **Los huevos de chocolate** are Easter eggs. **El Domingo de Pascua** is Easter Sunday.

b **Contesta las preguntas siguientes sobre los textos anteriores.**

1 What is the name of the ceremony that takes place on Christmas Eve?
2 What do people carry through the streets?
3 Who goes to the beach with his / her parents?
4 Which town has great beaches?
5 Who has several members of her family in her house?
6 On what day do people eat a special cake?

4 **Escribe un texto como los anteriores sobre tus vacaciones y celebraciones favoritas.**

Ejemplo: Me encanta la Navidad porque viene toda mi familia a casa y comemos turrón.

 **Meta**

Habla con tu compañero/a de tus vacaciones y celebraciones favoritas.

¿Qué fiestas hay en tu país (o en un país que conoces)? ¿Qué fiestas celebras con tu familia? ¿Cómo las celebráis? ¿Qué fiestas y vacaciones te gustan más?

1 ▷ The future tense

See page 176

There are two ways of expressing the future in Spanish. One is to use the verb **ir + a +** the infinitive of the main verb. This is generally used to talk about things that are going to happen very soon.

voy a		*I'm going*	
vas a		*you're going*	
va a	**estudiar**	*he/she is/you're going*	*to study*
vamos a		*we're going*	
vais a		*you're going*	
van a		*they're/you're going*	

There is also a future tense. For regular verbs the following endings are added to the infinitive: **-é, -ás, -á, -emos, -éis, -án.** Note that the endings are the same for all three verb types (**-ar, -er, -ir**).

estudiaré	*I'll study*	**estudiaremos**	*we'll study*
estudiarás	*you'll study*	**estudiaréis**	*you'll study*
estudiará	*he/she/you'll study*	**estudiarán**	*they/you'll study*

Here are some common irregular verbs (note that the endings are the same):

salir: saldré, saldrás, saldrá, saldremos, saldréis, saldrán
hacer: haré, harás, hará, haremos, haréis, harán
tener: tendré, tendrás, tendrá, tendremos, tendréis, tendrán
poner: pondré, pondrás, pondrá, pondremos, pondréis, pondrán

2 ▷ Conditional expressions (if...) with the future

These are formed in the same way as in English: **si** (if) + present simple + future:
Si llueve iré al cine.   *If it rains I'll go to the cinema.*
Si no viene no iremos.   *If he doesn't come we won't go.*

Ejercicio
Use the future tense to complete this dialogue.

A: ¿Cuándo (ir) _____________ vosotros a la playa?

B: Nosotros (ir) _____________ en septiembre.

A: ¿Cuánto tiempo (estar) __________ allí?

B: (estar) _____________ dos semanas.

A: ¿Cómo (viajar) __________?

B: (viajar) _____________ en avión.

A: ¿Dónde (estar) __________?

B: (estar) __________ en un camping, pero si (llover) _______ (ir)________ a un hotel.

A: ¿Qué (hacer) ___________?

B: Si (hacer) __________ buen tiempo, (hacer) __________ muchas cosas. (ir) __________ en barco, (tomar) ___________ el sol, (jugar) __________ a la pelota, (nadar) ___________ en la playa.

VOCABULARIO

El tiempo	Weather
el chubasco	shower
el cielo	sky
cielos muy nublados	very cloudy skies
cubierto	overcast
despejado	clear, fine (weather)
hace calor/sol	it's hot/sunny
hay tormenta	it's stormy
la lluvia	rain
la niebla	fog
nieblas matinales	morning fog/mist
la nieve	snow
las nubes	clouds
nublado	cloudy
la predicción del tiempo	weather forecast
¿Qué tiempo hará?	What will the weather be like?
las temperaturas subirán	temperatures will rise
las temperaturas tenderán a bajar	temperatures will tend to drop
variable	changeable

Las fiestas	Festivals
la cabalgata	carnival procession
las campanadas	bell chimes
la ceremonia	ceremony
el día de Navidad	Christmas Day
Domingo de Pascua	Easter Sunday
las estatuas religiosas	religious statues
el huevo de chocolate	chocolate egg (Easter)
el juguete	toy
lo más divertido	the most entertaining
la Misa del Gallo	Midnight Mass
la Nochebuena	Christmas Eve
la Nochevieja	New Year's Eve
Pascua	Easter
pasar unos días	to spend a few days
el pavo	turkey
la procesión	procession
religioso/a	religious
los Reyes Magos	the Three Kings
el roscón	Twelfth Night cake
Semana Santa	Easter Week
el turrón	Christmas nougat
las uvas	grapes
el villancico	Christmas carol/song

Tiempo libre	Free time
la agenda	diary
(no) me apetece salir	I (don't) feel like going out
entrenar	to train
juntos	together
libre	free (time)
notas	results
ocupado/a	busy
¿qué te parece?	what do you think of it?
el partido	match (football)
ponerse en forma	to get (oneself) fit
quedar (quedamos)	(to arrange) to meet (we'll meet)
quedarse (me quedaré en casa)	to stay (I'll stay at home)
resistir la tentación	to resist the temptation
reunirse (nos reunimos)	to meet (we meet)
sacar buenas notas	to get good results
seguro que (hará calor)	it'll certainly (be hot)
la sesión	showing (of film)
subir	to get on (a bus/train)

Invitaciones y sugerencias	Invitations and suggestions
A ver si quedamos para salir.	Let's see if we can arrange to meet.
¿Podemos/Podríamos ir al cine?	Can we/Could we go to the cinema?
¿Por qué no vamos al fútbol?	Why don't we go to the football?
¿Te gustaría venir conmigo a la discoteca?	Would you like to come to the disco with me?
¿Te va bien?	Is it OK for you?

Aceptar una invitación	To accept an invitation
estupendo	great
fenomenal	fantastic
me encantaría	I'd love to

Decir que no a una invitación	To say no to an invitation
me aburre (me aburro)	it bores me (I get bored)
no me apetece	I don't feel like it
no puede ser	it's not possible

1 ▷ Habla de ti mismo/a.

Información personal: nombre (¿cómo se escribe?), edad, cumpleaños, nacionalidad, dirección, estudios.

¿Cómo es tu carácter? ¿Qué cualidades tienes? ¿Cuáles son tus defectos?

¿Cuál es tu afición preferida / tu pasatiempo favorito?

Tus gustos: música, deporte, color, transporte, bebida, comida.

2 ▷ Habla de tu familia.

¿Cuántas personas hay en tu familia? ¿Viven en tu casa? ¿En qué trabajan? ¿Qué estudian? ¿Cómo son? Describe a una o varias personas de tu familia físicamente. Describe su carácter.

¿Tienes animales? ¿Qué animal(es) tienes? ¿Cómo es/son?

¿Qué animal(es) te gusta(n) más / menos?

3 ▷ Habla de un(a) amigo/a.

Habla de tu mejor amigo/a. ¿Por qué es tu mejor amigo/a? ¿Cómo es su carácter / personalidad? ¿Cómo es físicamente? ¿Por qué te cae bien (te gusta) tu amigo/a?

¿Qué cualidad(es) prefieres en una persona; en un/a amigo/a; en un chico; en una chica?

4 ▷ Estudios

Dime algo de tu instituto / colegio.

¿Qué asignatura(s) te gusta(n) más? ¿Por qué?

¿Qué asignatura(s) te gusta(n) menos? ¿Por qué?

¿Qué curso / asignaturas estudias este año?

¿Qué curso / asignaturas vas a estudiar el año próximo?

¿Cuáles son tus horarios (de la mañana / de la tarde)? ¿A qué hora entras / sales?

¿A qué hora es el recreo / el descanso / la comida / la clase de español?

¿Qué haces durante el recreo / la hora de comer?

¿Por qué estudias español?

¿Cuándo empezaste a estudiar español? ¿Te gusta? ¿Por qué (no)? ¿Cuántas clases tienes de español? ¿Lo practicas fuera del instituto? ¿Por qué (no)?

¿Estudias otros idiomas? ¿Te parece útil estudiar un idioma? ¿Por qué?

Describe tu instituto: los profesores, los estudiantes, los lugares que hay y dónde están. ¿Es un instituto mixto? ¿Sólo para chicos / chicas?

¿Cómo es tu clase? ¿Llevas uniforme? ¿Cómo es? ¿Qué ropa llevas para ir al instituto / colegio?

¿Cómo vas al instituto? ¿Qué medio de transporte usas para ir al instituto? ¿Cuánto tiempo tardas?

¿Qué actividades complementarias / extra hay en el instituto? ¿Haces tú alguna? ¿Cuándo? ¿Por qué?

5 ▷ La vida diaria

¿Qué haces todos los días? ¿Qué diferencias hay en tu rutina los fines de semana?

¿Qué hiciste ayer / el fin de semana?

¿Adónde fuiste? ¿Qué tal lo pasaste?

¿Qué harás mañana?

¿Qué has hecho hoy / esta semana?

6 ▷ El lugar donde vives

¿Vives en un piso o en una casa? ¿Cómo es?

¿Cuánto (tiempo) hace que vives allí?

¿Cómo es tu habitación? ¿Compartes tu habitación?

¿Cómo es / sería tu habitación ideal?

Describe tu pueblo / ciudad / barrio: ¿Cómo es? ¿Dónde está? ¿Qué hay? ¿Qué se puede hacer allí? ¿Qué tiempo hace?

¿Cómo es tu barrio / casa ideal? ¿Qué te gustaría tener en tu ciudad / barrio / casa?

¿Qué sitios recomendarías visitar en tu región / ciudad?

¿Dónde te gustaría vivir?

¿En qué (otro) país te gustaría vivir? ¿Por qué?

¿Vivías antes en otra casa? ¿Cómo era? Describe una casa o un piso especial donde estuviste, ¿cómo era?

¿Qué medios de transporte hay en tu ciudad / pueblo?

¿Qué tipo de transporte prefieres?

7 ▷ Tiempo libre

¿Qué haces en tu tiempo libre / por las tardes / después del instituto?

¿Qué actividades extraescolares haces?

¿Qué hiciste ayer / el fin de semana pasado / el domingo? ¿Qué tiempo hizo?

¿Qué vas a hacer esta tarde / esta noche / mañana?

¿Qué harás el fin de semana? ¿Qué tiempo hará?

¿Adónde irás si hace buen / mal tiempo / llueve?

¿Cuántas vacaciones tienes en total en el instituto / colegio? Descríbelas.

¿Qué fiestas celebras en tu instituto / con tu familia / con tus amigos?

Role plays

8 ▷ You meet a Spanish boy in your school. Ask him some questions.

Tú: (Say you are an only child and ask him how many brothers and sisters he has.)

Tu amigo: Tengo dos hermanos.

Tú: (Ask him if they are older or younger.)

Tu amigo: Los dos son mayores.

Tú: (Ask him what he is studying.)

Tu amigo: Estudio cuarto de secundaria.

Tú: (Ask him what he likes doing in his free time.)

Tu amigo: Me gusta ir al cine.

Tú: (Invite him to go to the cinema with you and your friends after school.)

9 ▷ Tell your friend what you did last Saturday.

Say the following:

You got up at 7.30am; cycled to school at 8.30am; went on a school trip to the country at 9am; had a picnic at 1.30pm; swam in the river at 3pm; returned home in the bus at 6.30pm; had dinner with family at 7pm; watched TV at 7.30pm; read a book at 9.30pm; went to bed at 11pm.

10 ▷ Your Spanish friend asks you where you live:

Tu amigo: ¿Dónde vives?

Tú: (Say you live in a small village but you would like to live in a big town.)

Tu amigo: ¿Por qué?

Tú: (Say because your village is too quiet and you would like to have more places to go.)

Tu amigo: ¿Qué hay en tu pueblo para los jóvenes?

Tú: (Say there isn't much, there are shops and some bars, cafés and restaurants. There is also a small cinema. Say it's quite boring.)

Tu amigo: ¿Vives en una casa o en un piso?

Tú: (Say that you live in a small house but you would like to live in a big house.)

Tu amigo: ¿Dónde vivías antes?

Tú: (Say you used to live in a big flat in the town near the village when you were 8 and you used to like it a lot there.)

11 ▷ Tell your friends what you will do next weekend

Say the following:

You will get up at 6am on Saturday; you will go to the mountains with your friends; it is an excursion organised by your school; you will eat in a small village and visit the church; you will swim in the river; you will return late at 9pm.

 ¿Qué sabes?

Mira el dibujo. ¿Qué hay en la oficina de turismo? ¿Qué significan los letreros?

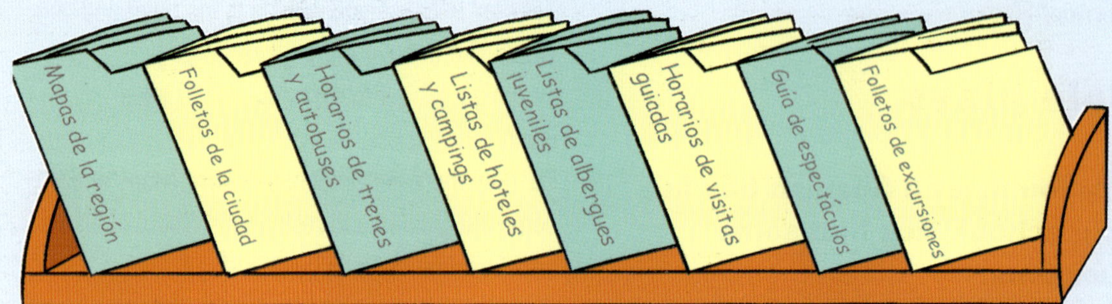

1 **Javier va a la oficina de turismo. Escucha la conversación y contesta las preguntas.**

1 ¿Dónde está el pueblo?

2 ¿Cómo va a viajar Javier al pueblo?

3 ¿Por qué no puede ir en coche?

4 ¿A qué hora llegará al pueblo?

5 ¿A qué hora puede visitar el museo por la mañana?

6 ¿Qué otros lugares puede visitar?

7 ¿Qué puede hacer a mediodía?

8 ¿A qué hora volverá a la ciudad?

9 ¿Por qué no puede ir mañana?

10 ¿Cómo es el restaurante que le recomienda la empleada?

To ask for something, you can use **quiero** (lit. *I want*), but if you wish to be more formal, **querría** and **quisiera** both mean *I would like*.

You can also use **¿Podría … ?** (*Could you … ?*):
¿Podría decirme dónde está la estación? *Could you tell me where the station is?*

2 **Tú quieres ir a ver la casa y el museo de Goya o visitar otros lugares interesantes. Haz diálogos en la oficina de turismo con tu compañero/a. Usa las frases siguientes.**

¿Tiene un mapa de la provincia? Querría visitar… ¿Podría decirme dónde está? ¿A qué hora sale el autobús (por la mañana)? ¿Cuánto (tiempo) dura el viaje? ¿A qué hora vuelve (por la tarde)? ¿A qué hora abre el museo? ¿Y a qué hora cierra? ¿Dónde se puede comer? ¿Hay otros monumentos para visitar en el pueblo / la ciudad?

Ayuda: Direcciones
Questions:
¿Sabe dónde está (el museo)? *Do you know where (the museum) is?*
¿Podría decirme dónde está (el teatro)? *Could you tell me where (the theatre) is?*
¿Hay (un hotel) por aquí? *Is there (a hotel) near here?*

Answers:

Desde aquí …siga / continúe todo recto. *From here … go / continue straight on.*
Siga (por esa calle) hasta el final. *Carry on (along that street) to the end.*
Tome la primera / la segunda / la tercera (calle) a la derecha / a la izquierda.
Take the first / second / third (street) on the right / left.
Cruce la calle / la plaza / el puente. *Cross the street / the square / the bridge.*
El museo está … allí / cerca / lejos / a la derecha de la calle / al lado del hotel /
enfrente del cine / (justo) al otro lado de la plaza / al final de esa calle.
The museum is … there / nearby / far away / on the right of the street / next to the hotel /
opposite the cinema / (just) on the other side of the square / at the end of that street.

The imperative

Informal imperative – **tú: sigue / toma / cruza** *continue (follow, carry on) / take / cross*
Formal imperative – **usted: siga / tome / cruce** *continue (follow, carry on) / take / cross*

When giving directions to friends or family use the informal imperative, but when speaking to
strangers use the formal version.

 **3** María visita la ciudad con sus amigos y se pierden fácilmente. Escucha los diálogos y marca en el plano los siguientes lugares adónde quieren ir. ¡Atención! Estas personas usan la forma *usted* para hablar con María.

1 el Museo Gargallo
2 el Teatro Principal
3 el Hotel Madrid
4 el Corte Español
5 el Parque Grande

 **4** Ahora haz los diálogos con tu compañero/a. Di dónde están los lugares de la Actividad 3.

Ejemplo: A: ¿Dónde está el Museo Gargallo?
B: (Para ir al museo) siga esta calle todo recto y tome la tercera calle a la izquierda.
El Museo Gargallo está allí, a la derecha de la calle.

 **Meta**

Dibuja un plano de tu pueblo o ciudad con los lugares más importantes y tu casa. Explica a tu compañero/a cómo llegar a estos sitios desde la estación u otro lugar importante. Después escribe un email a tu amigo/a.

Ejemplo: Para ir a mi casa desde la estación sigue todo recto y toma la primera calle a la derecha. Al final de la calle está mi casa.

Objectives:
- Talk about different means of transport
- Buy tickets and ask for information when travelling in town

¿Qué sabes?

Di todos los medios de transporte que sabes. ¿Cómo vas al instituto? ¿Cómo vas al centro de la ciudad / del pueblo?

1 **Lee las frases y di a qué medio de transporte se refieren. Escucha y comprueba.**

Me gusta más porque: / No me gusta porque:

a es más rápido.

b es más rápida y ecológica.

c llegas a los sitios muy pronto.

d es un poco peligroso.

e puedes ver el paisaje.

f es muy seguro y muy rápido.

g es más ecológico porque contamina mucho menos.

h es muy tranquilo.

i puedes viajar cuando quieres.

j es rápido y barato.

k contamina más que el tren.

l me encanta el mar.

2 **Escucha a estos chicos (Manolo, María, Javier y Fernando) y di cuál es su transporte favorito y por qué. Señala las frases de la Actividad 1 que dice cada uno/a.**

3 **Habla con tu compañero/a sobre el tema. Usa las frases de la Actividad 1.**

Ejemplo: A: ¿Qué medios de transporte hay en tu ciudad?

B: Hay…

A: ¿Cómo son?

B: El autobús es (lento).

A: ¿Qué medio de transporte prefieres? ¿Por qué?

B: Prefiero… porque…

 **4** Escribe una carta a tu amigo/a sobre el transporte; usa las expresiones anteriores.

 **5** Escucha y lee estas frases. ¿Dónde se dicen: en un autobús, en el metro, en un taxi? Escucha y comprueba.

  a Aquí es. ¿Cuánto le debo?

  b ¿Cuánto vale un bonobús?

  c ¿Dónde está la parada del 25, por favor?

  d ¿Está libre?

  e ¿Hay que cambiar de línea?

  f ¿Para cuántos viajes sirve?

  g ¿Para ir a la estación de Atocha?

  h ¿Podría darme un mapa del metro?

  i ¿Puede llevarme a la Plaza Mayor?

  j ¿Qué línea tengo que tomar?

  k Deme un bonobús, por favor.

  l Voy al número cincuenta.

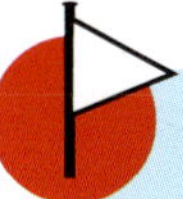

Object pronouns

me *me*; **te** *you*; **le** *he / she / you* (*formal*).

¿Me da un recibo? *Can you give me a receipt?*
¿Cuánto le debo? *How much do I owe you?*

Ayuda
Asking for something:
¿Puede / Podría darme ...?
Can / Could you give me ...?

You could also use the more direct
Deme ... *Give me ...*

Remember you should use the preposition
para (*to* or *for*, depending on the situation).

un billete para ... *a ticket to ...*
¿Para ir a la estación? *To get to the station?*
¿Para cuántos viajes es?
How many journeys is it (valid) for?

 **6** Escucha tres diálogos, en las que oirás las frases anteriores.

  a Di qué tipo de transporte utilizan Manolo, Javier y Ana.

  b Después escucha otra vez y di si las frases siguientes son verdaderas (V) o falsas (F).

Diálogo 1

1 Quiere un billete turístico.
2 No tiene que cambiar de línea para ir a la estación de Atocha.
3 Atocha está en la línea roja.
4 Atocha está en dirección norte.
5 En total son tres estaciones hasta la estación Opera.

Diálogo 2

6 El taxi va al número 220 de la Avenida de San Miguel.
7 La Avenida de San Miguel es una avenida muy larga.
8 El trayecto en taxi cuesta 15 euros.

Diálogo 3

9 Un bonobús vale 12 euros.
10 Vale para 10 viajes.
11 Con el bonobús sólo puede viajar por el centro de la ciudad.

 **Meta**

Practica diálogos similares con tu compañero/a. Usa las expresiones de la Actividad 6.

C: De viaje por el país

Objectives:
- Travel by car: buy petrol, deal with repairs / problems, car hire
- Travel by train: buy tickets, ask for information
- Talk about bad or disastrous journeys

¿Qué sabes?

¿Qué significan estas palabras? Escucha.

> la gasolina (sin plomo)   la avería   la gasolinera   la matrícula   alquiler de coches
> el recibo   el depósito (de gasolina)   la autopista   la grúa
> el taller (de reparaciones)   el carnet de conducir

1 **María va de viaje en coche con sus amigos que no hablan español. Escucha los cuatro diálogos.**

a **Di en qué lugar están: señala la foto correspondiente.**

b **Después contesta las preguntas en inglés.**

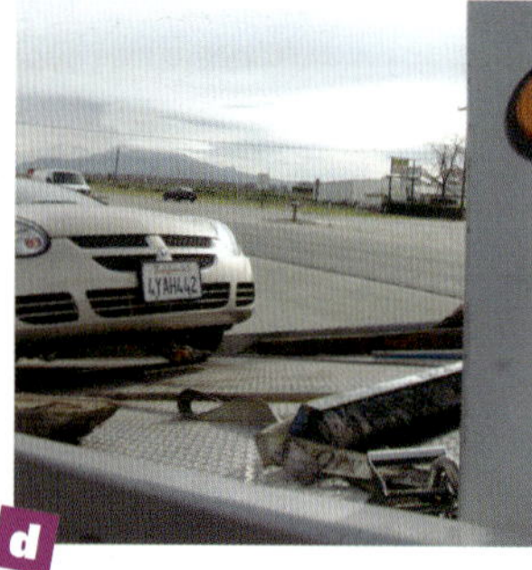

1 What does María ask for when she pays for the petrol?

2 What time will the car be repaired?

3 Why do they need the car very soon?

4 What type of car do María's uncle and aunt want to hire?

5 How much is it to hire a car for three days?

6 Where did they have the breakdown?

7 What is the car's registration number?

2 **Haz diálogos similares con tu compañero/a. Usa estas frases.**

En la gasolinera: ¿Dónde está la gasolina sin plomo? ¿Puede darme un recibo?
En el taller: El coche no funciona. ¿Podría arreglarlo pronto?
En la oficina de alquiler de coches: Queremos alquilar un coche para tres días.
En la autopista / la carretera: Hemos tenido una avería en la autopista / la carretera. El coche es…

3 **Javier va de excursión en tren con sus amigos a una ciudad que se llama Teruel. Escucha el diálogo en la estación. Completa el billete y después contesta las preguntas.**

1 ¿Cuántos trenes hay para Teruel mañana?

2 ¿A qué hora sale el Intercity?

3 ¿Cuál es el tren que va más despacio?

4 ¿Cuál es el tren más barato?

5 ¿Cuánto tiempo tarda el Talgo en llegar a Teruel?

6 ¿Cuántos billetes quiere y cuánto es un billete?

7 ¿Qué tipo de billete quiere? (da tres datos)

8 ¿A qué hora sale el Talgo de Teruel el domingo?

9 ¿Qué le aconseja el empleado?

Comparatives and Superlatives

El Talgo es más rápido que el Intercity.
The Talgo is faster than the Intercity.

El Talgo es el más rápido.
The Talgo is the fastest.

El AVE es rapidísimo.
The AVE is very fast.

 **4** **Ahora haz un diálogo similar al de Javier con tu compañero/a.**

 **5** **Lee lo que les pasó a estos chicos y chicas en unos viajes 'desastrosos' y contesta las preguntas en inglés. Traduce las frases subrayadas.**

Manolo: La semana pasada fuimos de viaje en tren, por la noche, de Madrid a Barcelona. Llovió mucho y el tren se estropeó y se paró en medio del campo. La calefacción se estropeó también y tuvimos mucho frío. Esperamos otro tren durante una hora, pero no llegó. Estuvimos así una hora más y entonces vino un autobús a recogernos. Fue un viaje horrible.

María: Un día fui de viaje a Francia con mi familia. Por la noche empezó a nevar y la policía cerró la autopista. Tuvimos que ir a un pueblo cercano y dormimos en un hotel. Al día siguiente no pudimos salir hasta la tarde.

Marta: El otro día fuimos al pueblo de mis primos y tuvimos una avería en la carretera. Llamamos por teléfono al taller del pueblo y vinieron a buscarnos con la grúa muy pronto. Entonces nos llevaron al pueblo en el camión con el coche detrás. Fue divertido ir en la grúa, pero un poco lento.

Carlos: El mes pasado fui de vacaciones a Mallorca con mis amigos y fuimos al aeropuerto muy temprano, a las cinco de la mañana, pero hubo un retraso de tres horas. Fuimos a desayunar y después fuimos a las tiendas a comprar. Fue un desastre porque gastamos mucho dinero. Por fin salimos, tres horas más tarde y con mucho menos dinero.

1 Who took two days to get to their destination?

2 Who arrived at their destination in a lorry?

3 Who started the journey on a train and finished it on a bus?

4 Who spent a lot of money?

5 Who started the journey very early in the morning?

6 Who suffered from the cold?

7 Who went to a village he / she didn't expect to visit?

8 Who was visiting members of the family?

 **Meta**

Escribe un texto sobre un viaje con problemas y después habla con tu compañero/a. Usa las expresiones subrayadas en los textos de la Actividad 5 como ayuda.

▶1 Imperative forms: informal and formal

See page 177

Use the informal imperative if you are talking to a member of the family or a friend. Use the formal imperative if you are talking to someone you don't know well or someone in authority, or in a formal situation, for example giving directions in the street.

The singular informal form looks the same as the 3rd person singular.

Verb	Informal (tú)	Formal (usted)		
seguir	sigue	siga	(la calle)	carry on along (the street)
tomar	toma	tome	(la primera calle)	take (the first street)
cruzar	cruza	cruce	(la calle)	cross (the street)
mirar	mira	mire		look
subir	sube	suba		get in (a car) / go up
pasar	pasa	pase		come in / go through
cuidar	cuida	cuide		take care

▶2 Object pronouns: *me* me, *te* you (informal), *le* him, her, you (formal)

See page 180

Note that object pronouns are placed before the verb:

Formal:	**¿Me da un recibo?**	*Could you give me a receipt?*
	Le doy un recibo.	*I'll give you a receipt.*
	¿Cuánto le debo?	*How much do I owe you?*
Informal:	**¿Me das el libro?**	*Can you give me the book?*
	Te doy el dinero.	*I'll give you the money.*
	Le doy dinero.	*I give him / her money.*

▶3 Comparatives and superlatives of adjectives

See page 179

Use **más** + adjective + **que** to express *more … than*:

El Talgo es <u>más</u> rápido <u>que</u> el Intercity.   *The Talgo is faster than the Intercity.*
El tren es <u>más</u> cómodo <u>que</u> el autocar.   *The train is more comfortable than the coach.*

Use **menos** + adjective + **que** to say *less … than*:

El autocar es <u>menos</u> caro <u>que</u> el Talgo.   *The coach is less expensive than the Talgo.*
El autocar es <u>menos</u> cómodo <u>que</u> el tren.   *The coach is less comfortable than the train.*

To say that something is the best, biggest, etc., use **el** or **la más** (the most) + adjective, depending on whether the thing being described is masculine or feminine.

El AVE es <u>el más</u> rápido.   *The AVE is the fastest.*
La bicicleta es <u>la más</u> barata.   *The bicycle is the cheapest.*

To emphasise an adjective but not compare it with anything else, use **-ísimo / -ísima**:

El AVE es rapid<u>ísimo</u>.   *The AVE is really fast.*
La bicicleta es lent<u>ísima</u>.   *The bike is really slow.*

Ejercicios

1 **Write the following in Spanish.**
   a Can you give me the pen?   **b** How much do I owe you?   **c** I'll give him the book.
   d Could you give me a coffee?   **e** I'll give her the book.   **f** I'll give you the pen.

2 **Translate the following phrases, using first the informal imperative and then the formal.**
   a carry on along this street   **b** take the second street   **c** cross the street
   d look   **e** go up   **f** come in

3 **Make up ten sentences using *más … que, menos … que* and *el / la más …***

El turismo / Tourism

El turismo	Tourism
el albergue juvenil	youth hostel
la ciudad	city
el espectáculo	show
el folleto (de la ciudad)	leaflet (of the city)
la guía de museos	museum guide
el horario de trenes	train timetable
el horario de visitas	visits timetable
el hostal	hostel
el letrero	sign, notice
la lista de hoteles	list of hotels
el mapa (de la región)	map (of the region)
la oficina de turismo	tourist office
el plano	plan
la postal	postcard
la provincia	province
la región	region
viajar	to travel

Por la ciudad / Around town

Por la ciudad	Around town
a la derecha/a la izquierda	on the right/left
al final de esa calle	at the end of that street
al lado del hotel	next to the hotel
al otro lado de la plaza	on the other side of the square
¿A qué hora abre el museo?	What time does the museum open?
¿A qué hora cierra?	What time does it close?
desde aquí…	from here …
¿Dónde se puede comer?	Where can one eat?
enfrente del museo	opposite the museum
está allí	it's there
¿Hay (un hotel) por aquí?	Is there (a hotel) near here?
¿Podría decirme dónde está (el teatro)?	Could you tell me where (the theatre) is?
querría visitar	I'd like to visit
quisiera	I'd like
¿Sabe dónde está (el museo)?	Do you know where (the museum) is?

Los medios de transporte / Transport

Los medios de transporte	Transport
alquiler de coches	car hire
la autopista	motorway
el AVE	high-speed train
la avería	breakdown
barato/a	cheap
un billete para…	a ticket to…
el bonobús	saver ticket
el carnet de conducir	driving licence
contaminar	to pollute
el depósito (de gasolina)	(petrol) tank
despacio	slow
la gasolina (sin plomo)	(unleaded) petrol
la gasolinera	filling station
la grúa	breakdown truck
el/la más rápido/a	the fastest
la matrícula	registration/number plate
el recibo	receipt
la RENFE	Spanish National Rail Network
el seguro	insurance
seguro/a	safe
el Talgo	long-distance express train
el taller de reparaciones	repair workshop
Tren Tranvía	local train

De viaje / Travelling

De viaje	Travelling
¿A qué hora sale/vuelve el autobús?	What time does the bus leave/return?
¿Cuánto le debo?	How much do I owe you?
¿Cuánto tiempo tarda?	How long does it take?
¿Hay que cambiar de línea?	Do you have to change lines?
¿Me da un recibo?	Can you give me a receipt?
¿Para cuántos viajes sirve?	How many journeys is it for?
¿Para ir a la estación de Atocha?	How do I get to Atocha station?
¿Podría darme un mapa del metro?	Could you give me a map of the underground?
¿Puede llevarme a la Plaza Mayor?	Could you take me to Plaza Mayor?
Tiene que cambiar de línea.	You have to change lines.

A: ¿Camping o apartamento?

Revision:
- Book a place in a campsite and an apartment
- Obtain information about facilities

 ¿Qué sabes?

Mira los dibujos de un camping y de un apartamento y describe lo que hay en cada uno.

Ejemplo: En el camping hay una piscina. En el apartamento hay una terraza.

1 Escucha el diálogo en el camping y di si las frases son verdaderas (V) o falsas (F).

1 Cinco amigas llegan al camping.

2 Quieren una parcela para una tienda grande.

3 Van a estar once días.

4 Quieren un sitio cerca de la playa.

5 Quieren saber si hay una piscina grande.

6 Tienen que pagar cien euros por día cada uno.

> **Ayuda**
>
> To say *For Sale* or *For Hire* or *For Rent (To Let)* on a sign, use **se** with the verb:
>
> **Se alquila(n) apartamento(s)**
> *Apartment(s) for rent (to let)*
> **Se vende** *For Sale*

2 Haz diálogos similares con tu compañero/a.

Ejemplo:

Recepcionista: ¿Qué desean?

Cliente: Queremos (una cabaña) para tres personas.

Recepcionista: ¿Para cuántos días?

Cliente: Para (diez) días.

Recepcionista: ¿Qué vehículo tienen?

Cliente: Tenemos un coche (grande).

Ser and estar (to be) + adjectives

Use **ser** for permanent characteristics: **el apartamento es grande**. The apartment will not change its size. But for something that is only temporary, or that can change, use **estar**: **el apartamento está limpio**. It might be dirty next week.

3 Unos amigos de la familia de María quieren alquilar un apartamento en España, en la playa, pero como no hablan español María llama por teléfono a dos números que le han dado.

a Escucha y elige el anuncio que corresponde a cada diálogo.

b Tus amigos no entienden español y te piden que les expliques lo que dicen los anuncios.

a

CAMBRILS PLAYA

Se alquilan apartamentos 3/4 personas:
dos dormitorios, cocina y gran salón,
equipados con terraza, ascensor, muy
céntricos, frente a puerto deportivo.
Piscina privada.
A 8 km de Parque de atracciones.
A 2 minutos playa,
1ª quincena de agosto 1.500 €
2ª quincena agosto 1.450 €
semanas septiembre 1.300 €
Tel (977)782617

b

SUESA, a 28 km de Santander, zona rural.
Alquilo apartamento (4/5 personas) todo nuevo, a 2 km playas de Somo.
Tres dormitorios, cocina-comedor, salón, televisión, garaje, jardines.
Totalmente equipado.
Julio 1.600 €, Agosto 1.700 €
Septiembre 1.500 €

c

TORREMOLINOS

4/5 personas. Se alquila ático.
Tres dormitorios, cocina, salón muy confortable, teléfono, TV color,
lavadora, terraza.
Muy cerca de las piscinas de Aquapark.
Al lado de la playa
2ª quincena de agosto 1.550 €
1ª septiembre 1.400 €
Tel. 95-2629911

4 Tessa pasa 15 días con sus amigos en un apartamento y escribe una postal. Rellena los espacios en blanco. Elige entre *ser, estar* y *hay*.

Querida amiga:

¡Ya estoy de vacaciones! (a)______ en los apartamentos Miramar que (b)______ en una zona muy bonita al lado del mar Mediterráneo. En los apartamentos (c)______ una piscina muy grande. Nuestro apartamento no (d)______ muy grande, pero (e)______ muy limpio y tiene todas las comodidades necesarias. También (f)______ una terraza muy grande que (g)______ frente a la playa. (h)______ un pueblo muy bonito, muy cerca, que (i)______ un pueblo de pescadores. Las casitas del puerto (j)______ muy viejas, pero (k)______ muy bien pintadas y conservadas. El pueblo (l)______ muy tranquilo porque los coches no pueden circular por el centro. ¡Ah, y (m)______ muy morena!
Muchos besos y hasta pronto,
Tessa

5 Escribe una postal a tus amigos desde tu lugar de vacaciones. Inventa un apartamento y un lugar.

Meta

Quieres alquilar un apartamento en España. Habla con tu compañero/a que es la persona que alquila el apartamento. Usa la información de uno de los apartamentos de la Actividad 3. Usa frases como éstas:

Buenas tardes, le llamo para preguntarle por el apartamento del anuncio / porque quiero alquilar un apartamento en… Lo quiero para… ¿Cómo es? ¿Qué hay en el apartamento? etc.

¿Qué sabes?

Di o escribe frases con estas fechas. Escucha y comprueba.

Ejemplo: 23/5 > Hoy es el veintitrés de mayo.

a	18/12	**d**	1/1	**g**	21/8	**j**	14/4
b	31/10	**e**	15/7	**h**	30/3	**k**	7/6
c	27/3	**f**	25/9	**i**	17/2	**l**	8/5

1 Escucha a estos cinco clientes que reservan una habitación. ¿Para cuándo la quieren? Escribe las fechas.

Ejemplo: **1** 25/3 al 2/4

2 Haz diálogos similares con tu compañero/a. Elige fechas y número de noches.

3 Mira los símbolos de un folleto de hoteles. Une cada símbolo con su nombre.
Después escucha y comprueba.

1 una habitación doble con dos camas		**2** una habitación doble con una cama doble
3 una habitación individual	**4** baño	**5** ducha **6** lavabo **7** terraza
8 desayuno solo	**9** media pensión	**10** pensión completa **11** calefacción
12 aire acondicionado	**13** teléfono	**14** televisión **15** ascensor
16 acceso sillas de ruedas	**17** tiendas	**18** primera línea de playa **19** céntrico

4 Dos personas quieren habitaciones en un hotel. Elige los dibujos de la Actividad 3 que corresponden a cada diálogo.

Ejemplo: diálogo 1: **c** (habitación doble con dos camas)

Ayuda

Look at the use of prepositions in the following phrases: **para tres noches** *for three nights*; **desde el 5 hasta el 8** *from the 5th to the 8th*.

If you want to be more formal when you ask for something you can use the following expressions: **Querría / Quisiera (una habitación)**. *I would like (a room).*
¿Me podría (decir)? *Could you (tell me) … ?*

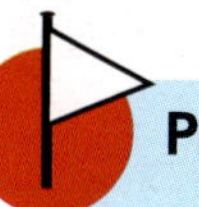

Pronouns: *se* (impersonal *se*)

Se puede means *it's possible* or *is it possible?*: **¿Se puede pagar con tarjeta?** *Is it possible to (Can I) pay with a card?*

Se is also used in signs in shops, hotels etc.:
No se admiten perros
No dogs admitted / Dogs not admitted
Se organizan excursiones
Trips organised / We organise trips.

 **5** Lee el email que envía Manolo al hotel reservando habitaciones y contesta las preguntas.

1 ¿Para cuándo quiere las habitaciones?

2 ¿Para cuántas noches?

3 ¿Qué tipo de habitaciones quiere?

4 Traduce la sección 'Consulta' al inglés.

 **6** **El email no funciona. Escribe un fax al hotel, usando la información de Manolo o tu propia información.**

HOTEL SAN MARTÍN
Fecha de llegada: 24–4   Fecha de salida: 1–5
Número de habitaciones: 2
Tipo de habitación: 1 para tres personas con terraza y baño
                              1 doble con una cama doble con ducha y sin terraza

Consulta:
Por el momento pensamos quedarnos 7 noches, pero quizás nos quedaremos dos más, ¿es posible?
El día 24 llegaremos a las nueve de la noche, intentaremos llamarles por la tarde antes de llegar, pero si no es posible, ¿pueden guardar la habitación si no llamamos?
¿A qué hora cierra el restaurante?
¿Está incluido el desayuno en el precio?
También querríamos saber si tienen piscina cubierta y si el parking es cubierto.
¿Está abierta la piscina en abril?
¿Se admiten perros en el hotel?
¿Se organizan excursiones desde el hotel a los pueblos de los alrededores?

Estimado/a señor/a:

FAX

Quisiera reservar .... para el día .... para .... noches, desde el .... hasta el .... Querría una habitación .... con .... y .... y otra ....

¿Está incluido .... en el precio? ¿Cuánto cuesta la media pensión / pensión completa? ¿Hay .... en el hotel? ¿Se admiten perros en el hotel? ¿Se puede pagar con tarjeta de crédito? ¿Me podría decir a qué hora cierra el restaurante a mediodía / por la tarde?

(Añade otras preguntas: garaje / jardín / piscina / céntrico / primera línea de playa / vistas al mar...)

Muchas gracias por su atención. Le saluda atentamente

 **Meta**

Haz diálogos en el hotel como los de la Actividad 4. Pide una o más habitaciones.

Tu compañero/a es el / la recepcionista; tú eres el / la cliente.

 ¿Qué sabes?

El hotel 'Maravillas' es un desastre. Mira el dibujo de la habitación y del cuarto de baño: ¡nada funciona! Une los dibujos con las frases.

1 La cama está rota.   **2** La calefacción está estropeada.   **3** La luz del dormitorio no funciona.

4 La lámpara de la mesita de noche no tiene bombilla.   **5** Las sábanas están sucias.

6 La ventana está rota.   **7** Falta una almohada.   **8** La ducha está rota.

9 Los grifos están rotos.   **10** El espejo está roto también.   **11** La bañera está sucia.

12 La luz del baño no funciona tampoco.   **13** No hay papel higiénico.   **14** No hay toallas.

1 Ahora escucha a este cliente que se queja a la recepcionista.

> Use **estar** + adjective to describe something that has changed (for instance, by being broken): **el espejo está roto** *the mirror is broken*; **las sillas están rotas** *the chairs are broken*.
>
> Remember that the adjective must match the noun in number and gender.
>
> The pronoun **lo / la / los / las** usually goes after the verb: **¿Puede cambiarlo / cambiarla / cambiarlos / cambiarlas?** *Can you change it / them?*

2 Ahora quéjate tú en recepción. Explícale a la recepcionista qué problemas hay. Usa el dibujo y las frases de *¿Qué sabes?*.

 **3** Escucha el diálogo del cliente con la directora del hotel. ¿Qué soluciones le da?

 **4 a** Tu compañero/a es el / la recepcionista y tú el / la cliente. Haz un diálogo similar con lo siguiente. Usa las expresiones.

Ejemplo: ducha / rota / arreglar: La ducha está rota, ¿pueden arreglarla?

En el cuarto de baño:

1 ducha / rota / arreglar

2 grifos / rotos / arreglar

3 espejo / roto / cambiar

4 bañera / sucia / limpiar

5 luz / no funciona / reparar

6 papel higiénico / no hay / traer

7 toallas / no hay / traer

 **b** Escucha y comprueba. ¿Es tu diálogo similar?

 **5** Lee la carta que envió el cliente a la Oficina del Consumidor. Busca los verbos y di los infinitivos.

Ejemplo: era: ser

Observa que la mayoría están en el imperfecto: ¿por qué? Traduce la carta.

Muy señor/a mío/a:

Le escribo para quejarme del hotel donde estuve el pasado mes de agosto. El hotel era un desastre. La habitación estaba sucia y era horrible: la cama estaba rota, la calefacción estaba estropeada, la luz no funcionaba, la lámpara de la mesita de noche no tenía bombilla, las sábanas estaban sucias, la ventana estaba rota y faltaban almohadas. En el cuarto de baño la ducha estaba rota, los grifos estaban rotos, el espejo estaba roto también, la bañera estaba sucia, la luz no funcionaba tampoco, no había papel higiénico y no había toallas. ¡Ah, y la directora era muy antipática!

¿Se puede hacer algo? Quiero mi dinero.

Muchas gracias por su atención. Le saluda atentamente:

Felipe Gil

Ayuda
Use the imperfect when you want to say what something was like (in the past):
ser > era(n); estar > estaba(n);
faltar > faltaba(n);
funcionar > funcionaba(n);
tener > tenía(n);
haber > había (sing. and pl.).

 **Meta**

Fuiste de vacaciones y estuviste en un hotel horrible. Vuelves y hablas con tu amigo/a: dile cómo era el hotel y los problemas que había.

1 ▷ *Ser* and *estar* in descriptions

See page 175

Use **ser** to describe something that is permanent and does not change:
El apartamento es grande. *The apartment is big.*
La casa es moderna. *The house is modern.*

Use **estar** to describe something temporary that can change or be changed.
El apartamento está sucio. *The apartment is dirty.*
La casa está limpia. *The house is clean.*

You can use the participle of a verb to describe a temporary state. Remember that it must agree in gender and in number with the noun it describes:
romper: roto / rota / rotos / rotas; estropear: estropeado etc.; abrir: abierto etc.
El espejo está roto. *The mirror is broken.*
Los grifos están estropeados. *The taps are damaged.*
La ventana está abierta. *The window is open.*
Las sillas están rotas. *The chairs are broken.*

2 ▷ Object pronouns after the verb: *lo / la / los / las*

See page 180

Notice the position of the pronoun at the end of the infinitive and also how it agrees with the noun.

El espejo está roto; ¿puede cambiarlo? *The mirror is broken; can you change it?*
La cama está estropeada; ¿puede arreglarla? *The bed is damaged; can you repair it?*
Los grifos no funcionan; ¿puede arreglarlos? *The taps don't work; can you fix them?*
Las cortinas no cierran; ¿puede mirarlas? *The curtains don't close; can you look at them?*

3 ▷ The impersonal *se*

See page 175

This is used with **poder** to ask if or to say that something is possible:
¿Se puede pagar con tarjeta? *Is it possible to pay by card?*

Contrast this with:
¿Puedo pagar con tarjeta? *Can I pay by card?*

The impersonal **se** is also used to explain what is offered by a shop or organisation:

Se habla español.	*Spanish spoken.*
Se alquilan bicicletas.	*Bicycles for hire.*
No se admiten perros.	*Dogs not admitted.*
Se organizan excursiones.	*Trips organised.*

Ejercicio
Completa estas frases con palabras de la gramática estudiada.

1 La casa _______ muy grande y _______ muy limpia.

2 La calefacción _______ rota, ¿puede arreglar_____?

3 Tu habitación _______ muy sucia, ¿puedes limpiar_____?

4 _______ alquila apartamento en la playa.

5 Los grifos _______ rotos, ¿puede arreglar_____?

6 _______ vende casa en la montaña.

7 Las ventanas _______ abiertas, ¿puedes cerrar_____?

8 ¿_______ puede pagar con cheque?

El alojamiento	Accommodation
acceso sillas de ruedas	wheelchair access
el aire acondicionado	air conditioning
al lado del mar	next to the sea
el alojamiento	accommodation
la almohada	pillow
alquilo apartamento	(I'm offering) an apartment for rent
arreglar	to repair
la bañera	bath
el baño	bathroom
el bungalow	bungalow
la cabaña	cabin
la calefacción	heating
cambiar	to change
el camping	campsite
la caravana	caravan
céntrico	central
la cocina-comedor	kitchen diner
desayuno solo	(bed and) breakfast
la ducha	shower
(totalmente) equipado	(fully) equipped
fecha de llegada	arrival date
fecha de salida	departure date
el garaje	garage
el grifo	tap
una habitación doble con dos camas	a double room with two beds
una habitación individual	a single room
el jardín	garden
la lámpara	lamp
el lavabo	washbasin
la lavadora	washing machine
la luz	light
media pensión	half board
la mesita de noche	bedside table
la moto	motorbike
el papel higiénico	toilet paper
la parcela	site – for tent
el parque de atracciones	fairground, theme park
pensión completa	full board
primera línea de playa	first line (of buildings) next to the beach
la quincena	fortnight
las sábanas	sheets
la tienda (de camping)	tent

la toalla	towel
la ventana	window
la zona rural	rural area
se alquila ático	attic for rent
se organizan excursiones	trips organised
se vende	for sale

Problemas	Problems
estropeado/a	broken (down)
falta (una almohada)	there's (a pillow) missing
quejarse	to complain
reparar	to repair
roto/a	broken
sucio/a	dirty
La bañera está sucia.	The bath is dirty.
El espejo está roto.	The mirror is broken.
La lámpara no tiene bombilla.	The lamp doesn't have a bulb.
La luz del baño no funciona.	The bathroom light doesn't work.
La ventana está rota.	The window is broken.
No se admiten perros.	No dogs admitted.

Preguntas	Questions
¿A qué hora cierra el restaurante?	At what time does the restaurant close?
¿Está abierta la piscina?	Is the swimming pool open?
¿Está incluido el desayuno?	Is breakfast included?
¿Para cuándo quiere las habitaciones?	When do you want the rooms (for)?
¿Para cuántas noches?	For how many nights?
¿Puede cambiarlo/la/los/las?	Can you change it/them?
¿Pueden arreglarlo/la/los/las?	Can you repair it/them?
¿Qué tipo de habitación quiere?	What type of room do you want?
¿Se admiten perros en el hotel?	Do you allow dogs in the hotel?
¿Se organizan excursiones desde el hotel?	Do you organise excursions?
¿Se puede pagar con tarjeta?	Can I (one) pay by credit card?

 **¿Qué sabes?**

¿Adónde vas de vacaciones generalmente? ¿Qué haces en vacaciones? Di o escribe tipos de alojamiento para las vacaciones y di qué te gusta y no te gusta de cada uno.

Ejemplo: El hotel no me gusta porque es muy caro.

 **1** Escucha a Manolo, María, Javier y Elisa que hablan de lo que hicieron durante las vacaciones. Selecciona la información del cuadro para cada uno.

Lugar:	playa	montaña	pueblo	extranjero
Medio de transporte:	tren	avión	coche	barco
Duración:	1 semana	15 días	1 mes	3 semanas
Mes:	julio	agosto	abril	diciembre
Alojamiento:	apartamento	hotel	camping	casa de abuelos
Con quién:	amigos/as	familia	abuelos	hermanos/as
Actividades:	nadar	esquiar	excursiones	visita ciudad

Ayuda

To say what happened in the past, use the preterite (pretérito indefinido).

Regular:
nadé *I swam*; **comí** *I ate*; **salí** *I went* (*out*).

Irregular: **fui** *I went*; **estuve** *I was.*

Impersonal verbs (for weather):
(hace >) hizo frío *it was cold*
(hay >) hubo tormentas *there were storms*

 **2** Manolo escribe un email a su amiga hablándole de sus vacaciones. Complétalo con la información de la Actividad 1. Después escribe los emails de María, Javier y Elisa.

Fui a .... Fui en .... Estuve .... en el mes de .... Estuve en ....
Fui con .... Hice muchas cosas, pero sobre todo .... mucho.

 **3** Habla con tu compañero/a. Cada uno elige una persona de la Actividad 1 y habla de sus vacaciones.

Ejemplo: A: (María / Javier): Yo fui de vacaciones a...
B: (Manolo / Elisa): Yo estuve en...

 **4** Escribe sobre lo que hicieron Manolo y Elisa. Usa la tercera persona.

Ejemplo: Manolo fue a... Estuvo ... días... Viajó en....

 **5** **Lee las expresiones del tiempo en pasado y une cada una con el dibujo correspondiente.**

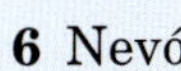 **Escucha y comprueba. Después di la expresión en el presente.**

Ejemplo: **1** Hace buen tiempo.

1 Hizo buen tiempo.

2 Hizo sol.

3 Llovió.

4 Hubo niebla.

5 Hizo frío.

6 Nevó.

7 Hizo mucho calor.

8 Estuvo nublado.

9 Hizo mal tiempo.

10 Hubo tormenta.

  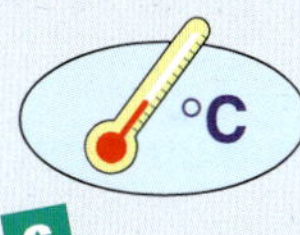  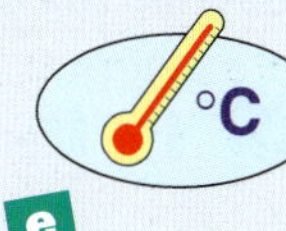

 **6** **Escucha a Manolo, María, Javier y Elisa que dicen qué tiempo hizo durante varios días de sus vacaciones. Elige los dibujos anteriores que corresponden a cada chico/a y a cada día.**

Ejemplo: Manolo: Lunes: **j**, **c**, etc.

7 **a** **Señala uno de los dibujos y pregunta a tu compañero/a: ¿Qué tiempo hizo ayer?**

b **Habla con tu compañero/a del tiempo que hizo en tu ciudad ayer, la semana pasada, durante las vacaciones pasadas.**

 **8** **Escucha a Manolo, María, Javier y Elisa que hablan de diferentes tipos de alojamiento. Di qué tipo de alojamiento prefieren y por qué.**

 **9** **Lee las frases y di quién las dice.**

1 Yo estuve en un camping.

2 El camping es más ecológico y natural.

3 Hay muchos árboles.

4 Me alojé en un hotel.

5 El camping es divertido, pero es incómodo.

6 Yo estuve en un apartamento pequeño.

7 En el apartamento tienes más libertad.

8 El hotel es mucho más cómodo.

9 Prefiero el hotel porque no tienes que limpiar.

10 El hotel no me gusta porque no hay espacio.

 **Meta**

a **Habla con tus compañeros/as de tus vacaciones. Contesta las preguntas.**

b **Escribe un email sobre las vacaciones.**

¿Adónde fuiste? ¿Cómo fuiste? ¿Cuánto tiempo estuviste? ¿Cuándo / en qué mes fuiste?
¿Dónde estuviste / te alojaste? ¿Con quién fuiste? ¿Qué hiciste? ¿Qué tiempo hizo?
¿En general, dónde prefieres alojarte? ¿Por qué?

B: ¿Qué hacías todos los días?

Objectives:
- Talk about what you used to do every day during your holidays
- Talk about school journeys and exchanges

¿Qué sabes?

Describe los dibujos de la Actividad 1.

1 Manolo fue de vacaciones a un hotel con su familia. Lee la postal que escribió a una amiga.

a ¿Qué frase (o frases) corresponde(n) a cada dibujo?

b Contesta las preguntas.

1 ¿Dónde estaba el hotel?   2 ¿Cómo era el hotel?   3 ¿Qué había en el hotel?   4 ¿Qué hacía todos los días?

Hola,

En las vacaciones pasadas fui a Mallorca y estuve en un hotel. El hotel estaba al lado de la playa y desde la terraza podía ver el mar. El hotel era moderno y muy cómodo. Había cafetería, bar y también había un restaurante. Había piscina, ascensor, parking. En fin ... muy bien. La comida era excelente. En las habitaciones había aire acondicionado, televisión y teléfono.

Todos los días me levantaba a las nueve y media y desayunaba a las diez. A las diez y media o las once iba a la playa. Nadaba, tomaba el sol y después volvía al hotel y me bañaba un rato en la piscina del hotel. Comía en el hotel a las dos más o menos y dormía la siesta. Después veía la tele un rato y entonces iba a la playa otra vez. Por la tarde tomaba algo en la cafetería del hotel y salía con mi familia a cenar en un restaurante. A veces iba con mis amigos a la discoteca. Me acostaba tarde todas las noches. **Manolo**

Uses of the imperfect tense

To talk about something you did in the past, use the preterite; but to say what you *used to do* every day, or regularly, you need to use the imperfect:
Fui a las montañas y todos los días íbamos a pasear.
I went to the mountains and every day we used to go for a walk.

You also use the imperfect to describe places and things in the past:
El hotel era moderno. *The hotel was modern.*

 **2** Ahora escucha a Manolo que habla con un amigo. Hay algunas diferencias con la postal: ¿cuáles son?

 **3** Ahora haz un diálogo similar con tu compañero/a. Puedes usar la misma información de Manolo o inventar algo diferente. Éstas son las preguntas que te hace tu amigo/a:

Preguntas

¿Adónde fuiste de vacaciones?
¿Con quién fuiste de vacaciones?
¿Estuviste en un camping o en un hotel?
¿Cómo se llamaba el hotel?
¿Dónde estaba el hotel?
¿Cómo era el hotel?
¿Qué había en el hotel y en el pueblo?
¿Qué hacías todos los días?

Respuestas

Fui a…
Fui con…
Estuve en…
El hotel se llamaba…
Estaba en…
Era…
Había…
Paseaba, nadaba, comía, jugaba, dormía, salía…

 **4** El intercambio. Josefina, que es profesora de inglés en un instituto de Zaragoza, nos habla de un intercambio que hicieron ella y sus estudiantes con un instituto inglés.

> Place:
> Families:
> School:
> Programme of activities:
> Projects:

   a Escucha lo que dice y completa el cuadro en inglés.

   b Después escribe en una lista los verbos en pretérito y en otra los imperfectos y compara su uso.

 **5** Uno de los estudiantes de Josefina, Víctor, estuvo en tu casa y lo pasasteis muy bien. Escribe una carta a tu amigo/a español(a) contándole lo que hicisteis durante el intercambio.

> Querido/a amigo/a:
>
> En mayo mi amigo de Zaragoza que se llama Víctor, vino a mi casa porque hicimos un intercambio con su instituto y…

 ## Meta

Habla a tu compañero/a de un intercambio o viaje que hiciste con tu instituto; puede ser verdadero o puedes inventar uno.

Ejemplo: El año pasado fui a … con el instituto. Estuvimos en …, hicimos muchas cosas. Todos los días me levantaba a las …, iba a la playa, nadaba …, iba de compras …

 **¿Qué sabes?**

El grupo de estudiantes ingleses fueron a Zaragoza a visitar a Josefina y a sus estudiantes. Describe algunas de las fotos de la Actividad 1.

 **1** Lee el programa de las actividades que hicieron en Zaragoza. Mira los dibujos y di a qué día corresponde cada uno.

Programa del viaje de intercambio a Zaragoza	
Lunes:	llegada a las casas de los amigos españoles y cena con la familia.
Martes:	mañana: ir al instituto / tarde: visita a la ciudad
Miércoles:	mañana: libre para compras / tarde: cine (película española)
Jueves:	mañana: libre / tarde: museo de escultura
Viernes:	mañana: visita al mercado: compras y entrevistas / tarde: visita a la catedral
Sábado:	comida restaurante típico / noche: discoteca
Domingo:	excursión a las montañas de los Pirineos en tren

2 Escucha al profesor que dice lo que hicieron los estudiantes en el intercambio y escribe los verbos.

Ejemplo: llegamos, cenamos, etc.

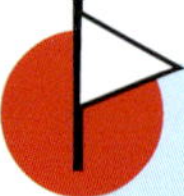
To talk about what you did in the past, use the plural of the preterite tense: **llegamos** *we arrived*; **comimos** *we had lunch*; **salimos** *we went out*.

Irregular forms: **fuimos** *we went*; **estuvimos** *we were*; **tuvimos** *we had*.

 **3** Lee el programa otra vez y cuenta a tu amigo/a lo que hiciste durante el viaje de intercambio. Usa los verbos en pretérito plural: *llegamos, cenamos, fuimos, visitamos, tuvimos*, etc.

 **4** Lee el email que uno de los chicos escribió. Pero este chico tiene mala memoria. Señala las diferencias que hay entre el programa de actividades y el email.

 **5** Escucha y lee estas frases y di en qué situaciones las oyes o las dices en tu viaje de intercambio.

Hola,

El mes pasado hicimos un intercambio con un instituto de Zaragoza. Estuvimos una semana. Salimos el lunes de Inglaterra y llegamos a las casas de nuestros amigos españoles y cenamos en un restaurante con los profesores y alumnos de Zaragoza. El día siguiente fuimos al instituto y estuvimos allí todo el día. Por la tarde volvimos a casa.

El miércoles fuimos también al instituto y por la tarde fuimos al cine y vimos una película española muy buena. El jueves tuvimos la mañana libre y por la tarde fuimos a visitar el museo de pintura. El viernes por la mañana fuimos al mercado y compramos muchas cosas e hicimos entrevistas a los dependientes del mercado. Por la tarde visitamos la catedral y la ciudad. El sábado cenamos en un restaurante típico y por la noche fuimos a la discoteca y bailamos muchísimo. El domingo volvimos a Inglaterra.

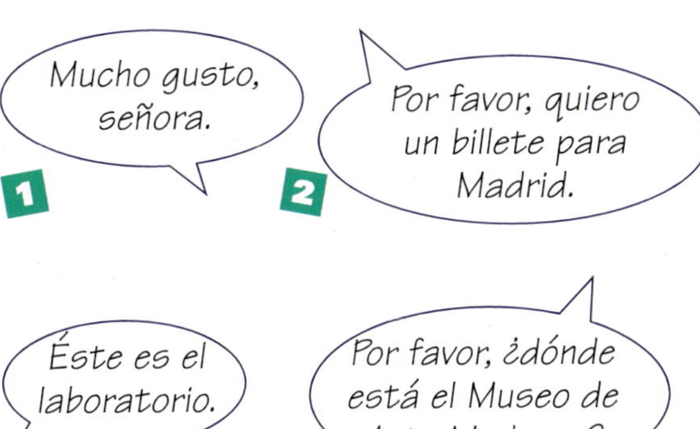

 **6** Ahora escucha estos siete diálogos que se hacen en varias situaciones en un intercambio.

a Di a qué actividad del programa de intercambio pertenecen; señala el dibujo correspondiente de la Actividad 1.

b Escucha otra vez y da más detalles de cada diálogo.

 **Meta**

¿Qué dices en estas situaciones? Haz diálogos con tu compañero/a.

1 Tu amigo te presenta a su madre.

2 Compra un billete de autobús.

3 Compra un billete de tren en la estación para ir a los Pirineos.

4 Enseña el instituto a tu amigo.

5 Compra entradas para el cine.

6 Compra algo de comer en el mercado.

7 Pregunta dónde está el museo y compra una entrada.

8 Pide comida en un restaurante.

See Unidad 3 (p28), or page 176 of the Grammar section for regular and irregular forms of the preterite. Examples: **fui** *I was, I went*; **hiciste** *you did*; **estuvo** *he was*; **salimos** *we went out*; **comisteis** *you ate*; **tuvieron** *they had*.

1 ▷ The imperfect tense

See page 176

Regular forms	cenar	comer	vivir	Irregular: ser, ir	
	cenaba	comía	vivía	era	iba
	cenabas	comías	vivías	eras	ibas
	cenaba	comía	vivía	era	iba
	cenábamos	comíamos	vivíamos	éramos	íbamos
	cenabais	comíais	vivíais	erais	ibais
	cenaban	comían	vivían	eran	iban

Look at the difference between:
Fui a las montañas (el año pasado). *I went to the mountains (last year).*
Iba a las montañas (cuando era joven). *I used to go to the mountains (when I was young).*

To talk about things you used to do, you use the imperfect tense:
Juan vivía en Madrid y estudiaba allí. *Juan used to live in Madrid and used to study there.*

You also use the imperfect tense to describe what something was like:
Cuando era joven… *When I was young…* **El hotel era moderno.** *The hotel was modern.*
El jardín tenía muchas flores. *The garden had lots of flowers.*
Había* un lago cerca de la casa. *There was a lake near the house.*
***haber: hay > había** *there was / were*

2 ▷ Impersonal verbs in the preterite

Impersonal verbs are used to talk about the weather:

Infinitive	Present	Preterite	Examples
hacer	hace	hizo	**hizo frío** *it was cold*; **hizo mal tiempo** *the weather was bad*
haber	hay	hubo	**hubo niebla** *it was foggy*
estar	está	estuvo	**estuvo nublado** *it was cloudy*
llover	llueve	llovió	**llovió mucho** *it rained a lot*
nevar	nieva	nevó	**Nevó en mi pueblo ayer.** *Yesterday it snowed in my village.*

Ejercicios

1 Traduce el siguiente texto al español.
I went to Madrid by plane with my school. I stayed with a very nice boy, Víctor, and his family. Everybody, the family, the teachers and the students in the school were very nice. I went to school with Víctor. The family took me to see the town and all the monuments. I met all Víctor's friends and they were very nice.

Every day I used to get up early in the morning and go to school with Víctor. In the afternoons I used to go shopping with Víctor's friends and to the cinema and in the evenings I used to go to the cafeterias and dance in the discos. One day I went on an excursion to the mountains nearby.

I learnt a lot of Spanish and ate a lot of Spanish food which is excellent! My friend Víctor came to my town to see me afterwards.

2 Escribe las frases en el pretérito; usa *Ayer*.
1 Hoy hace calor. **2** Hoy llueve y hay tormenta. **3** Hoy hace mal tiempo, hay niebla y hace frío. **4** Hoy nieva en la montaña y está nublado en la ciudad. **5** Hoy hace buen tiempo, pero hay nubes.

Las vacaciones — Holidays

Las vacaciones	Holidays
aire acondicionado	air conditioning
alojarse en un hotel	to stay in a hotel
me alojé en un hotel	I stayed in a hotel
el aparthotel	self-catering hotel
el avión	aeroplane
el barco	boat
cómodo/a	comfortable
esquiar	to ski
el extranjero	abroad, overseas
incómodo/a	uncomfortable
un intercambio	exchange
el lugar	place
el medio de transporte	means of transport
el mes	month
la montaña	mountain
nevó	it snowed
la playa	beach
el pueblo	town/village

El tiempo (en pasado) — Weather (in the past)

El tiempo (en pasado)	Weather (in the past)
estuvo nublado	it was cloudy
hizo buen tiempo	the weather was good
hizo frío	it was cold
hizo mal tiempo	the weather was bad
hizo mucho calor	it was very hot
hizo sol	it was sunny
hubo niebla	there was fog
hubo tormenta	there was a storm
llovió	it rained

Expresiones de tiempo — Time expressions

Expresiones de tiempo	Time expressions
ayer	yesterday
el día siguiente	the day after
el mes pasado	last month
la semana pasada	last week
estuvimos allí una semana	we were there for a week
por la tarde	in the afternoon/evening
Salimos el lunes.	We left on Monday.
todo el día	all day
el viernes por la mañana	(on) Friday morning

Otras expresiones y preguntas — Other expressions and questions

Otras expresiones y preguntas	Other expressions and questions
¿Adónde fuiste?	Where did you go?
¿Adónde vas de vacaciones?	Where do you go on holiday?
¿Cómo fuiste?	How did you go?
¿Con quién fuiste?	Who did you go with?
¿Cuándo/En qué mes fuiste?	When/In which month did you go?
¿Cuánto tiempo estuviste?	How long were you (there)?
¿Dónde te alojaste?	Where did you stay?
¿Dónde estuviste?	Where were you?
¿Qué hiciste?	What did you do?
¿Qué tiempo hizo?	What was the weather like?

A: ¿Qué hay para comer?

 **¿Qué sabes?**

Escribe una lista de lo que comes y bebes en tu casa para desayunar, comer, merendar y cenar.

 **1** Neal es amigo de Tessa y va a pasar unos días en España con ella y su familia. La madre de Tessa le explica los horarios de las comidas en su casa.

a Escucha y escribe las horas en el diario de Neal.

b Escribe frases con la información.

> *Ejemplo:* La familia de Tessa desayuna a las … los lunes, pero los domingos desayuna a las…

	Lunes	Domingo
Desayuno		
Comida		
Merienda		
Cena		

 **2** Tu compañero/a es un amigo o una amiga, de España, que viene a visitarte. Explícale los horarios de comidas en tu casa. Tu amigo/a completa una agenda como la de la Actividad 1.

 **3** La madre de Tessa continúa hablando con Neal de cómo es cada comida. Escucha y contesta.

a ¿Qué toman: **1** en el desayuno? **2** a media mañana? **3** en la comida? **4** en la merienda? **5** en la cena?

b ¿Toman algo más?

 **4** Eréndira, tu amiga mexicana, te escribe una carta sobre los horarios y tipos de comidas en México. Traduce y compara con los horarios españoles y los de tu país.

En tu última carta me preguntaste cómo son los horarios de comida en México y qué comemos. Entre semana la gente suele desayunar muy rápido y algo ligero: café o leche, quizá jugo de naranja, fruta picada y algún pan dulce o tostadas. Otras personas desayunan cereales.

A media mañana (11.00) mucha gente tiene un descanso y toma un café o come algo ligero. Mucha gente a esta hora come un almuerzo que es algún guisado caliente y fuerte. La comida fuerte se hace a las 2.00 o 3.00 de la tarde. La gente que puede sale de trabajar y se va a su casa a comer. La comida suele ser una sopa y/o pasta o arroz, de primer plato, después un segundo plato fuerte y luego un postre. También café al final. Suele beberse un refresco o aguas frescas de fruta: agua de limón, de naranja, sandía... La gente regresa a trabajar a las 4.00 más o menos. A media tarde suelen tomar café con algún pastelillo o galletas.

La gente cena como a eso de las 8.00 o las 9.00. La cena es ligera: café, leche, un sandwich o una torta, algunas quesadillas, depende.

Los fines de semana es distinto, pues como la gente se levanta más tarde, suele almorzar algo más fuerte como a eso de las 11.00. Luego la comida es también más tarde, hacia las 3.00. Las comidas de domingo suelen (solemos hacerlas) hacerse con amigos, familia o ir a un restaurante si se puede.

Así es más o menos cómo se come en México. Escríbeme pronto. Un abrazo:

Eréndira

 **5** Ahora escribe tú una carta a tu amiga Eréndira sobre los horarios y tipos de comidas en tu país.

 **6** La madre de Tessa vuelve del mercado con la compra. Escucha la conversación con Tessa y Neal y contesta las preguntas.

1 ¿Qué han desayunado?

2 ¿Qué ha comprado la madre?

3 ¿Qué es la horchata?

 **7** Mira lo que ha comprado la madre de Tessa. Escucha y:

a Marca con una cruz lo que Neal no ha comido nunca.

b Di si lo que ha comido le gusta o no y por qué.

c Según Neal, ¿qué comida o bebida es sabrosa (tasty) / rara (strange) / fuerte (strong) / picante (spicy) / dulce (sweet) / salada (salty)?

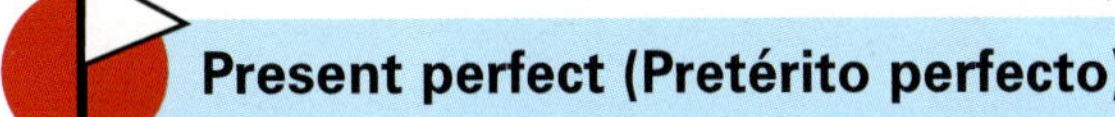

Present perfect (Pretérito perfecto)

The present perfect is formed with the verb **haber** (**he, has, ha, hemos, habéis, han:** *have*) plus the participle (**-ar: -ado; -er; -ir: -ido**).
Yo he comido. *I have eaten.*
Tú has estudiado. *You have studied.*
Ha salido. *He's gone out.*
For the full use and forms of the present perfect see page 176.

Use the expressions **alguna vez** (*ever*) and **nunca** (*never*) in questions like *Have you ever … ? No, never.*:
¿Has comido sardinas alguna vez? *Have you ever eaten sardines?*
No he comido sardinas nunca. / Nunca he comido sardinas. *No, I've never eaten sardines.*

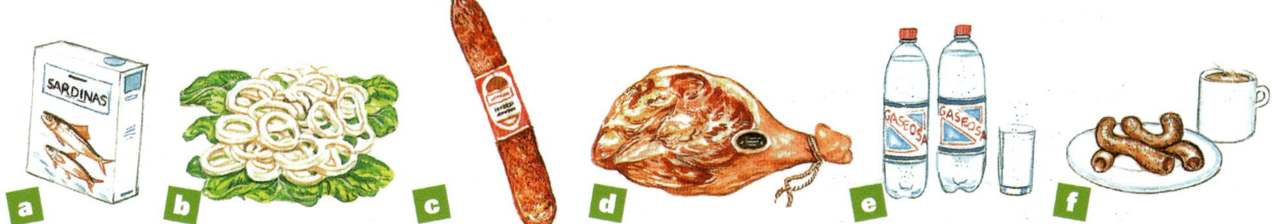

 **Meta**

Practica con tu compañero/a diálogos similares.

a Usa los dibujos.

b Piensa en algunas comidas y bebidas de tu país y pregunta sobre ellas. Usa estas palabras: *sabrosa, rara, fuerte, picante, dulce*.

Ejemplo:

A: ¿Has comido sardinas alguna vez?
A: ¿Te gustan las sardinas?
A: ¿Has comido chorizo alguna vez?
A: ¿Te gustaría probarlo?

B: Sí, he comido sardinas.
B: Sí, me gustan mucho porque son muy sabrosas.
B: No, no he comido chorizo nunca.
B: No me gustaría probarlo porque es muy fuerte.

B: El restaurante y el bar

Objectives:
- Ask for food and drink in a restaurant or cafeteria
- Understand menus

 **¿Qué sabes?**

a Primero lee el menú del bar de la Actividad 1. ¿Sabes lo que es cada cosa? ¿Conoces los nombres de más bebidas y comidas que puedes pedir en un bar o en una cafetería en España?

 **b** Después escribe estos números en palabras. Escucha y comprueba.

a	15.30	**f**	7.67	**k**	1.89
b	28.40	**g**	18.95	**l**	9.85
c	13.75	**h**	5.86	**m**	19.20
d	10.90	**i**	21.70	**n**	37.55
e	32.78	**j**	58.45	**ñ**	40.60

 **1** Escucha cinco diálogos en el bar y marca lo que toman. Después escribe el precio.

MENÚ

Bocadillos y raciones

patatas fritas	ensaladilla rusa	queso	tortilla
bacon con queso	calamares	jamón	chorizo
lomo	patatas bravas		

Bebidas

zumo de piña	refresco de limón	café con leche	cerveza
zumo de melocotón	zumo de naranja	Coca-Cola	naranjada
café solo	agua mineral		

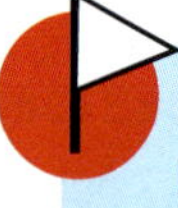

Notice where the object pronouns occur in the sentences:
¿Qué me recomienda?
¿Qué le debo?
¿Nos cobra, por favor?
¿Puede cobrarnos?

Ayuda

To call for attention:
Por favor *Please*
Perdone / Oiga, por favor *Excuse me, please*

To order or ask for something:
Póngame (formal) *Can you give me...*
¿Puede darme... ? *Can you give me... ?*
Para mí *For me*
Quiero (informal) / **Quisiera** / **Querría** (more formal) *I'd like*
Yo tomaré... *I'll have...*
Tráigame... *(Could you) bring me...*
¿Puede traer(me) el menú del día? *Can you bring me the menu of the day?*
De primer plato *For the first course*; **De segundo** *For the second course*; **De postre** *For dessert*
¿Qué me recomienda? *What do you recommend?*

To ask how much it is or to ask for the bill:
¿Qué / Cuánto le debo? *What / How much do I owe you?*
¿Me cobra, por favor? *Can you take for this, please?*
La cuenta, por favor. *The bill, please.*
¿Me / Nos trae la cuenta, por favor? *Can you bring me / us the bill, please?*

You will hear:
¿Qué desea / quiere? *What would you like?* **¿Qué le pongo?** *What can I get you?* **¿Qué va(n) a tomar?** *What are you going to have?* **¿Qué quiere(n) tomar?** *What would you like to have?* **En seguida.** *Immediately / Right away.* **No nos queda…** *We haven't got … left.* **¿Algo más?** *Anything else?* **Aquí tiene.** *Here you are.*

 **2** Haz diálogos similares a los de la Actividad 1 con tu compañero/a. Usa el menú.

 **3** Rosa y José comen en el restaurante. Escucha, lee y completa el diálogo. Selecciona lo que piden del menú del día.

MENÚ DEL DÍA

Primer plato	Segundo plato	Postre	Bebida
ensalada	pollo al ajillo	helado	agua
sopa de pescado	lomo con tomate	flan	vino
zumo de tomate	merluza a la romana	fruta del tiempo	cerveza
judías verdes	salchichas con patatas	yogur	refrescos
			café solo / cortado
			café con leche

* El pan y la bebida están incluidos en el precio.

Camarero: Hola, buenos días, ¿qué van a tomar?

Rosa: El menú del día, por favor, para los dos.

Camarero: ¿Qué tomarán de primer plato?

Rosa: Yo quiero ______(a)______.

José: Para mí… ______(b)______.

Camarero: Muy bien. ¿Y de segundo plato?

José: Para mí ______(c)______, pero que esté bien hecho ¿eh?

Camarero: ¿Y para usted, señorita?

Rosa: No sé… ¿Qué es la merluza a la romana?

Camarero: Es pescado, merluza rebozada.

Rosa: Y el pollo al ajillo, ¿cómo es?

Camarero: Es pollo frito con ajos.

Rosa: Pues… tráigame ______(d)______, por favor.

Camarero: ¿Y para beber?

Rosa: Yo tomaré ______(e)______.

José: Para mí ______(f)______.

Camarero: Muy bien. ¿Qué quieren de postre?

Rosa: Yo, ______(g)______.

José: ¿Qué fruta hay?

Camarero: Hay naranja, plátano, melocotón…

José: Pues… ______(h)______ para mí.

Camarero: ¿Van a tomar café?

José: Sí, para mí un ______(i)______.

Rosa: Yo no quiero café, gracias. Bueno … sí, tráigame ______(j)______.

José: ¿Nos trae la cuenta por favor?

 **Meta**

Haz un diálogo en el restaurante con tu compañero/a. Usa el menú de la Actividad 3.

C: ¡A comer!

Objectives:
- Ask for and offer things at the table
- Say what is missing
- Reserve a table in a restaurant and make complaints (e.g. the bill is wrong)

 **¿Qué sabes?**

¿Recuerdas estas cosas que se utilizan en la mesa? Tradúcelas. Escucha.

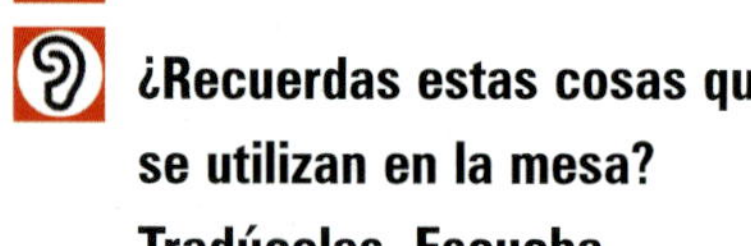

1 **La mesa está puesta para seis personas, pero faltan muchas cosas. Escribe una lista con tu compañero/a. Después escucha y comprueba.**

Ejemplo: Faltan dos vasos.

2 **Los amigos vienen a comer. Lee, traduce y clasifica lo que dicen en la mesa. Di si cada frase es formal (usted) o informal (tú). Después escucha y comprueba.**

<u>**Pedir**</u>   <u>**Ofrecer**</u>   <u>**Comentarios sobre la comida**</u>

1 ¿Por favor, puedes pasarme la sal?

2 ¿Puede darme la pimienta, por favor?

3 No puedo comer más, gracias.

4 ¿Me das un poco de agua?

5 ¡Que aproveche!

6 ¿Quiere un poco más de sopa?

7 ¡Qué bien huele!

8 Está todo muy bueno.

9 ¿Te apetece un poco más de ensalada?

10 Basta, basta, ya tengo bastante, gracias.

11 ¿Podría darme el vinagre?

12 Bueno, un poquito más, gracias.

Ayuda

The verb **faltar** is used to explain that something is missing or needed.
Falta una copa en la mesa. *There is a glass missing from the table.* **Faltan dos copas.** *There are two glasses missing.*

It can also be used with the object pronoun: **Me falta un cuchillo.** *I don't have / I need a knife.*

Note these expressions with the preposition **para** (*for*): **para esta noche** *for tonight*; **¿Para qué hora?** *For what time?*; **para las diez** *for ten o'clock*; **para dos personas** *for two people*.

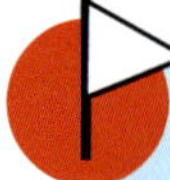 **Object pronouns with imperatives and infinitives**

The object pronoun (**me, te, le**, etc.) is written at the end of verbs in the infinitive form and the imperative form:

¿Puede(s) pasarme / darme la sal?
Can you pass me / give me the salt?

Pásame el aceite. Dame el vinagre.
Pass me the oil. Give me the vinegar.

If you add an object pronoun to imperatives such as **pasa, trae, compra, estudia, cambia**, you have to add an accent:

pasa > pásame; trae > tráeme; compra > cómpralo; estudia > estúdialo; cambia > cámbialo.

 **3** Unos clientes llaman por teléfono al restaurante Florida para reservar mesa. Escucha y:

a Señala qué mesa es para quién.

b Después completa la siguiente información para cada uno:

	1	2	3
Nº personas			
Hora y día			

 **4** Ahora haz tú los diálogos con tu compañero/a.

 **5** Al ir a pagar hay algunos problemas. Escucha y une las cuentas con el / la cliente.

a

Restaurante FLORIDA	
Ensalada	8
Paella	14
Pan	1
Vino Rioja	10
TOTAL	**33**

b

Restaurante FLORIDA	
Ensalada	8
Paella	18
Pan	1
Vino Rioja	10
TOTAL	**37**

c

Restaurante FLORIDA	
Ensalada	8
Pollo	12
Pan	1
Cerveza	3
TOTAL	**24**

d

Restaurante FLORIDA	
Ensalada	6
Pollo	12
Pan	1
Vino Rioja	10
TOTAL	**39**

 **Meta**

Haz diálogos con tu compañero/a. Quieres quejarte de varias cosas.

Cliente:

Say the following: The bill is wrong. This is not my bill. This is a lot / too much. Excuse me, but I think this is wrong. I haven't taken / eaten this. The soup is cold. The meat is burnt. The fish is too salty. The meat is too tough. There is a wine glass missing. There are two forks missing. The cup is dirty.

Camarero/a:

Lo siento. Ahora lo / la cambio. Ahora traigo otro/a.

1 ▷ The present perfect tense

See page 176

This tense is formed with **haber** + past participle. Note that the participle form never changes.

		-ar: -ado	-er: -ido	-ir: -ido
he has ha hemos habéis han	+	trabaj**ado**	com**ido**	viv**ido**

¿Has comido? *Have you eaten?* **No, pero he comprado comida.** *No, but I have bought food.*
¿Habéis estudiado mucho? *Have you studied a lot?*
Sí, hemos terminado los deberes y María ha salido.
Yes, we have finished our homework and María has gone out.
Mis padres han ido al cine. *My parents have gone to the cinema.*

The present perfect tense is used in the same way as in English:
He comido pescado. *I have eaten fish.*

But it is also used to describe the recent past when in English you would use the simple past:
Ha salido a las ocho. *He left at eight.*
Compare with: **Ha salido.** *He has left.*

It can be used with time expressions such as **alguna vez** *ever*; **nunca** *never*:
¿Has comido calamares alguna vez? *Have you ever eaten squid?*
No he comido calamares nunca.
Or:
No, nunca he comido calamares. *I've never eaten squid.*

2 ▷ Object pronouns *me / te / le / nos / os / les*

See page 180

They usually go before the verb:

¿Qué me recomienda?	*What do you recommend (to me)?*
¿Qué le debo?	*What do I owe you?*
Nos cobra, por favor.	*Can you take (payment) for this (from us) please.*

But you add them to the end of verbs in the imperative form:

ponme / dame	*give me / can you give me*	**póngame / deme**	*could you give me*
tráeme	*bring me / can you bring me*	**tráigame**	*could you bring me*
pásame la sal	*pass me the salt*	**páseme la sal**	*could you pass me the salt*

They are also added to the end of verbs in the infinitive:

¿Puede cobrarnos, por favor?	*Could you take (payment) for this (from us) please?*
¿Puede pasarme la sal?	*Could you pass me the salt please?*

Ejercicio
Escribe los verbos en paréntesis en el pretérito perfecto.

1 ¿(beber) gaseosa alguna vez? No, nunca (beber) gaseosa.
2 ¿(visitar) este museo alguna vez? No, nunca (visitar) este museo.
3 ¿(estar) en Granada alguna vez? No, nunca (estar) en Granada.
4 ¿(comer) chorizo alguna vez? No, nunca (comer) chorizo.
5 ¿(probar) el turrón alguna vez? No, nunca (probar) el turrón.
6 ¿(tomar) café alguna vez? No, nunca (tomar) café.

La comida y la bebida	Food and drink
el aceite	oil
almorzar	to have a snack
el almuerzo	mid-morning snack
el arroz	rice
los calamares	squid
el chocolate con churros	chocolate with strips of sugared dough
el chorizo	spicy sausage
el cortado	coffee with a dash of milk
dulce	sweet
la ensaladilla rusa	Russian salad
el flan	crème caramel
fruta del tiempo	fresh fruit
fuerte	strong
la galleta	biscuit
la gaseosa	sparkling mineral water
el helado	ice cream
las judías verdes	green beans
el jugo de naranja	orange juice (Mexico)
la horchata	drink made from tiger nuts
ligero/a	light
el lomo	pork
el melocotón	peach
merendar	to have an afternoon snack
la merienda	afternoon snack
la merluza	hake
la naranjada	fizzy orange drink
las patatas bravas	potatoes with spicy sauce
picante	spicy
la pimienta	pepper
el plato fuerte	main course
el pollo al ajillo	garlic chicken
el postre	dessert
el primer plato	first course
la ración	portion
sabroso/a	tasty
la sal	salt
salado/a	salty
las salchichas	sausages
la sandía	watermelon
el segundo plato	main course
la sopa de pescado	fish soup
tomar	to have (eat, drink)
una torta	sandwich (Mexico)/cake (Spain)
la tostada	toast
el zumo de naranja	orange juice

En el restaurante	At the restaurant
la copa	(wine) glass
la cuchara	spoon
la cucharilla	teaspoon
el cuchillo	knife
la cuenta	bill
la fuente	bowl
la jarra	jug
el menú del día	menu of the day
la servilleta	serviette
la taza	cup
el tenedor	fork
el vaso	glass

Expresiones en el restaurante	Expressions at the restaurant
aquí tiene	here you are
cobrar	to be paid
en seguida	right away
falta una copa / faltan dos vasos	there is/are a glass/two glasses missing
¿Me/nos trae la cuenta, por favor?	Could you bring me/us the bill please?
Me falta un cuchillo.	I don't have/I need a knife.
No nos queda.	We don't have any left.
para mí (la sopa)	for me/I'll have (the soup)
póngame	give me …
¿Puede darme … ?	Could you give me … ?
¿Puede traer(me) … ?	Could you bring me … ?
¡Que aproveche!	Enjoy your meal.
¡Qué bien huele!	It smells so good.
¿Qué desea/quiere?	What would you like?
¿Qué le pongo?	What can I get you?
¿Qué me recomienda?	What do you recommend?
¿Qué quiere(n) tomar?	What would you like to have?
¿Qué le debo?	What do I owe you?
¿Qué va(n) a tomar?	What are you going to have?

A: ¿Qué has hecho hoy?

Objectives:
- Say what you have done today, this morning, this week
- Talk about what is good and bad for your health

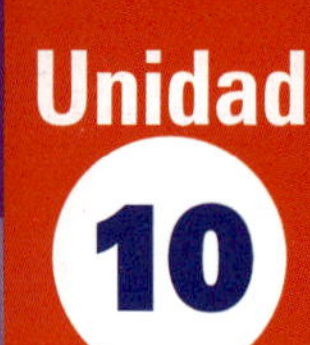

 **¿Qué sabes?**

Sergio no ha tenido un día muy bueno hoy. Une los dibujos con las frases.

Estudia los verbos (pretérito perfecto) subrayados.

a He ido a la parada del autobús pero el autobús ha tardado veinte minutos en llegar.

b He tenido clase de biología y el profesor ha hablado a toda la clase de comida.

c Me he dormido y me he despertado tardísimo.

d He salido de casa sin dinero y a mediodía no he podido comer.

e Me he levantado y he salido de casa sin desayunar.

f He vuelto a casa pero mi madre no estaba y no tenía mis llaves.

g He llegado al instituto muy tarde y el profesor se ha enfadado muchísimo.

h Mis amigos me han dado trozos de sus bocadillos.

 **1** Pon en orden las frases de la historia.

Ejemplo: 6 c

 **2** Escucha la conversación de Sergio con Tessa y comprueba.

 **3** Di a tu compañero/a qué has hecho hoy. Usa los dibujos y las frases de la historia de Sergio (en la sección ¿Qué sabes?).

 **4** Tessa escribe una carta a su amiga sobre lo que le ha pasado a Sergio.
Lee el principio y continúa la carta.

Querida Ana: Hoy ha venido Sergio a mi casa por la tarde. Me ha contado lo que le ha pasado. Es muy divertido. Se ha levantado tarde porque…

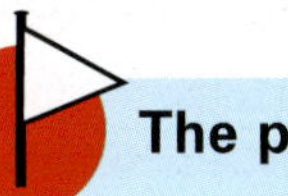

The present perfect

Note some common irregular participles:
he hecho *I have done*; **has escrito** *you have written*; **ha vuelto** *he / she has returned*; **hemos visto** *we have seen*.

Note that the reflexive pronoun always goes before the verb in the present perfect:
Hoy me he levantado tarde.
Today I got up late.

 **5** Esta semana has hecho muchas cosas interesantes porque estás de vacaciones. Escribe un email a tu amigo/a español(a) contándole todo lo que has hecho. Empieza así:

Hola, esta semana he tenido vacaciones y he ido a … con mis padres…

 **Meta**

a Estás en casa por la noche y llamas por teléfono a tu amigo/a. Mira los dibujos y dile lo que has hecho durante el día.

b Habla con tu compañero/a y dile lo que has hecho hoy: esta mañana, a mediodía, esta tarde.
Usa tu propia información.

 **¿Qué sabes?**

Con tu compañero/a decide qué alimentos corresponden a cada categoría. Busca en el vocabulario las palabras que no sabes.

Proteínas	Grasas	Hidratos de carbono	Vitaminas

1 Escucha al profesor y comprueba. ¿Qué dice sobre las vitaminas?

2 La madre de Isabel siempre le pregunta lo que ha comido cuando vuelve del colegio. Escucha y contesta las preguntas.

1 ¿Qué menú ha tomado hoy?
2 ¿Ha tomado más proteínas, grasas o hidratos de carbono?
3 ¿Cuál es, según tu opinión, el menú más equilibrado?

3 Habla con tu compañero/a. Señalad los dibujos de la sección *¿Qué sabes?*

Ejemplo:
A: ¿Qué has comido hoy? *(Señala el queso)*
B: He comido queso, y tú, ¿qué has comido? *(Señala otro dibujo)*

 **4** **Escribe en tu agenda una lista de todo lo que has comido y bebido esta semana y cuántas veces.**

Ejemplo: pescado dos veces.

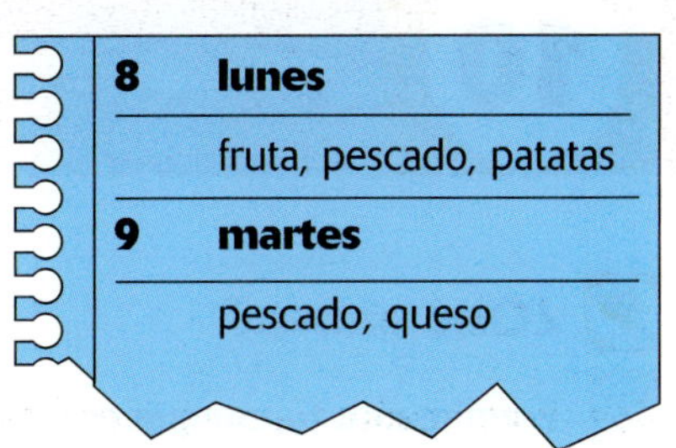

 **5** **Blanca es vegetariana. Escucha y di si la frases siguientes son verdaderas (V) o falsas (F).**

1 Blanca es vegetariana desde hace tres años.

2 Su familia es vegetariana también.

3 A Blanca no le gusta la carne, por eso se hizo vegetariana.

4 Come pescado.

5 Come mucha pasta.

6 Se siente mejor desde que es vegetariana.

7 Ser vegetariana es una cuestión de principios.

8 Es difícil ser vegetariana en España.

9 En el instituto tienen mucha comida vegetariana.

10 Tiene pocos amigos vegetarianos.

> **¡Atención!**
>
> **hacerse vegetariano/a =**
>   to become a vegetarian
> **sentirse mejor** = to feel better

 **6** **Lee el email que te manda tu amigo y contesta las preguntas en inglés.**

Soy vegetariano porque mis padres son vegetarianos y también porque odio la carne, pero, sobre todo, porque matar animales es terrible.

Me siento mejor ahora desde que soy vegetariano porque tengo mucha más energía y menos enfermedades.

Normalmente como muchas verduras porque son buenas para la salud y tienen muchas vitaminas. También como mucha mantequilla, pero no es buena para la salud porque tiene mucha grasa. Tengo que comer menos mantequilla. También me gusta mucho el queso y es bueno porque tiene calcio, pero como demasiado y algunos quesos tienen mucha grasa y no son tan buenos para la salud.

A veces es difícil ser vegetariano, porque la mayoría de mis amigos no son vegetarianos, pero no es imposible. Creo que seré vegetariano toda la vida.

1 Why is he a vegetarian?

2 How does he feel being a vegetarian? Why?

3 What is good about his diet?

4 What is not good about his diet?

5 Is it easy or difficult to be a vegetarian? Why?

 **Meta**

Encuesta en la clase. Pregunta a tus compañeros/as: ¿Qué has comido esta semana? ¿Cuántas veces?

En grupos decidid si lo que habéis comido es sano o no y pensad una dieta ideal para los próximos días / la próxima semana.

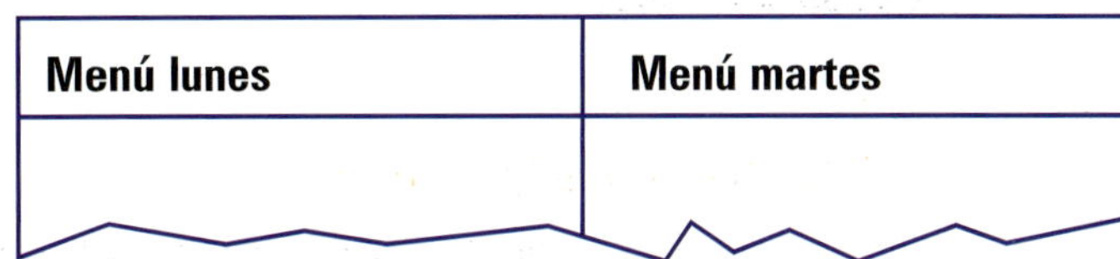

Menú lunes	Menú martes

C: ¿Estás en forma?

Objectives:
- Talk about the body and fitness
- Talk about what we do to keep fit

 **¿Qué sabes?**

 Escribe con tu compañero/a las partes del cuerpo que recuerdas. Eschucha.

 **1** El doctor Torres nos dice qué deportes son buenos para qué partes del cuerpo. Escribe el número del deporte y la(s) letra(s) de la(s) parte(s) del cuerpo correspondientes.

El cuerpo humano

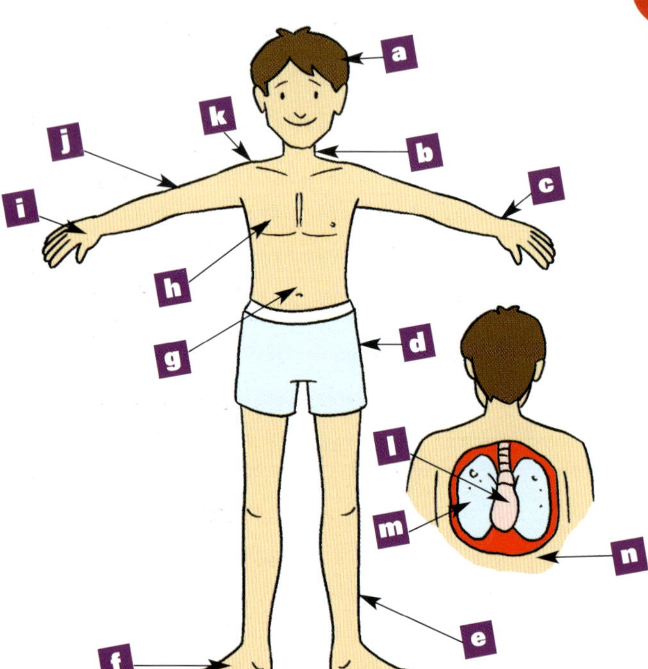

Prepositions

para *for*: **El fútbol es bueno para las piernas.** *Football is good for the legs.*

Superlatives: *-ísimo*

You add **-ísimo** to the end of adjectives to make them stronger:

El deporte es buenísimo para la salud. *Sport is very good for health.*

La natación es buenísima para todo el cuerpo. *Swimming is very good for the whole body.*

2 Habla con tu compañero/a de qué deportes son buenos para las diferentes partes del cuerpo.

Ejemplo: El fútbol es bueno para las piernas. Correr es buenísimo para las piernas, para el corazón y para los pulmones.

 **3** Escucha a Manolo, Carmen y María que hablan de deportes. Contesta las preguntas para cada uno.

1 ¿Hace deporte?
2 ¿Le gusta hacer deporte? ¿Por qué? / ¿Por qué no?
3 ¿Qué deporte practica?
4 ¿Cuánto hace que lo practica?
5 ¿Cuántas veces hace deporte a la semana?
6 ¿Cree que está en forma?

 **4** Habla con tu compañero/a. Contesta las preguntas de la Actividad 3. Lee los ejemplos.

Hago mucho / bastante / poco deporte. No hago deporte.
Me gusta (mucho) / Me encanta hacer deporte porque (yo creo que el ejercicio es muy bueno).
Juego a … / Practico … hace (4) años.
Entreno (dos) días a la semana.
(No) estoy en forma. Creo que estoy en forma.
No me gusta (nada) / Odio hacer deporte porque (no me gusta cansarme, soy perezoso/a).
Hago deporte en el instituto y por obligación.

5 Lee este artículo de una revista española sobre el ejercicio físico de los españoles. Escribe en la columna correspondiente qué hacen bien para estar en forma y qué hacen mal. Te damos el primer ejemplo:

	Bien	**Mal**
Pilar	hace deporte, tenis	trabaja demasiado

EL EJERCICIO FÍSICO DE LOS ESPAÑOLES

La actividad más popular entre los españoles, especialmente en verano, es pasear. El ciclismo y las excursiones son también muy populares. Éstas son las estadísticas más recientes.

	Vacaciones	**Resto año**
Pasear	82,2	61,0
Ir en bicicleta	12,3	9,0
Excursiones, escalada	8,9	3,7
Deportes pelota	8,2	8,0
Correr	7,6	7,0
Otros deportes	4,5	6,0
Caza y pesca	3,6	2,5
Actividades acuáticas	2,8	1,4

Y ahora vamos a ver qué hacen bien y qué hacen mal los españoles para estar en forma. Entrevistamos a varias personas que nos dijeron lo siguiente:

Pilar: 'Hago deporte, practico el tenis, pero trabajo demasiado y tengo mucho estrés.'

Merce: 'No hago deporte, no me gusta, pero como muchas verduras y frutas.'

Paco: 'Juego al fútbol una vez por semana, pero fumo.'

Federico: 'Creo que tomo mucho alcohol, cerveza, vino, y no hago deporte.'

Carlos: 'Soy vegetariano, pero no hago deporte.'

Susana: 'Como mucha carne, pero practico mucho deporte.'

Juanjo: 'Yo me divierto y me río mucho con mis amigos, pero como demasiado.'

 **Meta**

Encuesta en la clase. Pregunta a tus amigos qué hacen bien para estar en forma y qué hacen mal. Luego escribe frases.

Ejemplo: Ana no hace deporte durante la semana, ve la televisión toda la tarde, pero juega al fútbol los sábados.

¡Atención!

estar en forma = to be fit

escalada = climbing

caza y pesca = hunting and fishing

actividades acuáticas = water sports

el estrés = stress

fumar = to smoke

D: En el médico

Objectives:
- Talk about health problems and explain at the doctor's and the dentist's
- Buy medicines in the chemist's

¿Qué sabes?

Piensa en varios problemas de salud y enfermedades por los que tienes que ir al médico. Usa *me duele* y *me duelen*.

Ejemplo: Me duele la garganta. Me duelen los pies.

 **1   Carmen va al médico de urgencias. Escucha el diálogo y completa la ficha del hospital.**

Hospital **Miguel Servet**
Unidad de Urgencias

APELLIDOS:. . . . .

NOMBRE: . . . .

Edad: . . . .

Motivo de consulta:

. . . .

Exámenes solicitados:

. . . .

Juicio clínico:

. . . .

Tratamiento:

. . . .

Recomendaciones terapeúticas:

. . . .

¿Alergias?:

. . . .

¡Atención!

la muñeca = wrist

un esguince = a sprain

la escayola = plaster

los rayos X = X-rays

el medicamento = medicine

reposar = to rest

recetar = to prescribe

un golpe = a blow / a bump

Ayuda

To give advice and say what you need to do, use the following expressions:

tienes que / debes / no debes / hay que
you have to / you ought to / you shouldn't / it's necessary to (one has to)

Remember how to use pronouns in the present perfect tense:
Me he quemado. *I have burnt myself.*
Me he roto (el brazo).
I have broken (my arm).

2   El médico receta algo a Carmen. ¿Qué es? Elige el dibujo correspondiente.

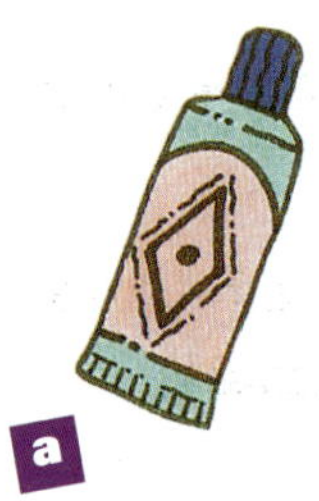
a

b

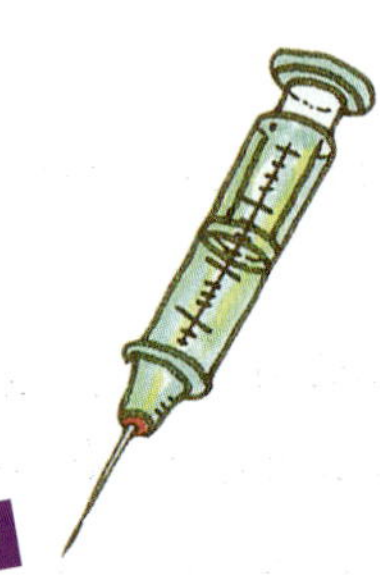
c

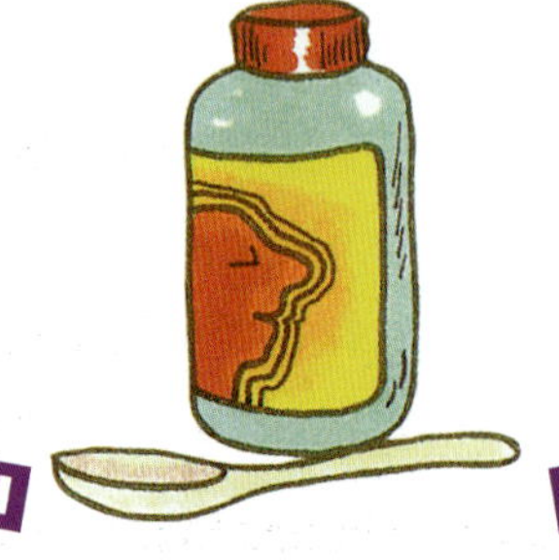
d

e

 **3** **Lee la receta del médico y contesta las preguntas.**

1 ¿Cuántos días tiene que tomar las pastillas?

2 ¿Cuántas pastillas debe tomar cada día?

3 ¿Cuándo termina el tratamiento de la pomada?

RECETA

Fecha: *31/12* **Paciente:** *Carmen García Marín*
Pomada 'Pomargil'
Pastillas 'Dolorín'

Duración tratamiento: *Pomada 10 días*
Pastillas 4 o 5 días –
una cada 8 horas.

 **4** **Haz diálogos similares con tu compañero/a.**

Estudiante A: médico/a.

Estudiante B: paciente – decide: mucha tos / dolor de garganta / fiebre / gripe / resfriado / dolor de cabeza / oído / estómago / espalda …

  **5** **Completa las frases de la lista A con las de la lista B. Escucha y comprueba.**

A

1 Me he quemado...

2 Me he cortado...

3 Me he dado un golpe...

4 Me he roto el brazo...

5 Me escuece la espalda...

6 Me he torcido el tobillo...

7 Me duele muchísimo la garganta...

8 Me han salido unos granos...

B

a con un cuchillo.

b con la plancha.

c porque he tomado el sol demasiado.

d y no puedo escribir.

e en la cabeza.

f y no puedo andar.

g por todo el cuerpo.

h y no puedo hablar.

 **6** **Ahora une los dibujos con las frases.**

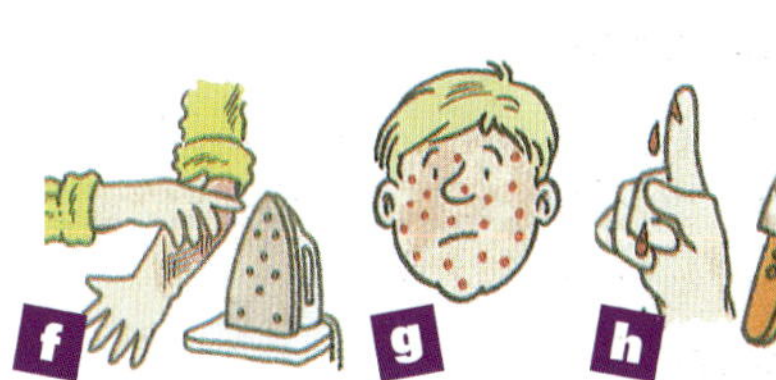

 **7** **Escucha a estos chicos y chicas (5 en total) que tienen un problema y van a la farmacia. Escucha estos diálogos y completa una ficha para cada uno:**

	1	2	3	4	5
Medicinas					
Tratamiento					
Otras cosas que compran					

 **Meta**

Tienes varios problemas (selecciona algunos de los anteriores) y vas a la farmacia. Haz los diálogos con tu compañero/a.

A: Eres el enfermo / la enferma. Pide lo que quieres: pregunta cuánto tiempo tienes que tomar la medicina, cuánto cuesta, para qué es, y otra información que quieres saber (ej. ¿tiene efectos secundarios?).

B: Eres el empleado / la empleada de la farmacia. Aconseja lo necesario para cada caso.

1 ▷ The present perfect with irregular past participles   See page 176

The past participle of regular verbs is formed by adding **-ado** to the stem of regular **-ar** verbs (**he estudiado**), and **-ido** to the stem of **-er** and **-ir** verbs (**he comido / he ido**).

It is often used after expressions such as **esta mañana** *this morning*; **esta tarde** *this afternoon*; **esta semana** *this week*; **este mes** *this month*; **hoy** *today*.

Hoy no he ido al instituto y esta mañana me he levantado tarde.
I didn't go to school today and I got up late this morning.

Esta semana he estudiado mucho. *This week I've studied a lot.*

Some verbs have irregular past participles:

volver: vuelto; hacer: hecho; escribir: escrito; ver: visto; poner: puesto; decir: dicho; romper: roto; abrir: abierto.

Juan ha vuelto.	*Juan has come back.*
¿Qué has hecho?	*What have you done?*
He escrito una carta.	*I've written a letter.*
No he visto a María.	*I haven't seen Maria.*
¿Has puesto la mesa?	*Have you set the table?*
No me ha dicho nada.	*He has not said anything to me.*
He roto un plato.	*I have broken a plate.*
Han abierto una tienda nueva.	*They have opened a new shop.*

2 ▷ Using the present perfect with pronouns

After an accident you refer to the injured parts of the body as **el / la / los / las** and use a pronoun to refer to the person (**me / le / te,** etc.). For example: **Me he roto el pie.**

Important: Reflexive verbs in the present perfect always have the pronoun before the verb.

Me he roto la pierna.	*I have broken my leg.* (not **He roto mi pierna.**)
Me he quemado.	*I have burnt myself.*
Me he quemado la mano.	*I have burnt my hand.*
¿Te has hecho daño?	*Have you hurt yourself?*
Se ha cortado el dedo.	*She has cut her finger.*

Ejercicio

1 Escribe una frase con el participio de estos verbos.

Ejemplo: salir > He salido con mis amigos.

comer	hablar
escribir	ver
conocer	hacer
enviar	ir
romper	volver
decir	

2 Escribe.

1 ¿Qué has hecho hoy?

2 ¿Qué has hecho esta semana?

3 ¿Qué has hecho este mes?

La salud — Health

La salud	Health
la enfermedad	illness
(un régimen) equilibrado	balanced diet
la escayola	plaster
estar en forma	to be fit
fumar	to smoke
las grasas	fats
los hidratos de carbono	carbohydrates
el medicamento	medicine
la mantequilla	butter
las pesas	weights
las proteínas	proteins
(hacerse) vegetariano/a	(to become a) vegetarian

El cuerpo humano — The human body

El cuerpo humano	The human body
el brazo	arm
la cabeza	head
la cadera	hip
el corazón	heart
el cuello	neck
la espalda	back
el estómago	stomach
el hombro	shoulder
la mano	hand
la muñeca	wrist
el pecho	chest
el pie	foot
la pierna	leg
los pulmones	lungs

En el médico — At the doctor's

En el médico	At the doctor's
el estrés	stress
(tengo) dolor de cabeza	(I have) a headache
Me duele el estómago.	My stomach aches.
un esguince	a sprain
(tengo) fiebre	(I have) a temperature
un golpe	a blow/a bump
las gotas	drops
(tengo) gripe	(I have) flu
la inyección	injection
el jarabe	(cough) syrup
la medicina	medicine
las pastillas	pills/tablets
la pomada	ointment
por todo el cuerpo	all over my body

reposar	to rest
(estoy) resfriado	(I have) a cold
recetar	to prescribe
sentirse mejor	to feel better
Tengo mucha tos.	I have a bad cough.
el tratamiento	treatment
Me escuece la espalda.	My back stings.
Me han salido unos granos.	I've come out in spots.
Me he cortado.	I've cut myself.
Me he dado un golpe.	I've bumped myself.
Me he quemado.	I've burnt myself.
Me he roto el brazo.	I've broken my arm.
Me he torcido el tobillo.	I've twisted my ankle.

Los deportes — Sports

Los deportes	Sports
actividades acuáticas	water activities
caza y pesca	hunting and fishing
la escalada	climbing
la pelota	ball
¿Cuántas veces haces deporte a la semana?	How many times a week do you do sport?
¿Cuánto hace que lo practica?	How long have you been doing it?
El deporte es buenísimo para la salud.	Sport is very good for your health.
El fútbol es bueno para las piernas.	Football is good for your legs.
Entreno (dos) días a la semana.	I train (two) days a week.
Hago mucho/bastante/poco deporte.	I do a lot/quite a lot/little sport.
¿Qué deporte practicas?	Which sport do you do?

Otras palabras y expresiones — Other words and expressions

Otras palabras y expresiones	Other words and expressions
El autobús ha tardado veinte minutos en llegar.	The bus has taken/took twenty minutes to arrive.
contar	to tell, to recount
divertido/a	fun
enfadarse	to get angry
matar	to kill
la mayoría	most
Me he dormido.	I overslept.
tardísimo	very late
la plancha	iron

1 ▷ Turismo

¿Adónde vas de vacaciones generalmente?
¿Vas de vacaciones a España / al extranjero?
¿Qué haces en las vacaciones?
¿Qué tipo de alojamiento prefieres? ¿Por qué?

¿Adónde fuiste en las vacaciones pasadas?
¿Qué hiciste?
¿Fuiste a España? ¿Te gustó?
¿Qué lugares visitaste? ¿Cuánto tiempo estuviste?
¿Dónde te alojaste? ¿Cómo era el hotel / camping / apartamento...?
¿Qué tiempo hizo?
¿Qué hacías todos los días?
Cuenta un viaje interesante / con problemas. ¿Qué pasó?
Habla de un viaje de estudios o intercambio que hiciste con tu instituto / colegio.

¿Adónde irás en las próximas vacaciones? ¿Qué harás?
¿Por qué va la gente de vacaciones?

¿Dónde prefieres pasar las vacaciones?
¿Prefieres tu país o el extranjero para pasar las vacaciones? ¿Por qué?
Háblame de tus vacaciones ideales.

2 ▷ Comida, ejercicio y salud

¿Cuál es tu comida / bebida favorita?
¿Qué comida / bebida te gusta menos / odias?
¿Cuáles son los horarios de comidas en tu país?
¿Comes en casa o en el instituto? ¿Cómo es la comida del instituto? ¿Es sana?
¿Qué tomas para desayunar? ¿Qué comes / cenas?
¿Quién prepara las comidas en tu casa?
¿Qué comida / bebida es típica de tu país / región? ¿Qué me recomiendas comer o beber?
¿Has probado la comida española? ¿Qué has probado? ¿Te gustó? ¿Por qué?
¿Comes comida sana? ¿Qué tienes que comer para tener una dieta sana?
¿Qué has comido esta semana?
¿Eres vegetariano/a? ¿Comes carne / pescado?
¿Conoces a alguien que es vegetariano/a? ¿Qué opinas?

¿Haces ejercicio regularmente? ¿Qué tipo de ejercicio haces?
¿Te gusta hacer deporte? ¿Practicas algún deporte? ¿Qué deporte practicas? ¿Cuánto (tiempo) hace que lo practicas?
¿Cuántas veces haces ejercicio / practicas deporte a la semana?
¿Crees que estás en forma?

Role plays

3 ▷ De viaje

Tú: (Say you would like to visit the region and ask if the employee has a map of the province.)
Empleado/a: Sí, aquí tiene.
Tú: (Say you want to see the monuments and museums in town, ask for opening and closing times.)
Empleado/a: Todos abren a las 10 de la mañana y cierran a las 8 de la tarde.
Tú: (Ask how you can go to Goya's village.)
Empleado/a: Puede tomar un autobús.
Tú: (Ask where you can eat in the village.)
Empleado/a: Hay un restaurante típico de la región.

4 ▷ Transporte

Tú: (Ask if Plaza Roma is near.)
Empleado/a: Pues, no, está bastante lejos.
Tú: (Ask if you can walk there.)
Empleado/a: No, tiene que tomar el autobús.
Tú: (Say you prefer to walk.)
Empleado/a: Pues tardará más de una hora, esa plaza está al otro lado de la ciudad.
Tú: (Ask what bus you need to take and if you have to change buses.)
Empleado/a: Tiene que tomar el 23 hasta la Plaza de Castilla y allí bajar y tomar la línea 27.
Tú: (Ask if he/she knows where the 23 bus stop is.)
Empleado/a: Pues está allí enfrente.
Tú: (Say thank you; ask how much the bus costs.)
Empleado/a: Pues cuesta 2 euros.

5 ▷ En el hotel

Tú: (Ask for a double room with a bathroom for 3 nights, until 29 March.)

Recepcionista: Sí, señor(a).

Tú : (Say you want a room with a balcony and a view of the sea.)

Recepcionista: Hay con balcón, pero con vistas a la montaña.

Tú : (Accept and ask at what time breakfast is and if it's included in the price.)

Recepcionista: Si, está incluido en el precio y se sirve desde las 7 hasta las 11 de la mañana.

Tú : (Ask if there is a garage or parking for your car.)

Recepcionista: No hay garaje, pero hay aparcamiento detrás.

Tú : (Ask how you can get to the swimming pool and gardens.)

Recepcionista: Por la puerta de la derecha.

Tú : (Ask if you can pay the bill with a credit card.)

Recepcionista: Sí, por supuesto.

6 ▷ Alquiler de apartamentos

Tú: (Ask what type of apartments they have.)

Empleado/a agencia: Pues mire, los hay tipo estudio, con cocina-comedor y baño y también tenemos de uno y dos dormitorios; algunos tienen salón...

Tú: (Ask if it has any furniture, towels and sheets.)

Empleado/a: Sí, todos los apartamentos están completamente equipados.

Tú: (Say what type of apartment you want.)

Empleado/a: Pues lo siento, sí que hay pero ahora no tenemos de ese tipo...

Tú: (Choose another one – it must be next to the beach. Ask for the price.)

Empleado/a: Sí, sí, hay uno muy bonito en Salou al lado de la playa. Son 100 euros por noche. ¿Para cuándo lo quiere?

Tú: (Choose a date.)

Empleado/a: Pues para esa fecha no está disponible, ¿le va bien llegar tres días más tarde?

Tú: (Say yes. Ask if there is a hotel nearby where you can stay until then.)

Empleado/a: Sí, el hotel Atlas. Si quiere le reservo una habitación.

Tú: (Say no, you'll call the hotel directly. Say thank you. Ask if they want a deposit for the apartment.)

Empleado: Sí, doscientos euros.

7 ▷ En el restaurante

Tú: (Ask what there is on the menu of the day.)

Camarero/a: Hay sopa y pollo con patatas fritas.

Tú: (Say you don't eat meat because you are a vegetarian.)

Camarero/a: Entonces puede tomar tortilla de patata de segundo plato. ¿Quiere postre?

Tú: (Say you want something special, ask the waiter to recommend something.)

Camarero/a: Pues le recomiendo un flan de la casa. ¿Tomará café?

Tú: (Choose the flan but you don't want coffee.)

Camarero/a: ¿Qué tal el flan, señor(a)?

Tú: (Say the flan was excellent – you loved it! – and ask for the bill.)

8 ▷ Talk to your friend about the hotel you stayed in during your holidays.

Say the following:

The hotel was old; the room was dirty; the bed was broken; the heating didn't work; the lights didn't work; the sheets were dirty; the window was broken; there were not enough pillows; the bathroom was also dirty; the bath was dirty; the taps didn't work; the mirror was broken; there were not enough towels; there was no toilet paper; the food in the restaurant was always cold or burnt.

 **1** Lee la entrevista a Verónica, una famosa actriz juvenil que es protagonista de una serie muy popular en España. Une las preguntas con las respuestas.

Preguntas:

a ¿Cómo empezaste tu carrera?

b ¿Cómo es tu personaje en la serie?

c ¿Cómo eres tú?

d ¿Tienes algún defecto?

e ¿Qué haces en tu tiempo libre?

f ¿Por qué no sales por la noche?

g ¿Te gustan los deportes?

h ¿Te cuidas mucho?

i ¿Qué tal llevas los estudios?

j ¿Te apoyan tus padres?

k ¿Cómo ves tu futuro?

l ¿Cómo es el chico de tus sueños?

m ¿Y el físico no te importa?

Éstas son las respuestas (están en orden diferente).

1 Aparte de ser actriz, quiero estudiar una carrera universitaria, pero aún no sé cuál.

2 El año pasado terminé todo con sobresaliente, pero este año es más difícil, no sé…

3 El chico de mis sueños tiene que ser cariñoso, sincero, tiene que quererme de verdad y ser un buen amigo.

4 Me encantan todos, pero especialmente el baloncesto, el ciclismo y el esquí.

5 Porque no me dejan mis padres.

6 Pues creo que sí. Me encanta el pescado y la verdura. Y para beber, agua, sin más. No hago ninguna dieta, pero creo que lo que como es bueno. Y, por supuesto, no fumo.

7 Pues es completamente diferente a mí, somos muy distintas.

8 Pues, como vivo en las afueras, en el campo, organizamos con los amigos partidos de fútbol, excursiones… no salgo mucho por la noche.

9 Pues, no sé si lo es, pero me muerdo las uñas sin parar. ¡Ah! y a veces tengo muy mal genio.

10 Sí claro, si es guapo, mucho mejor.

11 Sí, siempre me han dado ánimos para continuar en esto. Aunque se preocupan mucho por mis estudios.

12 A los seis años hice algún anuncio, pero a los doce años hice mi primer papel importante.

13 Soy cariñosa, trabajadora y muy ordenada.

2 a Escribe un artículo en español sobre Verónica; usa la 3ª persona. Empieza así:

Verónica empezó su carrera a los doce años cuando hizo su primer papel importante. El personaje que hace en la serie es…

b Escribe un artículo (resumido) de la entrevista en inglés.

3 Tu nuevo amigo español te escribe.

a Di si las frases son verdaderas (V) o falsas (F).

b Escribe una carta a Fernando y contesta sus preguntas.

Hola,

Te escribo porque mi profesor de inglés me dio tu email y me dijo que estás buscando a un chico o chica para escribirte con él / ella. Hace cuatro años y casi cinco meses que estudio inglés, pero aunque sé bastante gramática no puedo hablarlo porque no he tenido mucha práctica. No conozco a nadie que hable inglés en mi pueblo, bueno, mi pueblo es muy pequeño y no hay mucha gente de fuera, y mucho menos gente de otros países. Pero me gustaría mucho viajar a Inglaterra o a Irlanda para practicar.

La verdad es que hago muchos ejercicios y estudio mucho, pero se me olvida todo enseguida porque ¡tengo una memoria malísima! También en la clase hay muchos estudiantes y tenemos suerte si en una hora decimos más de dos o tres frases. Además el profesor que tengo este año no es muy bueno y es demasiado estricto y tenemos sólo dos horas de clase a la semana. Pero por lo menos escribimos bastante, ¡siempre nos está mandando deberes!

Mi amigo que estudia en un instituto más grande en la ciudad dice que tienen una chica inglesa que está para ayudar al profesor y les habla bastante en inglés. Además hicieron un intercambio. Pero nosotros todavía no. Aunque creo que haremos uno el año que viene, quizás con vuestro instituto. Me encantaría visitarte. Y así podremos conocernos. ¿Y tú? ¿Por qué estudias español? ¿Hace mucho que lo estudias? ¿Te gusta? ¿Qué es lo que más te gusta estudiar (del español) y lo que menos? ¿Te resulta fácil? ¿Cuántas clases tienes de español? ¿Lo practicas fuera del colegio? ¿Has estado en España? Espero que me escribas pronto.

Fernando

1 Hace menos de cuatro años que estudia inglés.
2 Habla inglés muy bien.
3 Conoce bien la gramática inglesa.
4 Habla inglés con otras personas.
5 Hizo un intercambio con su instituto.
6 No tienen una ayudante inglesa en su instituto.
7 El profesor que tiene es muy serio.
8 No hay extranjeros en su pueblo.
9 Se acuerda muy bien de lo que estudia.
10 En su clase no puede hablar mucho.

MI INSTITUTO AHORA Y EN EL FUTURO

Mi instituto es grande y moderno, con muchos estudiantes y profesores; quizás ahora hay demasiados estudiantes porque cada año vienen más, pero me gusta mucho.

Mi instituto ha cambiado mucho porque tenemos un director muy bueno que hace muchas cosas y construyó un edificio nuevo para los departamentos de Música, Ciencias y Lengua.

Ahora tenemos muchas aulas para Música, con todo tipo de instrumentos, y dos laboratorios de Ciencias nuevos. Las aulas de Lengua son estupendas porque hay muchos libros y varios ordenadores para escribir las redacciones y los trabajos que tenemos que hacer. Ahora muchos más estudiantes aprueban el curso con buenas notas. Las comidas son ahora más sanas y hay más fruta, ensalada y verdura para elegir. ¡Lo único que no ha cambiado en los últimos años es el uniforme!

En el futuro yo creo que el instituto tendrá más ordenadores para los estudiantes y habrá varios en cada clase. ¡Pero también habrá muchos libros! Ahora hay un campo de deportes y un gimnasio, pero van a construir otro gimnasio el año próximo y van a comprar un campo que hay al lado del instituto para hacer un campo de fútbol. Habrá más actividades durante la hora de comer y por la tarde, después de clase, pero serán muy divertidas e interesantes, por ejemplo tendremos clase de cine, de baile y de deportes diferentes. Ahora sólo hay clases de repaso y deportes.

También habrá clases prácticas para preparar a los estudiantes para el trabajo: por ejemplo, para trabajar de mecánico o de electricista o para trabajar en una oficina.

El día será más largo, pero no tendremos sólo clases como ahora, con muchos estudiantes, y el profesor que explica la lección. Habrá más profesores que darán clase a grupos pequeños y los estudiantes tendrán tiempo flexible para buscar información en Internet y preparar temas que presentarán en la clase. Y, por supuesto, no habrá uniforme, pero habrá unas reglas de lo que se puede y no se puede llevar porque así no habrá diferencias sociales entre los estudiantes.

Javier

1 ¿Qué significan las palabras y frases de color rojo?

2 Señala los verbos en el futuro y di el infinitivo.

   Ejemplo: habrá > haber

3 Escribe frases sobre el instituto en dos listas:

   Ahora   En el futuro

4 Escribe dos listas como las de la Actividad 3 sobre tu instituto o un instituto imaginario.

   Después escribe una redacción sobre el tema.

¡DE MADRID AL CIELO!

Madrid es la capital de España y está situada en el centro de España. Madrid está en una llanura, pero está rodeada de montañas. Madrid era una ciudad pequeña y poco importante hasta el siglo dieciséis. Antes la capital de España era Toledo. Entonces el rey Felipe II decidió que Madrid tenía que ser la capital. Ahora es la ciudad más importante de España, con más de tres millones y medio de habitantes. Es una ciudad moderna que es el centro económico y político del país. En Madrid están las empresas y las industrias más importantes. En el centro se encuentra la ciudad antigua.

Madrid es una ciudad que está creciendo mucho y es una de las capitales más importantes de Europa. El transporte es excelente, allí está el aeropuerto más grande de España y hay autobuses y trenes a todas las ciudades del país. El más importante y nuevo es el AVE que es un tren muy rápido. Dentro de la ciudad el metro es moderno y limpio y llega hasta el aeropuerto. Los autobuses son también rápidos y baratos.

El alojamiento es excelente y hay de todas clases, desde hoteles de lujo, de cinco estrellas, hasta hostales y pensiones muy baratos, pero muy agradables.

En Madrid se puede hacer de todo. Hay estadios de deportes, teatros, cines, discotecas, hay restaurantes de todo tipo y allí se puede encontrar comida típica de todas las provincias españolas. También hay regularmente conciertos y actuaciones de los mejores cantantes y orquestas del mundo. Hay tiendas y mercados de todo tipo y para todos. En Madrid está el famoso Rastro, conocido en el mundo entero. Este mercado al aire libre tiene lugar los domingos y allí se puede encontrar de todo. Hay también numerosos monumentos y museos, como los mundialmente famosos El Prado y Reina Sofía, con obras de los mejores artistas. Pero lo más interesante es la vida nocturna, especialmente los fines de semana. En invierno y en verano la gente pasea y se divierte, incluso hasta la madrugada, y Madrid es siempre una fiesta. Si vas a Madrid, volverás, porque como dice la gente: 'De Madrid al cielo'.
Isabel

1 Encuentra las palabras del cuadro en el texto.

> **¡Atención!**
>
> **se puede** = one / you can

2 ¿Qué significan las palabras y frases de color rojo?

3 Encuentra diez palabras que describen (adjetivos). *Ejemplo*: moderna.

4 Completa el cuadro de información acerca de Madrid.

5 Ahora completa el cuadro con información sobre tu ciudad o una ciudad que te interesa. Después escribe un texto más corto, pero similar al de Madrid.

Situación:	**Transporte:**
Descripción física:	**Alojamiento:**
Historia:	**Diversiones:**
Habitantes:	**Compras:**
Economía:	**Monumentos:**

DE VACACIONES EN ESPAÑA

Voy a hablar de mis vacaciones. Generalmente voy de vacaciones a Broto. Es un pueblo pequeño que está en el norte de España, en las montañas de los Pirineos, y es mi lugar favorito porque tengo mucha familia y muchos amigos que viven allí.

Todos los veranos paso allí las seis semanas que tengo de vacaciones y me quedo en casa de mis abuelos. El verano pasado fui allí, pero sólo cuatro semanas, porque las otras dos semanas estuve en la playa, en el sur de España, en la Costa del Sol.

Fui a Madrid en avión y el viaje duró dos horas. El viaje en avión fue bastante bueno porque estaba cansada y dormí bastante, también escuché música y leí una revista que compré en el aeropuerto. En Madrid tomé un autobús a Broto, el viaje duró más de cuatro horas y cuando llegué estaba muy cansada. También me mareé un poco, porque siempre me mareo en los autobuses. Pero cuando llegué, encontré a todos mis amigos y lo pasé muy bien.

Todos los días me levantaba tarde y después iba a la piscina con mis amigos y amigas. Nadábamos, tomábamos el sol y jugábamos a las cartas.

Un día fuimos de excursión a la montaña y nadé en el río, ¡el agua estaba helada!, pero me gustó mucho. Llevamos la comida y comimos en el campo. Lo pasamos fenomenal. Otro día fuimos de compras a una ciudad más grande que está cerca y después fuimos al cine.

Normalmente hacía mucho calor y no llovía, pero un día hubo una tormenta muy grande y no pudimos ir a la piscina porque es peligroso bañarse si hay tormenta.

Por las noches salíamos a tomar algo o a la discoteca y bailábamos hasta muy tarde. Mis abuelos siempre me dejan salir hasta tarde porque el pueblo es pequeño y todos somos amigos o familia. En España, en verano, toda la gente sale a pasear por las noches y se acuesta muy tarde.

El verano próximo volveré a España porque me encanta y pasaré otra vez todo el verano con mi familia y mis amigos. *Isabel*

1 Contesta las preguntas.

    a ¿Qué hace Isabel generalmente durante las vacaciones de verano?

    b ¿Qué hizo las vacaciones pasadas? ¿Cómo fue el viaje? ¿Qué hacía todos los días?

    c ¿Qué hacían por las noches? ¿Qué hizo una vez? ¿Qué tiempo hacía?

    d ¿Qué hará las vacaciones próximas?

2 ¿Qué significan las palabras y frases de color rojo?

3 Escribe dos listas con los verbos del texto. ¿Cuándo se usa cada tiempo?

    Pretérito indefinido   **Imperfecto**

4 Escribe sobre tus vacaciones en España o en otro lugar.

LAS FIESTAS DEL PUEBLO

El año pasado fui a las fiestas de un pueblo en España. En verano hay muchas fiestas en todos los pueblos y ciudades españolas. Normalmente se celebran porque hay una fiesta religiosa, pero hay actividades de todo tipo.

Las fiestas eran en un pueblo que se llama Codo. Es muy pequeño, pero durante esas fechas el pueblo está lleno de gente de la ciudad y de otros pueblos vecinos. Yo tengo una amiga que pasa el verano allí con sus abuelos y me invitó. Las fiestas duran una semana y desde la mañana hasta la noche hay algo interesante para todos, desde los ancianos hasta los niños. Pero son los jóvenes los que más se divierten.

Hay juegos y competiciones deportivas para los niños y los jóvenes, hay carreras ciclistas, partidos de fútbol, de baloncesto, y de otros deportes.

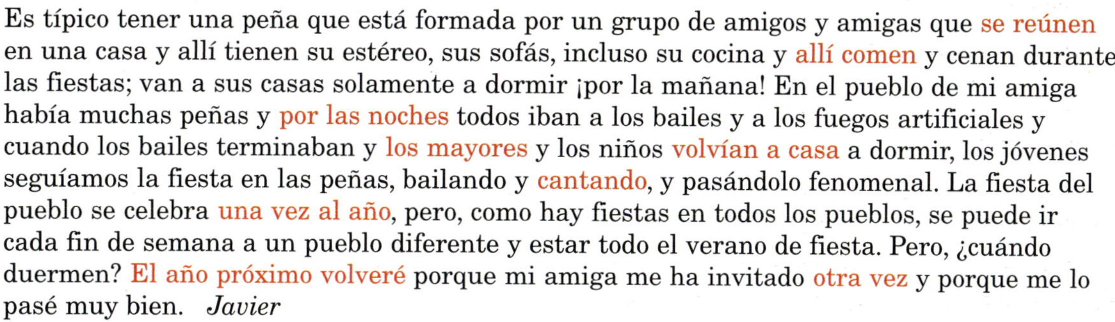

Los jóvenes no duermen durante toda la noche, y yo recuerdo que estaba muy cansado al final de las fiestas porque no dormí casi nada. Me levantaba a mediodía y me acostaba a las ocho de la mañana, así que descansaba unas cuatro o cinco horas. Ese fue el único problema, porque me gusta mucho dormir, ¡pero no teníamos tiempo!

Es típico tener una peña que está formada por un grupo de amigos y amigas que se reúnen en una casa y allí tienen su estéreo, sus sofás, incluso su cocina y allí comen y cenan durante las fiestas; van a sus casas solamente a dormir ¡por la mañana! En el pueblo de mi amiga había muchas peñas y por las noches todos iban a los bailes y a los fuegos artificiales y cuando los bailes terminaban y los mayores y los niños volvían a casa a dormir, los jóvenes seguíamos la fiesta en las peñas, bailando y cantando, y pasándolo fenomenal. La fiesta del pueblo se celebra una vez al año, pero, como hay fiestas en todos los pueblos, se puede ir cada fin de semana a un pueblo diferente y estar todo el verano de fiesta. Pero, ¿cuándo duermen? El año próximo volveré porque mi amiga me ha invitado otra vez y porque me lo pasé muy bien. *Javier*

1 Contesta las preguntas.

    a ¿Por qué se celebran las fiestas en España?

    b ¿Cuándo se celebran normalmente?

    c ¿Cómo es Codo normalmente?

    d ¿Cómo es Codo durante las fiestas?

    e ¿Cuánto tiempo duran las fiestas?

    f ¿Quiénes lo pasan mejor en las fiestas?

    g ¿Qué actividades hay en las fiestas?

    h ¿Cómo era un día de fiesta para Javier?

    i ¿Qué hacían los jóvenes durante las fiestas?

    j ¿Qué se puede hacer los fines de semana en verano?

2 ¿Qué significan las palabras y frases de color rojo?

3 Haz una lista de todos los verbos en imperfecto y di cuál es su infinitivo.

4 **a** Usa la información de las preguntas de la Actividad 1 para escribir un texto similar.

    b Escribe una redacción sobre una fiesta, carnaval o celebración que celebraste con tus amigos/as y con tu familia.

A: Teléfono y Correos

Objectives:
- Talk on the phone
- Give and leave messages
- At the post office

 **¿Qué sabes?**

¿Qué medios de comunicación hay?

teléfono

carta

email

 **1** **Escucha a Manolo, María y Javier que hablan de cómo se comunican con sus amigos y de las ventajas y desventajas de algunos medios de comunicación. Señala quién dice las frases.**

Ejemplo: **a** Manolo

a Puedo pensar y decir más cosas.

b Lo uso para la gente que está lejos porque es más rápido.

c Puedo decir lo que quiero inmediatamente.

d Cuesta más dinero, es más caro.

e Puedes decir más cosas muy rápidamente.

f No me gusta escribir.

g Lo prefiero para amigos que están cerca.

h Tardan mucho tiempo en llegar.

i Puedo comunicarme con varios amigos a la vez.

j Es más personal y me gusta hablar.

2 **¿Y tú? Habla con tus compañeros/as. Usa estas preguntas y las frases anteriores como ayuda.**

¿Te gusta más hablar por teléfono? ¿Prefieres el teléfono o escribir emails? ¿Te gusta escribir cartas y postales? ¿Usas los 'chats' en Internet? ¿Por qué?

 **3** **El teléfono no para de llamar. Une cada conversación con el dibujo.**

 **4** **Lee las frases siguientes. ¿Con cuál crees que termina cada conversación? Escucha y comprueba.**

1 Llamaré más tarde.

2 Vale, estaré aquí hasta las siete.

3 Perdone. Adiós.

4 Ahora se pone.

5 Bueno, gracias por llamarme. Hasta luego.

 **5** Ahora haz tú las conversaciones con tu compañero/a. Usa los dibujos de la Actividad 3.

 **6** Manolo no está en casa y se ha olvidado el móvil en casa. Varios amigos/as le llaman por teléfono. Ayuda a su hermano Luis a escribir los recados.

Ayuda

When answering the telephone, you say:

In Spain: **Diga** or **Dígame**
In Latin America: **¿Bueno?** or **¿Hola?** or **¿Aló?**

If the caller has the wrong number you can say:
Se ha equivocado de número. or **No es aquí.**
(lit. *It isn't here*)

Other useful expressions are:

¿Puedo dejar un recado? *Can I leave a message?*
¿De parte de quién? *Who is calling?*
No está aquí. *He / She isn't here.*

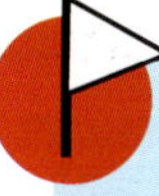 **Indirect speech (estilo indirecto)**

You use this to tell someone what someone else has said:

Juan dice que te llamará mas tarde. *Juan says (that) he will ring you later.*

 **7** Manolo llama a su hermano Luis por teléfono. Luis le da los recados. Escucha cómo lo hace.

 **8** María quiere enviar algo a sus amigas por correo (by post). Escucha la conversación en Correos (post office). Completa el diálogo.

María: Quiero dos sellos para Inglaterra y uno para Irlanda, por favor. ¿Cuánto valen?

Empleado: Son _________ euros cada sello. Todos cuestan lo mismo.

María: ¿Valen lo mismo los sellos para postal?

Empleado: No, son _________ euros más para carta.

María: ¿Puedo mandar esta carta certificada?

Empleado: Sí, vamos a ver cuánto pesa. ... Son _________ euros. ¿Quieres algo más?

María: Sí, quiero enviar este paquete. ¿Tardará mucho en llegar? Es un regalo para mi amiga.

Empleado: No tardará mucho. Creo que tardará __________ días más o menos, no te preocupes.

María: ¿Puedo mandarlo exprés?

Empleado: Sí, pero no hace falta, seguro que llega a tiempo.

Meta

Haz diálogos con tu compañero/a.

a Por teléfono. Tú (B) llamas por teléfono a tu amigo (C), pero no está. Tu compañero/a (A) contesta. Deja varios recados.

b En Correos. You are in Spain and you want to send a postcard to your parents. You also want five stamps for other countries in Europe. You want to send a parcel to your best friend in Ireland.

B: Objetos perdidos

Objectives:
- Describe objects
- Explain what you have lost and how

 **¿Qué sabes?**

¿Cómo se llaman los objetos que están en la oficina de objetos perdidos? Escribe una lista con tu compañero/a y descríbelos. Escucha y comprueba.

1 Tu compañero/a señala un objeto y entonces tú dices que lo has perdido y lo describes con más detalle. Usa el verbo subrayado (he perdido = I've lost).

Ejemplo: He perdido una maleta de piel negra, mediana (de tamaño mediano), con mucho dinero dentro.

2 ¿Qué otros objetos se pueden perder? Escribe una lista con tu compañero/a.

3 Escucha estos diálogos en la oficina de objetos perdidos. Estas personas han perdido varias cosas. Escucha y completa la ficha del empleado.

Nombre:	
Objeto:	
Color:	
Material:	
Tamaño:	
Otras características:	
Perdido en (lugar):	
Fecha:	
Hora:	

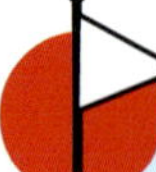 **Possessive pronouns**

el mío *mine*; **la tuya** *yours*; **los suyos** *his / hers / theirs*; **el nuestro** *ours*.

They agree with the object, not with the owner: **¿Este libro es el tuyo?** *Is this book yours?* **Sí, es el mío.** *Yes, it's mine.*

Libro is masculine, so **el mío** and **el tuyo** are masculine too.
Esta chaqueta es la mía. *This jacket is mine.*

Chaqueta is feminine, so **la mía** is feminine too. See page 180 to study all the forms.

4   Mira los dibujos y completa las frases con el pronombre posesivo correspondiente. Escucha y comprueba.

a   **Diálogo formal: usted.**

Empleado: ¿Es este paraguas _____?   Señora: No, no es _____.
Empleado: ¿Son estos pendientes _____?   Señora: No, no son _____.

b   **Diálogo informal: tú.**

Empleado: ¿Es esta cartera _____?   Chico: No, no es _____.
Empleado: ¿Son estas gafas _____?   Chico: No, no son _____.

c   **Diálogo formal: ustedes.**

Policía: ¿Es este coche _____?   Señor y señora: No, no es _____.
Policía: ¿Son estas maletas _____?   Señor y señora: No, no son _____.

d   **Diálogo informal: vosotros.**

Policía: ¿Es esta mochila _____?   Chico y chica: No, no es _____.
Policía: ¿Son estos billetes _____?   Chico y chica: No, no son _____.

5   Ahora practica con tus compañeros/as. Usa los dibujos de la Actividad 1 y otros objetos tuyos y haz diálogos similares a los de la Actividad 4.

 **Meta**

Haz diálogos con tu compañero/a en la oficina de objetos perdidos. El empleado/a (persona A) hace preguntas y rellena una ficha como la de la Actividad 3. La persona B ha perdido varias cosas y las describe. Usa las preguntas y frases siguientes como ayuda.

A: ¿Qué ha perdido? ¿De qué color / material / tamaño es? ¿Qué otras características tiene? ¿Dónde lo perdió? ¿A qué hora lo perdió?

B: He perdido (un bolso). Es de color … Tiene (dibujos / rayas …). Creo que lo perdí (en el metro). Lo perdí (sobre) (las seis). No recuerdo / No sé dónde lo perdí. (I don't remember / know where I lost it.)

C: ¡Me han robado!

Objectives:
- Describe people and objects
- Say what has been stolen and how

 **¿Qué sabes?**

Imagina que te han robado la mochila o la bolsa. Descríbela y describe los objetos que contiene.

 **1** A uno de los chicos que está de viaje de estudios con Manolo le han robado la mochila. Manolo le acompaña a denunciar el robo en la comisaría. Piensa qué preguntas le van a hacer allí. Escucha y comprueba si tus preguntas coinciden.

 **2** ¿Cómo ocurrió el robo? Lee y escucha una parte del diálogo y elige uno de los tres dibujos.

  **3** ¿Quién robó la mochila? Lee y escucha la descripción y elige al ladrón.

 **4** ¿Cómo es la mochila y qué llevaba dentro?

a ¿Puedes decir los nombres de los objetos en un minuto?

b Escucha y marca con una cruz la mochila correcta y los objetos que tenía dentro.

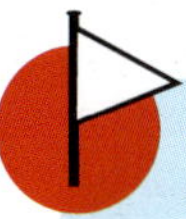

Simple past (pretérito indefinido): actions

Use this tense to describe a single action that took place in the past:

Un ladrón me robó la mochila.
A thief stole my rucksack.

Note the way you say *stole my rucksack*: **me robó la mochila** (lit.) *he robbed me the rucksack.*

Imperfect (pretérito imperfecto): descriptions

Use this tense to describe what something was like:

La mochila era negra. *The rucksack was black.*

When telling a story or recounting what happened in the past, you use the following two tenses you have already come across.

Imperfect continuous

Estaba comiendo, cuando un ladrón cogió mi cámara de la mesa. *I was eating when a thief took my camera from the table.*

Pluperfect

Cuando miré la mesa, la cámara había desaparecido. *When I looked at the table the camera had disappeared.*

 **Meta**

5 

Escucha el diálogo completo y completa la ficha de la denuncia del amigo de Manolo.

Objeto:	
Descripción (material / color / tamaño / algún detalle específico):	
Hora robo:	
Lugar:	
Cómo ocurrió:	
Descripción sospechoso:	

6 

Ayer te robaron la mochila. Escribe un email a tu amigo/a contándole lo que pasó.

Ejemplo:

Estaba (sentado / de pie / en la calle / en un bar…)

Eran las cinco de la tarde / las diez de la noche…

Tenía el bolso / la bolsa / la mochila / la cartera / la maleta en la mesa / en el suelo / en la silla.

Entonces alguien / un chico / una mujer / un hombre lo / la cogió / robó

No vi a nadie / Vi (al hombre). Era alto / bajo / gordo / delgado…

La bolsa es (negra). En la bolsa había (un móvil, un reloj…).

Haz un diálogo similar con tu compañero/a. Ahora tú denuncias un robo. Elige una cosa o varias y da los detalles a la policía que completa una ficha como la de la Actividad 5. Usa las frases de la Actividad 6. Empieza así:

Policía: ¿Qué le pasa?   Chico/a: Me han robado (la bolsa).

D: ¿Qué pasó?

Objectives:
- Tell stories
- Say what happened

¿Qué sabes?

Describe cada dibujo de la Actividad 1.

Ejemplo: En el dibujo 4 una mujer sale del cine. Es por la noche / de noche. La mujer lleva un bolso.

1 **Lee la historia de Antonia y pon los dibujos en orden. Escucha.**

Un día volvía del cine, iba a mi casa, a pie. No había nadie por la calle. Era de noche y era bastante tarde; creo que eran las once y media o las doce de la noche. La calle estaba muy oscura; no había luces. Llovía y hacía bastante frío. Yo llevaba el bolso colgado del hombro. De repente oí unos pasos detrás de mí, me volví hacia atrás y vi a un hombre. El hombre pasó a mi lado rápidamente, cogió mi bolso y se fue corriendo. ¡Qué susto! Pasé mucho miedo.

2 **Escucha a Antonia que cuenta lo que le pasó. Hay algunas diferencias con la historia que has leído; ¿cuáles son?**

¡Atención!

colgado/a del hombro = hanging from the shoulder

oscuro/a = dark

de repente = suddenly

pasos = steps

¡Qué susto! = What a shock!

pasar miedo = to be scared

la víctima = victim

sacar dinero (del banco) = to withdraw money (from the bank)

1 Imperfect tense

Use this tense to say what you were doing or what was happening when something else happened:

Un día volvía del cine, iba a mi casa, era muy tarde … de repente un hombre me robó el bolso.

One day I was returning from the cinema, I was going home, it was very late … suddenly a man stole my bag.

3 **Escribe la historia de Antonia y después cuéntasela a tu compañero/a. Empieza así:**

Un día Antonia volvía del cine, iba a su casa a pie…

Ayuda
Prepositions: *a* (to, at), *de* (from), *hasta* (until), *por* (in, around), *detrás (de)* (behind), *hacia* (towards)

These prepositions are very useful when you are telling a story or saying what happened.

Note the use of **de** in these phrases:
era de noche *it was night-time / at night*; **era de día** *it was in the daytime*.

Sequencers: *entonces* (then), *después* (afterwards), *de repente* (suddenly)

These expressions describe the order in which things happened:
Entonces llegó el hombre. *Then the man arrived.*
Después fuimos al cine. *Afterwards we went to the cinema.*

 **4** ¿Qué estabas haciendo cuando ocurrió el robo? Escucha y señala el dibujo correspondiente.

 a
 b
 c
 d
 e
 f
 g
 h

 **5** Practica diálogos como el siguiente. Tu compañero/a señala uno de los dibujos de la Actividad 4 y pregunta: ¿Qué estabas haciendo cuando ocurrió el robo? Tú: Estaba corriendo en el parque cuando ocurrió el robo.

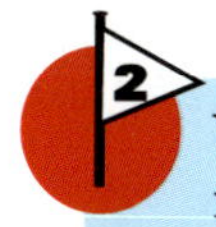 2 You can use the verb **estar** in the imperfect tense with the gerund to say what you were doing when something else happened.

Estaba hablando / comiendo cuando ocurrió el accidente. *I was talking / eating when the accident happened.*

 ## Meta

Ayer estabas en la calle cuando viste un robo. Elige los detalles de la información siguiente o inventa otros y escribe lo que pasó para la policía. Después cuéntaselo a tu compañero/a:

Ocurrió en la calle / el autobús / el metro.
Era de día / de noche / por la noche / mañana / tarde.
Eran las diez de la noche / las ocho de la mañana / las cinco de la tarde.
Yo estaba en casa / la calle / el parque / una cafetería / el tren / el instituto.
Yo estaba sentado / de pie / en el restaurante / en la tienda.
Yo estaba tomando un café / comiendo / leyendo / escribiendo / mirando…

La víctima era una mujer de unos 50 años / un chico de unos 15 años…
La víctima estaba leyendo el periódico / mirando un escaparate / andando por la calle / sacando dinero del banco / tomando un café / hablando con sus amigos.
El ladrón / La ladrona / Los ladrones era(n) bajo/a(s) / alto/a(s) / delgado/a(s) / gordo/a(s) / mediano/a(s) / rubio/a(s) / moreno/a(s)
Había varias personas / otros testigos… Estaban / Eran…
No había más personas (allí).
No había nadie (más).
Cuando…, de repente…, entonces…, en ese momento…

1 ▷ Possessive adjectives and pronouns

See pages 180

Compare the ways of expressing ownership (masculine singular):

es mi libro	**es tu libro**	**es su libro**	*it's my; your; his / her book*
es mío	**es tuyo**	**es suyo**	*it's mine; yours; his / hers*
este libro es el mío	**es el tuyo**	**es el suyo**	*this book is mine; yours; his / hers*
es nuestro libro	**es vuestro libro**	**es su libro**	*it's our; your; their book*
es nuestro	**es vuestro**	**es suyo**	*it's ours; yours; theirs*
este libro es el nuestro	**es el vuestro**	**es el suyo**	*this book is ours; yours; theirs*

Feminine singular:
(la) mía / (la) tuya / (la) suya / (la) nuestra / (la) vuestra / (la) suya
Masculine plural:
(los) míos / (los) tuyos / (los) suyos / (los) nuestros / (los) vuestros / (los) suyos
Feminine plural:
(las) mías / (las) tuyas / (las) suyas / (las) nuestras / (las) vuestras / (las) suyas

Note that the article (**el / la / los / las**) is added to emphasise the ownership (*mine*, not yours):
el libro es el suyo but **es suyo.**

The possessive adjective agrees with the item(s) possessed and not with the person it / they belong(s) to:

la casa de Juan	**su casa**	**suya**	**esta casa es la suya**
los perros de mi tía	**sus perros**	**suyos**	**estos perros son los suyos**

2 ▷ Two more tenses for narrative

Imperfect continuous: You can also use **estar** with a verb to add to the sense of continuity in the past:

Estaba comiendo cuando llamaron a la puerta. *He was eating when they knocked at the door.*

Pluperfect: Use it to say that something had already happened when another action took place:
Juan había terminado sus deberes cuando salió.
Juan had finished his homework when he went out.

3 ▷ Indirect speech

Use this to tell someone what someone else has said:
María dice que irá al cine contigo. *María says she will go to the cinema with you.*

Ejercicios

1 Pon los verbos en paréntesis en la forma apropiada del pretérito o del imperfecto.

1 Un día yo (ir) por la calle cuando unas chicas me (robar) el bolso.
2 Ana (tomar) un taxi porque (ser) muy tarde y (tener) miedo.
3 La casa (estar) vacía porque la familia (estar) de vacaciones y unos ladrones (entrar) por la ventana.
4 Un día mi hermano (volver) de la discoteca y (ser) muy tarde y no (haber) nadie por la calle, entonces (oír) un ruido y (ver) a un ladrón en una casa.

2 Transforma las frases.

Ejemplo: ésta es mi cartera > ésta es la mía
1 éstos son mis libros
2 éstas son nuestras maletas
3 éstos son sus abrigos
4 ésta es su casa
5 ésas son sus cosas

Los medios de comunicación — The media

el chat	chat
chatear	to chat (online)
comunicarse (con)	to communicate (with)
el correo electrónico (el email)	email
el móvil	mobile phone

Por teléfono — On the telephone

ahora se pone	he/she is just coming (to the phone now)
bueno	hello (to answer the phone in Mexico)
contestar el teléfono	to answer the phone
¿De parte de quién?	Who is calling?
diga/dígame	hello (when answering the phone)
equivocarse	to make a mistake
se ha equivocado de número	you have got the wrong number
gracias por llamarme	thanks for ringing me
hasta luego	see you soon
llamaré más tarde	I'll call back later
no es aquí	it isn't here (this is not the number you want)
no está (aquí)	he/she isn't here
¿Puedo dejar un recado?	Can I leave a message?

La oficina de Correos — The post office

llegar a tiempo	to arrive on time
no hace falta	it's not necessary
¿Puedo mandarlo exprés?	Can I send it express?
¿Tardará mucho en llegar?	Will it take long to arrive?

La propiedad personal — Personal belongings

la agenda electrónica	electronic organiser
los billetes de avión	air tickets
el bolígrafo	ballpoint pen
el bolso/la bolsa	bag
la bufanda	scarf
la calculadora	calculator
la carpeta	wallet for papers, briefcase
la chaqueta de cuero/piel	leather jacket
el cuaderno	exercise book
las gafas	glasses
las gafas de sol	sunglasses
la goma	rubber (eraser)
la gorra	hat/cap
los guantes	gloves
el lápiz	pencil
el monedero	purse
un ordenador portátil	laptop computer
el paraguas	umbrella
los pendientes de oro	gold earrings
la pluma	fountain pen
la pulsera (de plata)	(silver) bracelet
la regla	ruler
el reloj	watch
el rotulador	felt-tip pen
el sacapuntas	pencil sharpener
la tarjeta (de crédito)	(credit) card
el tamaño	size

Descripción personal — Personal description

despeinado/a	uncombed
pelo largo y rizado/liso	long and curly/straight hair
rayas rojas y amarillas	red and yellow stripes

Otras palabras y expresiones — Other words and expressions

una denuncia	a report
denunciar	to report (a crime)
el ladrón	thief
Un ladrón me robó la mochila.	A thief stole my rucksack.
La mochila era negra.	The rucksack was black.
robar	to steal
un robo	a theft, robbery
seguro/a	safe
el sospechoso	suspect

A: Antes y ahora

Objectives:
- Talk about what you used to do before and what you do now
- Say how your life has changed

💡 ¿Qué sabes?

 **Di lo que haces todos los días.**

Ejemplo: Me levanto muy pronto, a las 7, porque tengo que ir al instituto a las 8 para empezar las clases a las 8.30.

1 Escucha a Sara que habla de cómo es su vida ahora y cómo era antes. Mira los dibujos y ponlos donde corresponden: Antes o Ahora. Mira el ejemplo.

 **2** Escribe frases sobre la vida de Sara, antes y ahora; usa los dibujos de la Actividad 1 y usa la 3ª persona.

Ejemplos:

Antes Sara **comía** en casa porque **iba** al colegio en el pueblo y el colegio estaba cerca.

Ahora Sara **come** en el instituto porque **va** a un instituto que está lejos de su casa.

 **3** ¿Y tú? Escribe cómo era tu vida antes y cómo es ahora.

Ejemplo: (Yo) antes jugaba con juguetes, ahora juego al tenis. Antes me gustaba ir al parque, ahora me gusta ir a la discoteca.

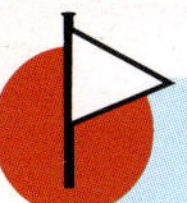

Imperfect tense: actions

The imperfect tense is used rather like *used to* in English, when you want to:

1 talk about actions in the past without saying exactly when they happened:
   <u>Antes vivía</u> en un piso; <u>ahora vivo</u> en una casa. *Before I used to live in a flat; now I live in a house.*
2 talk about actions that happened frequently or that were regular:
   <u>Todos los días comíamos</u> en este restaurante. *Every day we used to eat in this restaurant.*

 **4** Mira este anuncio de cursos de idiomas. ¿Cómo ha mejorado la vida de Ramón desde que hizo el curso? La sección de antes expresa lo opuesto de la de ahora. Complétala. Te damos el primer ejemplo.

INSTITUTO DE IDIOMAS INTERNACIONAL

Aprende idiomas con I.I.I.

¡Cambiará tu vida!

Nuestro estudiante Ramón R. lo confirma.

Ahora hablo tres idiomas.	Antes no hablaba idiomas.
Ahora tengo un trabajo muy interesante.	
Ahora viajo por todo el mundo.	
Ahora tengo muchos amigos en otros países.	
Ahora gano mucho más dinero.	
Ahora conozco a mucha gente.	
Ahora trabajo en varios países.	

 **5** Escucha el anuncio en la radio y comprueba.

 **6** Prepara anuncios similares para la prensa y la radio.

 **Meta**

Prepara dos listas sobre tu vida antes y ahora. Escucha otra vez a Sara si lo prefieres para recordar lo que dice.

Después habla con tu compañero/a: compara tu vida ahora y tu vida antes, cuando eras pequeño/a.

Antes
¿Dónde vivías?
¿A qué colegio ibas?
¿Qué hacías todos los días?
¿Cuáles eran tus horarios?
¿Qué hacías cuando salías del colegio?
¿A qué jugabas?
¿Qué amigos tenías?
¿Qué te gustaba hacer los fines de semana
   y en las vacaciones?

Ahora
¿Dónde vives?
¿A qué colegio / instituto vas?
¿Qué haces todos los días?
¿Cuáles son tus horarios?
¿Qué haces cuando sales del instituto?
¿A qué juegas?
¿Qué amigos tienes?
¿Qué te gusta hacer los fines de semana
   y en las vacaciones?

B: ¿Ayudas en casa?

Objectives:
- Talk about what you do to help at home
- Talk about part-time jobs and how to earn some extra money

¿Qué sabes?

¿Qué haces para ayudar en casa? Di a qué dibujo se refiere cada frase. Escucha y comprueba.

Ejemplo: 1 b

1 Mi hermana mayor friega los platos.
2 Mi hermano menor limpia el polvo.
3 Mi padre barre el suelo.
4 Mi abuelo pasa la aspiradora.
5 Mi madre lava la ropa.

6 Mi abuela plancha la ropa.
7 Mi hermano mayor pone la mesa.
8 Mi hermana menor quita la mesa.
9 Mi tía hace las camas.
10 Mi tío saca la basura.

1 Escucha a estos chicos y chicas: Manolo, María, Elisa y Javier, que dicen lo que hacen en casa para ayudar a sus familias.

a ¿Quién menciona cada tarea? Une el nombre de cada uno/a con los dibujos correspondientes.

b ¿Con quién comparten las tareas de la casa?

2   **Lee el email que te ha mandado María y rellena los espacios en blanco con las palabras del cuadro. Escucha y comprueba.**

paso   hago   friego   plancha   limpiar   lavar   sacar   barro   fregar   pongo   friego   ayudo   limpio   ayudamos

Yo por la mañana siempre _________ mi cama. A mediodía no _________ porque no como en casa, pero por la noche siempre _________ y quito la mesa, y muchas veces _________ el suelo de la cocina. Los fines de semana normalmente _________ los platos a mediodía porque como en casa. Por la mañana también _________ el polvo de mi cuarto y del salón y _________ la aspiradora. A veces _________ el suelo también. Mi hermana y yo _________ las dos en casa. Pero mi hermano mayor no hace nada porque es muy perezoso; lo único que hace es _________ la basura por la noche. Mi padre friega los platos a veces y _________ la ropa, porque a mi madre no le gusta planchar. Sin embargo a mi madre le gusta _________ la ropa y recogerla. A mí lo que más me gusta es _________ los platos, pero odio _________ el polvo.

3   **¿Y tú? Habla del tema con tu compañero/a. Usa el email de la Actividad 2 como ayuda.**

¿Ayudas en casa? ¿Qué haces diariamente / los fines de semana? ¿Comparten las tareas de la casa las personas de tu familia? ¿Quién hace qué?

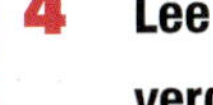

4   **Lee y escucha lo que dice Manolo sobre la paga y el dinero extra. Di si las frases siguientes son verdaderas (V) o falsas (F).**

Mis padres me dan una paga de cien euros al mes si les ayudo en casa y hago los deberes. No me gusta nada hacer las tareas de la casa, pero tengo que hacerlas, si no, no hay dinero. Generalmente me dan diez euros si lavo el coche, pero eso no me gusta mucho, y normalmente lo lava mi hermano mayor. Yo no trabajo mucho durante el curso porque no tengo tiempo, pero algunos viernes y sábados por la noche cuido niños, normalmente a los hijos de mis tíos, y me pagan bien. Los sábados por la mañana soy entrenador de un equipo de baloncesto de niños de 7 y 8 años; les enseño a jugar al baloncesto en el colegio. Me encanta jugar con ellos ¡y además me pagan bien!

1   Manolo gets his pocket money every month.
2   He doesn't mind helping around the house.
3   If he doesn't wash the car he doesn't get any money.
4   He doesn't enjoy washing the car.
5   He looks after children every weekend.
6   His aunt and uncle pay him for looking after their children.
7   He teaches youngsters to play sport.
8   He likes playing sport with the children.

5   **Escribe un email a Manolo contándole lo que haces tú para ganar un dinero extra.**

Meta

Habla con tu compañero/a. Contesta las preguntas.

¿Cómo obtienes el dinero para salir y comprar tus cosas? ¿Qué tareas haces en casa? ¿Trabajas fuera de casa? ¿Cuántos días / Cuántas horas trabajas a la semana? ¿Cuánto dinero ganas? ¿Qué opinas de tu trabajo? ¿Te gusta? ¿Por qué (no)?

 ¿Qué sabes?

 **a** Lee la lista de actividades y di en qué lugar (o lugares) haces cada uno. Escucha y comprueba.

b Piensa en otros lugares donde puedes trabajar y otras actividades que puedes hacer en el trabajo.

a tienda

b oficina

c banco

d recepción

e colegio

1 Archivar documentos.	6 Contestar el teléfono.
2 Hacer fotocopias.	7 Ayudar al profesor.
3 Vender cosas a los clientes.	8 Recibir y atender a los clientes.
4 Enseñar a los niños.	9 Escribir en el ordenador.
5 Dar dinero a los clientes.	10 Dar información a los clientes.

 **1** Escucha a la profesora que ha organizado un viaje de experiencia de trabajo en España.
Di si las frases siguientes son verdaderas (V) o falsas (F).

1 La profesora organizó el viaje el año pasado.
2 Fueron quince estudiantes.
3 Fueron al sureste de España.
4 Estuvieron dos semanas.

5 La profesora organizó los trabajos antes.
6 Cuando llegaron todos estaban trabajando.
7 Cada estudiante trabajó en un sitio diferente.
8 Todos estuvieron en un hotel.

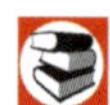 **2** Daniel escribió un diario de su viaje a Zaragoza. Lee esta parte y:

a Contesta las preguntas.

b Traduce las frases subrayadas.

1 ¿Qué opina sobre su experiencia de trabajo?
2 ¿Por qué es útil el trabajo que hizo?
3 ¿Qué hacía durante las horas de trabajo?
4 ¿Qué hacía además de trabajar?

El mes de octubre fui a Zaragoza con mi instituto. Fuimos de 'experiencia de trabajo'. Lo pasé muy bien, pero trabajé bastante. Fue muy útil y aprendí mucho español y también <u>aprendí cómo funciona una agencia de viajes</u>. Esto es muy útil para mí porque <u>a lo mejor estudio Turismo</u>. Yo estuve en casa de la familia de Carlos y fue muy divertido. Otros compañeros se alojaron en un hotel.

La dueña y las empleadas de la agencia eran muy simpáticas y me ayudaron mucho.

Por las mañanas <u>entraba a trabajar</u> a las nueve y media y <u>contestaba los emails</u>, después <u>tenía que hacer fotocopias y archivar documentos</u>. También contestaba el teléfono y a veces <u>atendía a los clientes</u> y les <u>daba información</u> sobre los viajes.

También <u>salíamos mucho por las tardes</u> y por las noches, y visitábamos la ciudad y los alrededores. A mediodía iba a casa a comer y por las noches <u>a veces cenaba en casa</u> y otras veces cenaba en algún restaurante con los amigos. Una noche organizamos una cena en casa de la familia de Manolo. <u>Lo pasamos fenomenal</u>.
Daniel

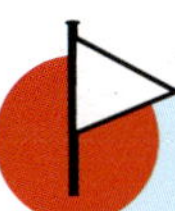

Look at these two examples of the simple past and the imperfect tense:

Fui a Zaragoza. *I went to Zaragoza.* (Simple past)
Todos los días iba a casa a comer. *Every day I used to go home for lunch.* (Imperfect)

 **3** **a** Tú fuiste al viaje de estudios con Daniel, pero trabajaste en otro lugar (por ejemplo un hotel o una papelería) y te alojaste en un hotel. Escribe tu diario.

b Escribe sobre una experiencia de trabajo que has tenido tú (en tu país o en otro país). Si quieres, inventa.

 **Meta**

Haz un diálogo con tu compañero/a; cuéntale lo que hiciste en tu experiencia de trabajo.

A: ¿Dónde trabajaste?

B: Trabajé en…

A: ¿Qué hacías durante las horas de trabajo? ¿Qué tareas (tasks) tenías?

B: Escribía emails, contestaba el teléfono…

A: ¿Te gustó el trabajo? ¿Qué opinas sobre tu experiencia de trabajo?

B: Me gustó mucho / No me gustó (nada) / Fue (es) muy útil / Fue interesante / Aprendí mucho / No aprendí nada…

A: ¿Por qué es útil el trabajo que hiciste?

B: Porque aprendí a archivar / atender a los clientes…

A: ¿Qué hacías además de trabajar?

B: Salía con mis amigos, iba al cine…

1 ▷ The imperfect tense with actions

See page 176

Use this tense to talk about things you did repeatedly or regularly in the past:

Todos los días jugaba al fútbol. *Every day I played football.*
Por las mañanas contestaba el teléfono. *In the mornings I answered the phone.*

You can also use it to talk about the past without saying exactly when:

Antes vivíamos en un pueblo pequeño. *Before, we used to live in a small village.*
A veces cenaba en casa. *Sometimes I used to have dinner at home.*

2 ▷ Uses of the preterite and the imperfect

See page 176

Contrast these sentences:

Antes vivíamos cerca de la playa. (1)
No íbamos de vacaciones porque la playa estaba muy cerca. (1)
Un año fui de vacaciones a las montañas con mis padres. (2)
Todos los días me levantaba muy tarde y me acostaba muy tarde. (3)
Un día nos levantamos temprano y fuimos de excursión. (2)

1: things that happened in the past without a precise time marker (imperfect).
2: things that happened once at a specific time (preterite).
3: things that happened repeatedly over a period of time (imperfect).

Ejercicios

1 Choose the imperfect or the preterite for each sentence.

1 Ayer vi / veía a mi hermano.

2 Todos los días Juan se levantaba / se levantó muy temprano.

3 A veces mi hermano y yo íbamos / fuimos al cine.

4 En 1999 empecé / empezaba a estudiar en este instituto.

5 Dos veces hacíamos / hicimos excursiones a las montañas.

6 Antes mis padres trabajaron / trabajaban en un pueblo pequeño.

2 Put the verbs in brackets in the correct form of the imperfect or the preterite.

1 Todos los días yo (nadar) en la piscina, pero un día (nadar) en el río.

2 Yo siempre (ir) a clase en bicicleta, excepto dos veces que (ir) en autobús.

3 Nosotros (jugar) al baloncesto muchas veces, pero sólo (jugar) al fútbol una vez.

4 Todas las mañanas Manolo (levantarse) muy temprano, pero los domingos (levantarse) a las once.

5 Por las noches, en las vacaciones, mis padres (cenar) en un restaurante, pero un día (cenar) en casa de unos amigos.

6 María siempre (volver) a casa pronto, pero el sábado pasado (volver) muy tarde.

Las tareas de la casa	Household chores
ayudar	to help
barrer (el suelo)	to sweep (the floor)
cambiar	to change
fregar	to scrub, to wash
hacer las camas	to make the beds
el hogar	home
lavar	to wash
limpiar el polvo	to dust
me pagan bien	they pay me well
la paga	pocket money
pasar la aspiradora	to do the vacuuming
planchar	to iron
poner la mesa	to lay the table
quitar la mesa	to clear the table
recoger la ropa	to collect the clothes
sacar la basura	to take out the rubbish
la tarea	chore, duty
tender la ropa	to hang out the washing
útil	useful

Las tareas del trabajo	Duties at work
una agencia de viajes	a travel agency
aprender a (hacer algo)	to learn to (do something)
archivar documentos	to file documents
atender a los clientes	to attend to clients
confirmar	to confirm
contestar el teléfono	to answer the phone

cuidar niños	to look after young children
el curso	course
dar información sobre (los viajes)	to give information about (travel)
el/la dueño/a	owner
el/la empleado/a	employee
enseñar	to teach, to show
el/la entrenador(a)	trainer, coach
escribir en el ordenador	to write on the computer
la experiencia de trabajo	work experience
hacer fotocopias	to make photocopies
los idiomas	languages
mejorar	to improve
la prensa	the press
recibir a los clientes	to receive customers
vender	to sell
viajar	to travel

Otras palabras y expresiones	Other words and expressions
ahora	now
alojarse	to stay (in accommodation)
a lo mejor	probably, (I) expect
los alrededores	the outskirts
el anuncio	advertisement
cerca	near
conocer a mucha gente	to know lots of people

A: ¿Quieres venir al cine?

Objectives:
- Decide where to go and arrange where and when to meet
- Talk about films

 **¿Qué sabes?**

Di lo que te gusta hacer en tu tiempo libre y por qué. Di también lo que no te gusta hacer y por qué no.

 **1** Javier y Ana deciden adónde ir. Escucha el diálogo.

a Señala en el cuadro lo que le gusta y no le gusta a cada uno.

b ¿Adónde deciden ir?

Ana					
Javier					

c Escribe las excusas que dan Ana y Javier para no ir a otros lugares.

Ana: No quiero ir al restaurante porque…   Ana: No quiero ir a la discoteca porque…

Javier: No quiero ir al teatro porque…   Javier: No puedo ir a patinar porque…

 **2** Usa el cuadro y las expresiones de la Actividad 1 para hacer diálogos similares con tus compañeros/as.

Ayuda
Arranging to meet. The following are some useful expressions:

¿Qué hacemos? *What shall we do?* **¿Adónde vamos?** *Where shall we go?*

¿Dónde quedamos? *Where shall we meet?* **¿Te gustaría … ?** *Would you like to … ?*
¿Por qué no … ? *Why don't we … ?* **No me apetece.** *I don't feel like it.*

 **3** María quiere ir al cine con su amigo Manolo. Éstos son los emails que se escriben, pero están mezclados; ponlos en orden. Te damos el primer email para empezar.

a
¿Quieres venir al cine conmigo mañana? Te invito porque es mi cumpleaños. ¿Qué te gustaría ver? Elige tú. María

b
Bueno, entonces vamos a la sesión de las siete. ¿Dónde quedamos? ¿en la puerta del cine? Manolo

c
Creo que esa película ya la he visto y además no me gustan las películas que sólo son para reírse, prefiero algo más emocionante. Manolo

d Estupendo, quedamos a menos cuarto. ¡Y seré muy, muy puntual! Hasta mañana. María

e Ponen una película de terror que me gustaría ver: 'La casa maldita', dicen que es muy buena, ¿qué te parece? Manolo

f Pues es que no me apetece mucho pasar miedo. Prefiero ver una película cómica, como 'Es cosa de locos': hace mucho que la quiero ver. ¿Vale? María

g Pues no quiero ir muy tarde, mejor antes ¿no? y después podemos comer un bocadillo en una cafetería. María

h Podríamos ir a ver una de ciencia-ficción nueva que echan en el cine Gran Vía, se llama 'Viaje a las estrellas' y me han dicho que es muy emocionante. María

i Sí, vale. Creo que es muy buena. ¿A qué sesión vamos? ¿A la de las once? Manolo

4 Escucha y comprueba y después contesta las preguntas.

1 ¿De cuántas películas hablan en total?

2 ¿Qué tipo de películas son?

3 ¿Qué película deciden ver?

4 ¿Por qué no quieren ver las otras?

5 ¿A qué hora deciden ir?

6 ¿Dónde quedan?

5 Habla con tu compañero/a. Usa las expresiones de la Actividad 3 e invita a tu amigo/a a ir al cine. Tú eliges una película, un día y una hora y un lugar para quedar. Tu amigo/a elige algo diferente. Tenéis que poneros de acuerdo.

6 Lee y escucha lo que estos chicos y chicas dicen de las películas que han visto.

a Di a qué tipo de película corresponde cada una.

terror ☐ musical ☐ comedia ☐ ciencia-ficción ☐ dibujos animados ☐ misterio ☐

b Di si les gustó o no y por qué.

1 Es una película estupenda, sales del cine bailando. ¡Me encantó! Quiero volver a verla.

2 Está muy bien, pero da mucho miedo. Pasé casi toda la película con los ojos cerrados.

3 No me gustó, era demasiado complicada y, como cogen al asesino demasiado pronto, pierde interés.

4 No sé, todas estas películas de viajes espaciales son iguales. Me aburrí bastante porque no pasa nada.

5 Es divertidísima, me reí muchísimo. Me encanta ese tipo de humor.

6 Pues no me gustó mucho porque es una película muy infantil; creo que soy ya mayor para ver esas películas.

 Meta

Piensa en tres películas que has visto y habla de ellas con tu compañero/a. Contesta:

¿Qué tipo de película es? ¿De qué trata? ¿Te gustó o no? ¿Por qué?

¿Qué sabes?

Contesta las preguntas siguientes.

¿A qué lugares vas con tus amigos para divertirte? ¿Qué necesitas para entrar al cine o a la discoteca? ¿Qué ves en el cine? ¿Qué ves en el teatro? ¿Qué tipos de películas recuerdas?

1 **Escucha, lee y completa el diálogo. ¿Cuánto cuesta la entrada para el cine normalmente?**

Manolo: ¿Hay entradas para la sesión de las ________, por favor?

Empleada: Sí, sí, hay.

Manolo: Bueno. Deme ________ entradas, por favor. ¿Son numeradas?

Empleada: Sí, son numeradas.

Manolo: Bueno, pues si puede ser, por favor, me las da en las filas de ________, no muy cerca de la pantalla, por favor.

Empleada: Mira... ¿éstas están bien?

Manolo: A ver... fila ________ butacas ________ y ________. Sí, estupendo. ¿A qué hora empieza la película?

Empleada: Empieza a las ________, después de los anuncios.

Manolo: ¿Hay descuento para estudiantes? Tengo el carnet de estudiante.

Empleada: Sí, pero hoy es el día del espectador y hay descuentos para todos. Hoy la entrada cuesta ________.

Manolo: Ah, estupendo, ¿cuánto es en total?

Empleada: ________ euros.

Manolo: Tenga. Gracias.

2 **Haz un diálogo similar. Tu compañero/a es el / la empleado/a. Usa las frases del diálogo de la Actividad 1.**

Tú: Ask for 4 tickets. Ask if the seats are numbered. Ask for seats at the back of the cinema. Ask when the film starts. Ask if there is a student discount; say you have your student's card. Ask what the price is.

3 **Escucha a estos chicos y chicas que compran entradas para varios espectáculos. Completa el cuadro.**

	Lugar / espectáculo	nº entradas	tipo de entrada	empieza	termina
Ana					
Javier					
María					

 **4** Estas seis personas no pueden comprar las entradas que quieren para varios sitios. Escucha y contesta las preguntas para cada uno/a.

1 ¿Adónde quiere ir?

2 ¿Cuál es el problema?

3 ¿Qué alternativa les ofrecen?

 **5** Escribe unos emails a tu amigo/a y explícale los problemas que tuviste ayer en los diferentes lugares o espectáculos de la Actividad 4.

> *Ejemplo:* **1** Ayer no pude ir al cine a las siete porque no había entradas; por eso fui a la sesión de las nueve.

 **6** Lee la carta de Tessa en la que nos habla de lo que le gusta hacer en su tiempo libre.

a Contesta las preguntas.

1 ¿Qué tipo de cine le gusta?

2 ¿Por qué no va mucho al teatro?

3 ¿Por qué va poco a la discoteca?

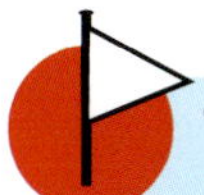

Time and frequency expressions

a menudo *often*; **a veces** *sometimes*
muy poco *very rarely*
de vez en cuando *from time to time*
siempre que puedo *whenever I can*
no muchas veces *not very often*

b Say what she does … often, sometimes, very rarely, from time to time, whenever she can, not very often.

Querida amiga:
Me preguntas en tu carta qué me gusta hacer en mi tiempo libre. Pues lo que más me gusta es ir al cine: voy a menudo, siempre que puedo. Me encanta el cine español y me encantan todas las buenas películas; no me importa de qué tipo son si son buenas. Al teatro suelo ir muy poco, unas cuatro o cinco veces al año. El problema es que es bastante caro y no echan muchas obras interesantes aquí; bueno, a veces ponen alguna buena comedia y no me la pierdo. Me encantan sobre todo las comedias. También me gusta ir a las discotecas, aunque no voy muchas veces porque no tengo tiempo y además la gente fuma mucho y me molesta el humo, pero bueno, voy de vez en cuando. Bueno, espero ir al cine contigo pronto. ¿Y tú?
Un abrazo, Tessa

 **7** Contesta la carta de Tessa. Escribe lo que haces en tu tiempo libre y si lo haces a menudo, a veces, o pocas veces.

 **Meta**

Habla con tu compañero/a. Contesta.

¿Vas al cine / al teatro / a la discoteca / al fútbol / al tenis?

¿Cuántas veces vas? (a menudo / a veces / muy poco / de vez en cuando / siempre que puedo / no muchas veces)

¿Qué sabes?

Con un(a) compañero/a piensa en palabras relacionadas con cada uno de los siguientes medios de comunicación.

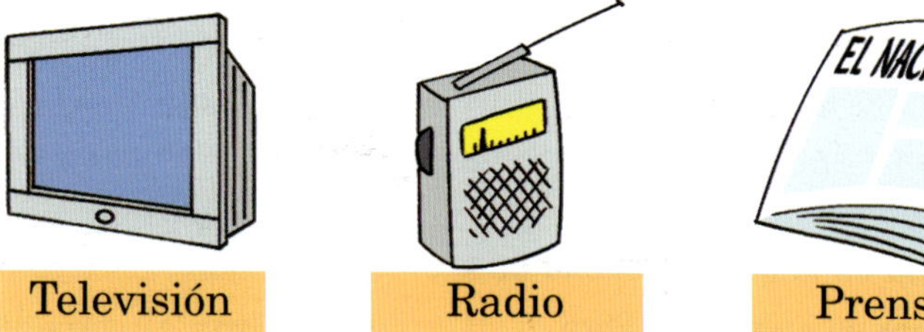

1 Ahora lee las siguientes palabras, comprueba si las tienes tú y colócalas en la categoría correspondiente. Ten en cuenta que algunas de ellas pueden pertenecer a más de una categoría. Por ejemplo: noticias: radio, televisión, prensa. Después escucha y comprueba.

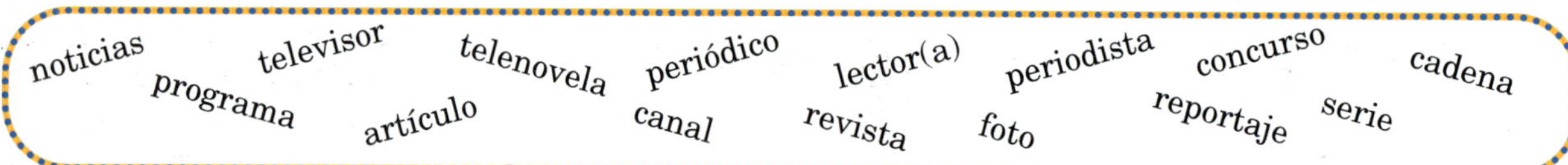

2 Escucha a Manolo y a María que hablan de los medios de comunicacion en España. Completa el cuadro con la información que nos dan.

	Televisión	Radio	Prensa
¿Le gusta?			
¿Por qué (no) le gusta?			
Frecuencia			
Tipo de programas / prensa que prefiere			

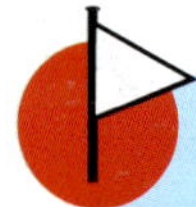

To say what you like most and least, use the following expressions:

Lo que más me gusta / Lo que menos me gusta. *What I like most / What I like least.*
El (programa) que más / menos me gusta. *The (programme) I like most / least.*
Las (películas) que más / menos me gustan. *The (films) I like most / least.*

3  Escribe una lista de tipos de programas de televisión y radio y de tipos de revistas que recuerdas.

Ejemplos: Programas: documentales, concursos, series …
Revistas: musicales, del corazón …

4  Cartas de los Televidentes. Lee las siguientes cartas, que expresan opiniones sobre programas de televisión. Completa el cuadro con la información que hay en ellas.

	Carta 1	Carta 2	Carta 3
Queja / Crítica			
Petición / Sugerencia			
Felicidades			

1 ¡Música, por favor!
¡Hola! Soy una chica de quince años y me encanta la música Pop. Creo que en la tele no hay suficientes programas de música Pop y los que hay son bastante malos. Me gustaría ver a mis cantantes favoritos al menos una vez a la semana. ¡Por favor!, por favor, ¿por qué no ponéis un buen programa para nosotros, quizás los sábados por la mañana? Os estaría eternamente agradecida. ¡Ah! Me encantan los documentales que ponéis sobre animales. ¡Son estupendos!   Ana Rodríguez.

2 ¡Deporte a todas horas!
Me gusta mucho el deporte pero, como salgo con mis amigos todos los domingos, nunca veo el programa deportivo de los domingos por la tarde. ¿Podríais repetirlo a otra hora o quizás ponerlo por las noches cualquier otro día de la semana? De todos modos creo que los programas deportivos que hay ahora en vuestro canal son excelentes. Gracias.   José.

3 ¡Ya basta!
Estoy harta de tanta violencia como hay en los programas de televisión, incluso en vuestra cadena. Siempre he sido fiel a vuestros programas porque me parecía que erais más serios que los demás. Pero veo que no. Por eso os digo ¡ya basta! ¿Por qué una cadena seria como la vuestra muestra esa basura? Creo que deberíais volver a poner más documentales y buenas películas que todos podemos ver con nuestros hijos sin sentir vergüenza. Por favor, ¡cambiad vuestros programas o yo cambiaré de canal!   María García.

 **Meta**

Habla con tu compañero/a sobre los temas de la Actividad 2 y completa tú una ficha similar.
Contesta las preguntas.

¿Te gusta…

ver la TV / escuchar la radio / leer periódicos o revistas? ¿Por qué? / ¿Por qué no?

¿Con qué frecuencia / ¿Cuántas veces ves la televisión / escuchas la radio / lees periódicos o revistas?

¿Cuál es tu programa de televisión / radio favorito? ¿Qué tipos de programas te gustan?

¿Qué sabes?

Piensa en tres películas que has visto y di de qué tratan y si te gustan o no y por qué.

1 **Escucha y lee lo que dicen Manolo y María de una película que han visto: 'Abre los ojos'.**

a Completa el cuadro con sus opiniones.

b ¿Qué deciden hacer el sábado?

	Manolo	María
la película		
la historia / el argumento		
los actores		
la música		

Manolo: Ayer vi el vídeo 'Abre los ojos'.

María: ¿Ah, sí? Yo la vi hace mucho. ¿Qué te pareció? ¿Te gustó?

Manolo: Me gustó muchísimo, pero... ¡qué miedo! Bueno... miedo exactamente no... tensión... ¡es como una pesadilla!

María: Bueno. A mí no me gustó mucho.

Manolo: Pero sí es buenísima... a mí me encantó. Todo el mundo dice que es muy buena. También me gustó mucho la chica protagonista, Penélope Cruz.

María: Ya... pero es que yo no la entendí... no entendí la historia.

Manolo: Es que no tiene una historia normal… no sé... Bueno, yo el final tampoco lo entendí muy bien, pero es fenomenal.

María: Pues yo la encontré un poco aburrida. Los actores son muy buenos, y el protagonista, Eduardo Noriega, está fenomenal ... la pena es que se pasa casi toda la película detrás de una máscara, ¡con lo guapo que es! y la música es muy buena también, pero ... la historia ... no entendí nada.

Manolo: Pues yo creo que es muy original y tiene mucha imaginación... no es como todas las películas que hay ahora con robos y crímenes y... bombas y todo eso, que ya cansa.

María: No, sí a mí tampoco me gustan esas películas... pero prefiero un argumento fácil de entender.

Manolo: ¿Por qué no la vemos otra vez, a ver si la entendemos mejor?

María: No sé, bueno, ¿alquilamos el DVD este sábado?

Manolo: Sí, vale. Hasta el sábado.

c Escribe las expresiones que usan para describir la película.

Opiniones positivas	Opiniones negativas

2 **Lee la ficha de la película _Abre los ojos_ y compara con lo que han dicho Manolo y María. ¿Qué información extra hay?**

> **¡Atención!**
>
> **el argumento** = plot
>
> **la máscara** = mask
>
> **la pesadilla** = nightmare

 **3** Escucha ahora a Manolo que cuenta la película 'Abre los ojos'. Toma notas y amplia la información que tienes sobre la película. Cuenta la película en tu idioma a un amigo/a que no comprende el español.

 **4** Usa toda la información que has leído en las actividades anteriores para hablar de la película con tu compañero/a.

 **5** Lee la crítica de tres películas que hay en una guía de espectáculos. Haz las actividades siguientes.

    a Indica qué género de película es: (ej. cómica).

    b Rellena el cuadro para cada película, poniendo '+' si el comentario es positivo y '–' si el comentario es negativo.

Película	Historia / argumento	Actuación	Música	Fotografía
Mujeres de acción				
Perdido en la selva				
Una historia de amor				

 **6** Escribe a tu amigo/a sobre una película que has visto recientemente. Dile de qué trata y lo que opinas de ella.

 **Meta**

Habla con tu compañero/a: cuenta tú una película que has visto y di lo que opinas sobre ella.

¿Qué película viste ayer / el sábado / el fin de semana … ? ¿De qué trata? ¿Te gustó? ¿Por qué? ¿Por qué no? ¿Qué tal los protagonistas?

¿Qué opinas de: la historia / el argumento; los actores y actrices / los protagonistas; la música; la fotografía?

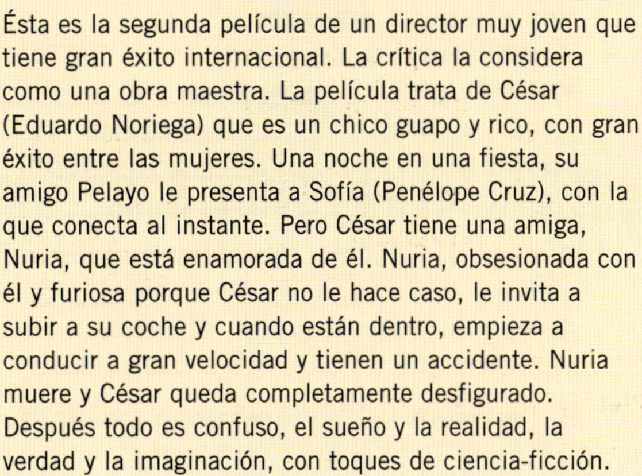

ABRE LOS OJOS

Alquiler

Director:
Alejandro
Amenábar

Protagonistas:
Penélope Cruz, Eduardo Noriega

Ésta es la segunda película de un director muy joven que tiene gran éxito internacional. La crítica la considera como una obra maestra. La película trata de César (Eduardo Noriega) que es un chico guapo y rico, con gran éxito entre las mujeres. Una noche en una fiesta, su amigo Pelayo le presenta a Sofía (Penélope Cruz), con la que conecta al instante. Pero César tiene una amiga, Nuria, que está enamorada de él. Nuria, obsesionada con él y furiosa porque César no le hace caso, le invita a subir a su coche y cuando están dentro, empieza a conducir a gran velocidad y tienen un accidente. Nuria muere y César queda completamente desfigurado. Después todo es confuso, el sueño y la realidad, la verdad y la imaginación, con toques de ciencia-ficción.

Mujeres de acción

Son tres mujeres, detectives, valientes, que se han hecho policías porque les gusta la acción. Van a proteger a dos hombres de una mujer que quiere matarlos. El argumento es bastante lento y aburrido. No merece la pena verla, sólo si no tienes nada más que hacer. Los actores, actrices, mejor dicho, bastante malas.

Perdido en la selva

Historia de aventuras, trata de un chico que va a la selva a buscar a su hermano. Un grupo de hombres violentos lo secuestró. Película con mucha violencia. Si no te gustan las películas violentas, mejor no ir. De todos modos, el argumento es bastante bueno y entretenido. Muy buena la actuación de los actores principales. La música, excelente.

Una historia de amor

Una historia de amor que tiene lugar en países diferentes, muy bien hecha, pero el contenido no tiene ningún interés. Los paisajes y el color son fantásticos, la fotografía extraordinaria y la actuación de los protagonistas excelente. De hecho esto es lo que hace que la mediocre historia se pueda soportar. Un espectáculo magnífico en tecnicolor.

1 ▷ Use of the present tense to refer to the future

When arranging to do something in the future, for example to go out with friends, you often use the present tense in Spanish.

¿Qué hacemos?	*What shall we do?* (lit. *What do we do?*)
¿Adónde vamos?	*Where shall we go?*
¿Dónde quedamos?	*Where shall we meet?*
Quedamos en el cine.	*We'll meet at the cinema.*
Vengo a las cinco.	*I'll come round at five.*

2 ▷ Expressions of time and frequency　　　　　See page 179

Voy al cine <u>a menudo</u>.	*I <u>often</u> go to the cinema.*
Voy al teatro <u>a veces</u>.	*<u>Sometimes</u> I go to the theatre.*
Voy a la piscina <u>muy poco</u>.	*I <u>rarely</u> go to the swimming pool.*
Juego al tenis <u>de vez en cuando</u>.	*I play tennis <u>from time to time</u>.*
Veo la televisión <u>siempre que puedo</u>.	*I watch television <u>whenever I can</u>.*
<u>No</u> voy al centro <u>muchas veces</u>.	*I <u>don't</u> go to the centre <u>much</u>.*

You can use some of these expressions either at the beginning or at the end of a sentence:

a veces voy al teatro *sometimes I go to the theatre*
de vez en cuando juego al tenis *from time to time I play tennis*
siempre que puedo veo la televisión *whenever I can I watch television*

But **a menudo** and **muy poco** usually appear at the end of the sentence.

3 ▷ Saying what you like most or least (*gustar*)　　　　　See page 178

To say what you like most or least, use the following structure:

Lo que más me gusta es dormir.	*What I like most is sleeping.*
Lo que menos me gusta es el mal tiempo.	*What I like least is bad weather.*

Note that **lo** and **gusta** don't change.

You can also refer to a specific type of thing (like a TV programme or a film) that you like most or least:

El programa que más me gusta es *Música Sí*.	*The programme I like most is* Música Sí
La película que menos me gusta es *La Bestia*.	*The film I like least is* La Bestia.
Los libros que más me gustan son las biografías.	*The books I like most are biographies.*

Note that **gustar** changes in these cases, as does the article even if used without the noun:

El que más me gusta es *Música Sí*. *The one I like best is* Música Sí.
La que menos me gusta es *La Bestia*. *The one I like least is* La Bestia.
Los que más me gustan son las biografías. *The ones I like most are biographies.*

Ejercicio
Write sentences in Spanish with the following expressions:
often, sometimes, rarely, from time to time, whenever I can, not much.

El cine y las películas — Cinema and films

el argumento	plot
da mucho miedo	it's very frightening (lit: it gives a lot of fear)
el descuento (para estudiantes)	(student) discount
el día del espectador	spectator day (low prices day)
los dibujos animados	cartoons
(una película) divertidísima	(a) very enjoyable (film)
echar/echan la película	to show/they are showing the film
la entrada/sacar las entradas	ticket (for the cinema)/ to buy the tickets
(una película) entretenida	(an) entertaining (film)
Está enamorada de él.	She's in love with him.
estupendo/a	terrific
la máscara	mask
no pasa nada	nothing happens
numerado/a	numbered
pasar miedo	to be frightened
la película … …de ciencia-ficción	science fiction film
…cómica	comedy
…del oeste	western
…de terror	horror film
pierde interés	it loses interest
la sesión/¿A qué sesión vamos?	performance/Which performance shall we go to?
tratar de/la película trata de …	to be about/the film is about …
volver (a verla)	(to see it) again

Quedar para salir — Arranging to go out

claro	of course
¿Dónde quedamos?	Where shall we meet?
es que …	it's just that …
me aburre (me aburro)	it bores me (I get bored)
me gustaría/me encantaría	I'd like to …/ I'd love to …
me molesta (el humo)	(the smoke) bothers me
no me apetece	I don't feel like (it)
no puede ser	it's not possible
podríamos…	we could…
¿Por qué no … ?	Why don't we … ?
quedamos en el cine	we'll meet at the cinema
¿Te gustaría … ?	Would you like … ?
¿Te apetece … ?	Do you fancy … ?
tener en cuenta	to bear in mind

Expresiones de frecuencia — Expressions of frequency

a menudo	often
a veces	sometimes
de vez en cuando	from time to time
muy poco	very rarely
no muchas veces	not very often
siempre que puedo	whenever I can

Los medios de comunicación — The media

la cadena/el canal	channel (television)
el concurso	game show
el/la lector(a)	reader
las noticias	news
el periódico	newspaper
el/la periodista	journalist
la petición	request
la queja	complaint
el reportaje	report

Otras palabras y expresiones — Other words and expressions

la actuación	the performance (of an actor)
de todos modos	in any case
estoy harto/a de (tanta violencia)	I'm fed up with (so much violence)
la historia de amor	love story
no merece la pena	it's not worth it
la pesadilla	nightmare
el/la protagonista	protagonist/main character
queda desfigurado	he ends up disfigured
el secuestro	kidnapping
soportar	to bear, to stand
tener lugar	to take place
(es una) vergüenza	(it's a) disgrace
la revista (del corazón)	(gossip) magazine
la telenovela	soap opera

A: Vamos a comprar

Objectives:
- Buy food and other items
- Ask about opening times and where something is in a shop

 **¿Qué sabes?**

Escribe una lista de lo que puedes encontrar en esta tienda.

 **1** Escucha a Manolo que va a comprar a la verdulería: ¿tienes lo que compra en tu lista?

 **2** Ahora haz una lista de otras compras con tu compañero/a. Vais a ir a comprar a las siguientes tiendas.

 **3** Escucha los diálogos en las tiendas: ¿tienes lo que compran en tu lista?

4 Ahora haz tú los diálogos en las tiendas anteriores. Lee con atención las expresiones que debes usar: ¿recuerdas qué significan?

Dependiente/a: ¿Le sirven? ¿Qué desea? ¿Cómo lo / la / los / las quiere? ¿Cuánto(s)/a(s) quiere? ¿Cuál le pongo? ¿Se lo limpio? ¿Algo más? ¿Desea alguna cosa más?

Cliente: Deme / Póngame / Quiero … chuletas / filetes / rodajas / un kilo / medio kilo / cuarto / cien gramos / una lata / un paquete / un litro / una docena / media docena / una barra. ¿Cuánto es / cuesta(n) / vale(n)? ¿Qué precio tiene(n)? (No quiero) Nada más, gracias.

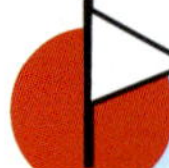 **Object pronouns**

Object pronouns go before the verb and are masculine, feminine, singular or plural.

¿Lo / La quiere grande? *Do you want a big one?* (lit. *Do you want it big?*)

¿Los / Las quiere pequeñas? *Do you want small ones?* (*Do you want them small?*)

Note that when there are two 3rd person pronouns together, the first one becomes **se**:

Se la preparo.
I'll prepare it for him / her / them.
Se lo doy.
I'll give it to him / her / them.

 **5** Ana está pasando unos días en Barcelona y quiere ir de compras. Llama a la oficina de turismo para que le digan los horarios de varios lugares. Completa los horarios.

MERCADO CENTRAL
Asociación de Vendedores

Horario:

Horario:

Horario:

 **6** Haz diálogos con tu compañero/a. Pregunta los horarios de varias tiendas y varios lugares de tu ciudad o pueblo.

 **7** María va al hipermercado a comprar varias cosas, pero no encuentra nada y va a preguntar a *Información*. Une los nombres de las secciones con los dibujos. Escucha y practica.

SECCIONES

1 Deportes
2 Perfumería
3 Zapatería
4 Regalos
5 Ropa juvenil
6 Música
7 Librería
8 Informática

Meta

Dibuja el plano del hipermercado y pon las secciones en diferentes lugares. Explica a tu compañero/a dónde están las secciones.

Ejemplo: **Tu compañero/a:** Por favor, ¿dónde está la sección de Perfumería?
Tú: Está al final del pasillo a la derecha.

¡Atención!

el pasillo principal = the main corridor / aisle

la sección = the section

sigue = carry on

a la derecha = to the right

a la izquierda = to the left

enfrente de = opposite

al lado de = next to

B: Un día de compras

Objectives:
- Talk about what you did on a shopping trip
- Shopping in different kinds of shops

¿Qué sabes?

Mira los dibujos de estas tiendas. ¿Qué puedes comprar en cada una de ellas? Escribe una lista con tu compañero/a.

a

b

c

d

1   Lee y escucha las frases y di en qué tienda las dicen los clientes.

1   Quiero comprar este disco compacto, por favor.
2   ¿Puedo probarme estos pendientes?
3   ¿Son de oro?
4   Quiero unos vaqueros.

5   ¿Pueden revelar este carrete para mañana?
6   Me van muy bien.
7   Me quedan muy bien.
8   Creo que éstos son de mi talla.

2   Escucha, comprueba tus respuestas y di lo que compran en cada tienda.

3   Ahora vas a comprar tú. Haz diálogos similares con tu compañero/a en las tiendas anteriores. Mira los dibujos de otras tiendas e imagina que vas a comprar algo; haz más diálogos.

a

b

c

d

4   Tessa fue de compras con sus amigas y escribió a su madre contándole lo que hicieron. Di si las frases son verdaderas (V) o falsas (F).

Querida mamá:
El sábado fui de compras con Goreti y Leticia y lo pasamos muy bien. Fuimos a comprar ropa y otras cosas, pero sólo me compré unos pantalones muy bonitos y unas botas que eran carísimas. Gasté bastante y fui al cajero automático a sacar dinero, pero como no me acordaba del número de la tarjeta, tuve que entrar al banco a cambiar dinero. También fuimos a la peluquería y me corté el pelo, pero sólo las puntas. Por la tarde estábamos cansadísimas y fuimos a tomar un refresco y a comer un bocadillo. Lo pasamos fenomenal. Un abrazo, Tessa.

1 Compró sólo una cosa.

2 No tenía dinero antes de ir a comprar y tuvo que ir al banco.

3 No pudo usar el cajero automático.

4 Tuvo que entrar al banco a sacar dinero.

5 No tenía la tarjeta de crédito.

6 Se cortó el pelo un poco.

7 Estaban cansadísimas y fueron a comer algo a mediodía.

8 Por la tarde fueron a tomar algo.

 **5** Escucha los diálogos de Tessa en el banco y de Goreti en la peluquería. ¿Qué quiere cada una?

 **6** Haz diálogos similares con tu compañero/a.

 **7** Escucha el anuncio de una famosa tienda de ropa en un programa de radio. Lee el mismo anuncio en una revista y marca las cosas que están rebajadas. Escribe el precio de antes y el precio ahora.

 **8** Escucha a Manolo y a María que fueron de compras a la tienda de ropa.

a Marca la ropa que menciona cada uno.

b Di si la compran o no, y si no la compran di por qué no.

 **Meta**

Haz diálogos similares en la tienda de ropa. Usa estas frases.

Dependiente/a
¿En qué puedo servirle/la?
¿Qué talla usa? / ¿Qué tamaño quiere?
Hay / No hay…
Pase al probador.
El probador está…
¿Qué tal le va?
¿Paga con tarjeta?
Aquí tiene el cambio.

Cliente
Quiero… / ¿Tiene … ?
Uso la talla cuarenta y dos / el tamaño mediano.
¿Lo / La tiene en color verde?
¿Puedo probármelo/la?
¿Dónde está el probador?
Me va muy bien. / No me va bien.
Es muy / demasiado grande / pequeño / caro.
(No) Me la quedo.
Quiero pagar en efectivo / con tarjeta.

C: Quiero cambiar esto

Objectives:
- Explain what is wrong with what you bought and that you want to change it
- Describe in more detail what you did during a day's shopping

 ¿Qué sabes?

María ha comprado varias cosas que tienen algún problema. Está muy enfadada. Une cada frase que dice con el dibujo correspondiente.

1 María va a las tiendas a devolver lo que ha comprado. Escucha y completa una hoja de reclamaciones para cada cosa.

Objeto	
Problema	
Fecha de compra	
Recibo	
Solución	

¡Atención!

la hoja de reclamaciones = complaints form

las quejas = complaints

roto/a = broken

estropeado/a = broken/out of order

un agujero = a hole

una mancha = a stain

el recibo = receipt

la etiqueta = label

las rebajas = sales

las pilas = batteries

encogerse = to shrink

se han encogido = they have shrunk

el / la encargado/a = manager

2 Haz diálogos similares con tu compañero/a. Usa las frases siguientes.

Tengo un problema… Ayer / La semana pasada compré… y está roto/a; está estropeado/a; no funciona; tiene un agujero; hay una mancha; es demasiado grande; es muy pequeño/a.

Quiero / Quisiera / Querría cambiarlo/la.

¿Podría darme otro / devolverme el dinero?

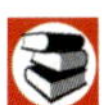

Object pronouns

Object pronouns generally go before the verb:
¿Me da otros? / ¿Me puede dar otros? *Can you give me some others?*
¿Me cambia los pantalones? *Can you change these trousers?*

But when the verb is in the infinitive, the pronoun usually joins on to the end of the verb:
¿Podría darme otros? *Could you give me some others?*
¿Podría devolverme el dinero? *Could you refund the money?*

3 **Manolo fue de compras y te escribió una carta. Lee la carta y escribe en orden cronológico las tiendas que visitó y lo que compró o cambió en cada una.**

Ejemplo: Primero fue al quiosco a comprar… Después…

> Hola:
>
> El sábado fui de compras y compré muchas cosas. Por la mañana fui a una joyería a comprar un regalo para mi madre, pues era su cumpleaños. Le compré unos pendientes de oro que me costaron 90 euros, un poco caros, pero son muy bonitos. También le compré un anillo. Pero por la tarde, al volver a casa y darle el regalo a mi madre, me di cuenta de que uno de los pendientes estaba roto y de que el anillo era demasiado pequeño, así que tuve que volver a la tienda, justo antes de cerrar, a cambiarlos. Antes de comprar el regalo en la joyería fui a unos grandes almacenes y me compré unos pantalones que eran demasiado grandes. Pero lo primero que hice al salir de casa fue ir a al quiosco a comprar el periódico y unas postales. Después de comprar los pantalones fui a Correos a comprar sellos y a echar las postales. Después de comer fui a comprar un disco compacto a una tienda de música, pero al llegar a casa me di cuenta de que el disco que había dentro de la funda era diferente, así que tuve que ir a cambiarlo antes de ir a la joyería a cambiar los pendientes, porque cierran antes. Pero antes de ir a cambiar el disco fui a cambiar los pantalones. Al volver a casa estaba muy cansado, pero lo pasé muy bien.
>
> Un abrazo,
>
> Manolo

 **Meta**

Has ido de compras con Manolo. Haz un diálogo para cada una de las situaciones descritas en la carta de la Actividad 3.

En la joyería: uno de los pendientes está roto; el anillo es demasiado pequeño para mi madre.
En unos grandes almacenes: unos pantalones demasiado grandes.
En la tienda de música: en la funda hay un disco diferente.

Piensa en otras cosas que has comprado y que están mal, y haz otros diálogos.

D: ¿Qué me recomiendas?

Objectives:
- Give advice on shopping and talk about presents
- Talk about where you buy, what you buy and why

¿Qué sabes?

Mira los dibujos de la Actividad 1 y descríbelos. Piensa en una persona para la que quieres comprar cada cosa y di o escribe frases.

Ejemplo: Quiero comprar un jarrón de cerámica para mi madre.

1 **Daniel ha ido de viaje de estudios a España y quiere comprar unos regalos para su familia. Escucha el diálogo en que pide consejo a María sobre lo que puede comprar. Marca el regalo que va a comprar y di para quién es.**

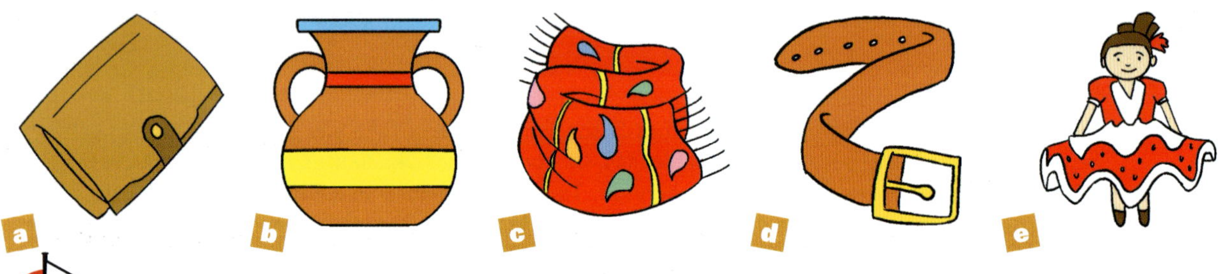

Imperatives

You can use the imperative form to give advice:
compra *buy*; (with pronoun) **cómpralo** *buy it*.

If you use an object pronoun with an imperative, put it at the end of the imperative verb.
¿Qué bolso le compro? Cómpra<u>le</u> el grande.

Relative pronouns: *el que, la que, los que, las que*

El bolso: es el que he comprado para mi madre. *The bag: it's the one I bought for my mother.*
La camiseta: es la que compré ayer. *The T-shirt: it's the one I bought yesterday.*
Los libros: son los que compré para ti. *The books: they are the ones I bought for you.*
Las sandalias: son las que compré el verano pasado.
The sandals: they're the ones I bought last summer.

2 **Haz diálogos como el siguiente. Usa los dibujos.**

Ejemplo: A: ¿Qué bolso le compro, el grande o el pequeño?
B: Cómprale el grande (porque puede meter más cosas).

 **3** Daniel escribe una postal a su amigo contándole lo que compró para su familia. Completa la postal.

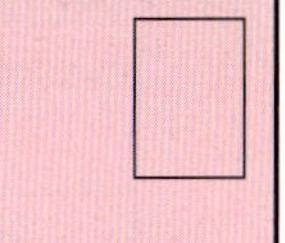

 **4** Habla con tu compañero/a. Tu amigo/a viene a visitarte y quiere comprar regalos para su familia y amigos. Aconséjale algo especial o típico de tu región.

5 Escucha el anuncio de una tienda de regalos y di qué dibujo corresponde a cada frase. Escribe las frases.

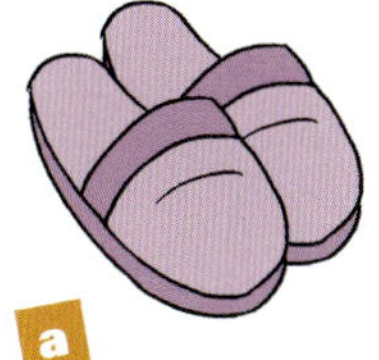    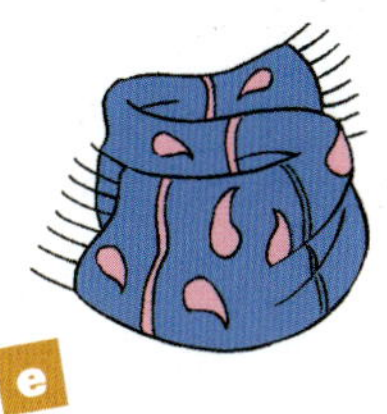 

a   b   c   d   e   f

  **6** Cuando vas de vacaciones te gusta comprar regalos. Cuando vuelves le enseñas a tu amigo/a los objetos que compraste.

a Usa los objetos del anuncio de la Actividad 5 y haz diálogos con tu compañero/a como el siguiente. Después escucha y comprueba.

Ejemplo: A: ¡Qué bolso tan bonito!
           B: Sí, es el que compré para mi madre.

b Escribe frases sobre los objetos que compraste.

Ejemplo: Este bolso es el que compré para mi madre.

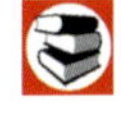 **7** En España puedes comprar en muchos sitios. Lee las frases y di a qué lugar corresponden: los centros comerciales o las tiendas pequeñas. Después escucha a Manolo y a María y comprueba: ¿quién dice cada frase? ¿Dónde prefieren comprar?

1 Es más facil aparcar.
2 Están abiertos/as a mediodía y hasta bastante tarde por la noche.
3 Los dependientes son simpáticos y te ayudan más.
4 Son más cómodos/as.
5 No necesitas el coche porque están en el centro de la ciudad.
6 No tienes que salir a la calle si hace frío o llueve.
7 Se puede aparcar, pero luego para salir hay unas filas de coches horribles.

8 Si llueve tienes que llevar el paraguas; es muy incómodo.
9 Son horribles, hay demasiada gente, demasiado ruido.
10 Tienen cosas diferentes y más originales.
11 Tienen muchas cosas, pero todas iguales.
12 Tienen pocas cosas.
13 Todo está en un sitio.
14 No abren los días de fiesta.

 **8** Manolo y María continúan hablando. ¿Qué opinan de la moda? ¿Les gusta la moda? ¿Compran cosas porque las ven en los anuncios?

 **Meta**

Habla con tu compañero/a.

¿Dónde prefieres comprar, en un gran centro comercial o en una tienda pequeña? ¿Por qué?
¿Qué opinas de la moda? ¿Te gusta la moda? ¿Compras cosas porque las ves en los anuncios?

1 ▷ Object pronouns

See page 180

There are two kinds of object pronouns. The 1st and 2nd person forms are the same for masculine and feminine; the 3rd person forms are different.

	Direct object pronouns		Indirect object pronouns	
	Singular	Plural	Singular	Plural
1st person	me	nos	me	nos
2nd person	te	os	te	os
3rd person	lo, la	los, las	le (se)	les (se)

In normal sentences or statements personal pronouns always go before the verb:
¿Lo / La quiere grande? *Do you want a big one?*
Los pantalones me van muy bien. *The trousers fit well.*

However, if the main verb is in the infinitive the pronoun can go at the end of the verb:
¿Podría darme otros? *Could you give me some others?*
It is also possible to say: **¿Me podría dar otros?** *Could you give me some others?*

When you use the imperative, the pronoun always goes at the end of the verb:
Deme un pollo. *Give me a chicken.*
Póngame un kilo de patatas. *Give me a kilo of potatoes.*

Note that when you use two pronouns together, the indirect object goes before the direct object:
¿Te lo pruebas? *Do you want to try it?* **Dámelo.** *Give it to me.* (lit. *Give me it.*)

When you use two 3rd person pronouns together, **le** becomes **se**:
Se la preparo. *I'll prepare it for him/her/them.* **¿Se lo limpio?** *Shall I clean it for you?*
You cannot say **le lo doy**: it becomes **se lo doy** because **se lo** is easier to pronounce than **le lo**.

Note: if the main verb is in the infinitive, both pronouns can go at the end of the verb:
Se lo quiero dar. / Quiero dárselo. *I want to give it to him.*

2 ▷ Relative pronouns *el que / la que / los que / las que*

See page 180

El bolso: es el que he comprado para mi madre.
The bag: it's the one I bought for my mother.

Las sandalias: son las que compré ayer. *The sandals: they are the ones I bought yesterday.*

Ejercicios

1 Escribe frases como la siguiente.

Ejemplo: este bolso / para mi madre > Este bolso es el que compré para mi madre.

1 esta camiseta / para mi hermano
2 estos libros / para mi amiga
3 estas gafas / para mi padre
4 este bolígrafo / para mi abuelo
5 estos pantalones / para Luis
6 esta cartera / para Manolo

2 Escribe las frases con pronombres.

Ejemplo: Da el libro a Juan. > Dáselo.

1 Da el bolso a María.
2 Da la cartera a Manolo.
3 Da los libros a Ana.
4 Da las gafas a tu padre.
5 Da el bolígrafo a tu amiga.
6 Da los pantalones a Luis.
7 Da la camiseta a tu hermano.

Las compras — Shopping

Las compras	Shopping
la carnicería	butcher's shop
el centro comercial	shopping centre
la charcutería	delicatessen
(la oficina de) correos	post office
el/la dependiente/a	shop assistant
(la sección de) deportes	sports (section)
el estanco	tobacconist's
los grandes almacenes	department store
la joyería	jewellery
moda juvenil	young fashion
la perfumería	perfumery
el quiosco	kiosk
la tienda	shop
ultramarinos-comestibles	grocer's
la zapatería	shoe shop

La comida — Food

La comida	Food
una barra	a loaf
la chuleta	(meat) chop
una docena	a dozen
el filete	fillet (cut of meat)
una lata	a can, tin
media docena	half a dozen
un paquete	a packet
la rodaja	slice

La ropa — Clothes

La ropa	Clothes
¿Lo/La tiene en color verde?	Do you have it in green?
Me la quedo.	I'll take it.
Me va muy bien./ No me va bien.	It suits me very well./ It doesn't suit me.
Pase al probador.	Please go to the changing room.
¿Puedo probármela?	Could I try it on?
¿Qué tal le va?	How is it? (asking about an item of clothing)
¿Qué talla usa?	What size do you take?
¿Qué tamaño quiere?	What size (of shoe) do you want?
el tacón	heel
la talla	size

Las quejas — Complaints

Las quejas	Complaints
un agujero	a hole
el/la encargado/a	the person in charge
encogerse	to shrink
está estropeado/a	it's broken, damaged
la hoja de reclamaciones	complaints form
una mancha	a stain
¿Podría darme otro?	Could you give me another one?
¿Podría devolverme el dinero?	Could you give me back the money?
Quiero cambiar esto.	I'd like to change this.
Quiero/Quisiera/ Querría cambiarlo.	I'd like to change it.
el recibo	receipt
Se me ha encogido.	It has shrunk.
Tiene un agujero.	It has a hole.

Pagando — Paying

Pagando	Paying
Aquí tiene el cambio.	Here is your change.
el cajero automático	cashpoint
gastar	to spend (money)
¿Paga con tarjeta?	Are you paying by card?
el precio	price
rebajado/a	reduced (in price)
las rebajas	sales
sacar dinero	to withdraw money
la tarjeta de crédito	credit card

Otras palabras y expresiones — Other words and expressions

Otras palabras y expresiones	Other words and expressions
¿Algo más?	Anything else?
¿Cómo lo/la/los/las quiere?	How would you like it/them?
¿Cuál le pongo?	Which one can I give you?
¿Cuánto(s)/a(s) quiere?	How many would you like?
¿Desea alguna cosa más?	Would you like anything else?
¿En qué puedo servirle/la?	How can I help you?
¿Le sirven?	Are you being served?
¿Pueden revelar este carrete para mañana?	Can you develop this film for tomorrow?
¿Puedo probarme estos pendientes/vaqueros?	Can I try on these earrings/jeans?
¿Qué desea?	What would you like?
¿Se lo limpio?	Shall I clean it?
Deme …	(Could you) give me … ?
¿Lo/La quiere grande?	Do you want a big one?
Me quedan muy bien.	They fit/suit me well.
Póngame …	(Could you) give me … ?
Son de mi talla.	They are my size.

 **¿Qué sabes?**

 Lee y escucha estos adjetivos de carácter: ¿cuáles son similares y diferentes en tu idioma? Di si indican cualidades (C) o defectos (D) y escribe la forma femenina.

> simpático generoso optimista sincero
> perezoso egoísta triste alegre
> pesimista leal mentiroso
> envidioso serio sensible
> orgulloso

Ejemplo: sincero/a (C); perezoso/a (D)

 **1** Lee y escucha los nombres de algunas cualidades y defectos.

> la pereza el optimismo la lealtad la simpatía
> la sinceridad la alegría
> la envidia la tristeza la generosidad
> la mentira el egoísmo la seriedad
> el orgullo el pesimismo la sensibilidad

   a Une el nombre con el adjetivo de *¿Qué sabes?* que le corresponde.

      Ejemplo: la pereza → perezoso

   b ¿Qué nombres tienen terminaciones similares? ¿Por qué?

Ayuda

False friends is the name we give to words that look like English words but which do not mean the same.

Simpático means *nice* or *friendly*, not *sympathetic*.
Juan es simpático. *Juan is nice.*

Sensible means *sensitive*, not *sensible*.
María es una persona muy sensible. *Maria is a very sensitive person.*

 **2** Elisa hace unas preguntas a María y a Javier. ¿Qué contestan?

	Cualidad	Defecto	Temas de conversación
María			
Javier			

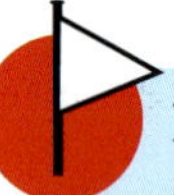 Note the way **lo** is used in these expressions:

Nos gusta lo mismo. *We like the same (thing).*
Lo mejor es que... *The best (thing) is that...*

Ayuda
Abstract nouns

Abstract nouns, such as **la envidia** and **la pereza**, always have the definite article (**el / la**) in Spanish, whereas the same words in English do not: *jealousy, laziness*.

No me gusta la envidia. *I don't like jealousy.*

Prepositions: *de*

Notice the position of **de** (meaning 'about') in this question:
¿De qué hablas con los amigos? *What do you talk <u>about</u> with your friends?* **de todo** *<u>about</u> everything*

 **3**   **Habla con tu compañero/a. Haz preguntas similares y elige tus respuestas.**

Prefiero / Me gusta (la sinceridad). Odio / No me gusta (la envidia).

Con mis amigos/as hablo de todo / de fútbol / de deportes / de los amigos y amigas / de la familia / de los estudios / de mis problemas / del trabajo / del futuro / de temas de actualidad / de los problemas de los jóvenes.

 **4**   **Escucha a María que habla de su mejor amiga, Sara, y de otros amigos/as.**

Ésta es mi mejor amiga, Sara

Éstos son unos chicos de la pandilla.

a   **Elige la respuesta correcta.**

1   Conozco a Sara desde hace: dos años / pocos años / muchos años / unos días.

2   Nos conocimos en: el instituto / el colegio / el pueblo / la calle.

3   Ahora vamos: al mismo colegio / a diferentes institutos / al mismo instituto / a otro colegio.

4   De carácter somos: iguales / bastante parecidas / un poco distintas / muy diferentes.

5   Una pandilla es: una casa del pueblo / un grupo de amigos y amigas / un club juvenil / un grupo solamente de chicas.

b   **Ahora lee las frases que dice María y di qué quieren decir las palabras subrayadas.**

> *Siempre estamos <u>juntas</u>, hablamos de <u>nuestras cosas</u>. Salimos juntas y <u>más o menos</u> nos gusta <u>lo mismo</u>. <u>Lo mejor es</u> que siempre está <u>ahí</u> cuando <u>la necesito</u>, cuando estoy triste o enfadada... y ella me escucha y <u>me ayuda</u>.*

 **5**   **Usa la información que tienes para escribir un email sobre tus amigos/as.**

 **6**   **Escucha a Manolo y María y completa la información para cada uno.**

	Manolo	**María**
Físicamente me gustan los chicos / las chicas...		
De carácter me gustan...		

 **Meta**

Habla con tu compañero/a.

¿Cómo eres tú? ¿Qué cualidades y defectos tienes? ¿Cómo son tus amigos y las personas de tu familia? ¿Qué cualidades y defectos tienen? ¿Tienes un amigo o una amiga íntimo/a? ¿Cuánto hace que sois amigos/as? Habla de él/ella.

 ¿Qué sabes?

Esta lección trata de las relaciones con la familia. Lee algunas de las preguntas que podemos hacer sobre el tema. ¿Qué crees que significan?

¿Qué tal te llevas con (tu madre)?

¿Con quién te llevas mejor: con tu hermano o tu hermana?

¿Te llevas bien con (tu padrastro)?

¿Riñes con (tu hermano)?

¿Discutes mucho con (tu hermanastra)?

¿Por qué discutes con (tu primo)?

¿De qué hablas con (tu padre)?

¿Te dejan salir por la noche? ¿Hasta qué hora?

1 Ahora escucha a Ana. Lee algunas de las frases que dice y elige las palabras correctas para completarlas.

1 Mi primo y yo reñimos: poco / mucho / regular / siempre.

2 Con mis padres me llevo: muy bien / muy mal / bastante mal / regular.

3 Tenemos alguna discusión: a veces / nunca / siempre / a menudo.

4 Me llevo mejor con: mi madre / mi padre / mi primo / mi hermano.

5 Discutimos por: las horas de salida / las notas / los amigos / el dinero.

6 Si quiero algo se lo pido a: mi madre / mi padre / mi primo / mi hermano.

7 Con mis padres hablo: de mi futuro / de mis problemas / de mis profesores / de mis amigos.

8 Mis padres me dejan salir por la noche: a veces / nunca / siempre / a menudo.

Object pronouns

Look at the use of these object pronouns:
Le pido algo. *I ask <u>him</u> for something.*
me da *he gives <u>me</u>*; **me dice** *he says <u>to me</u>*
me lo da *he gives <u>it</u> <u>to me</u>*
se lo pido *I ask <u>him</u> <u>for it</u>*

Prepositions: *con, de*

Note the position of **con** in the question below:
¿Con quién te llevas mejor?
Who do you get on <u>with</u> best? (With whom do you get on best?)
Discuto <u>con</u> mi hermano.
I argue <u>with</u> my brother.

The preposition **de** also appears at the beginning of the question:
¿De qué hablas con tus padres?
What do you talk <u>about</u> with your parents?

¡Atención!

¿Qué tal te llevas con…? = How do you get on with…?

me llevo bien / mal con… = I get on well / badly with…

reñir = to quarrel

riño / reñimos = I quarrel / we quarrel

discutir = to argue

discuto / discutimos = I argue / we argue

una discusión = an argument

una tontería = a silly thing

un/a pesado/a = a 'pain' (male or female person)

tomar el pelo = to pull someone's leg (lit. hair)

me toma el pelo = he pulls my leg

la confianza = trust

las (malas) notas = (bad) exam results

se meten contigo = they make fun of you / they argue with you

no aguantas más = you can't stand any more

2 ¿Qué tal en casa? Haz el test para saber qué relación tienes con tu familia. Mira las soluciones. ¿A qué tipo perteneces tú? Une los dibujos con la pregunta correspondiente.

Test: ¿Qué tal en casa?

1. Llegas a casa y lo primero que haces es…

- A. Digo 'hola' a mis papis y voy al salón a echarme en el sofá.
- B. Voy a mi cuarto y pongo la música muy alta. ¡Así no molesto a nadie!
- C. Me pongo los pantalones cortos y la camiseta y me voy a correr al parque.

2. Estás viendo tu programa favorito, llega tu hermano o tu hermana y empieza a cambiar de canal con el mando a distancia…

- A. Le digo amablemente: por favor, ¿quieres ver mi programa favorito conmigo? ¡Está super interesante!
- B. Le quito el mando y cambio de canal. ¿Qué se ha creído? ¡Aquí mando yo!
- C. Me levanto y me voy a mi habitación. Prefiero no discutir.

3. Es el cumpleaños de tu hermana pequeña y tus padres deciden dar una fiesta sorpresa.

- A. No salgo con mis amigos y me quedo a preparar la fiesta. Hoy voy a estar con mi hermana.
- B. Me quedo un rato en casa y luego me voy con mis amigos a tomar algo.
- C. Me invento que tengo que estudiar en casa de un amigo. ¡No soporto las fiestas familiares!

4. Tus padres se van de viaje el fin de semana y ¡guau! toda la casa para ti. Decides hacer algo super divertido.

- A. Aprovecho para salir hasta muuuuy tarde.
- B. Decido organizar una merienda para la pandilla y estamos charlando hasta muy tarde.
- C. Preparo una gran fiesta e invito a todos mis amigos. ¡Esta oportunidad es única!

5. Tus hermanos se meten contigo todo el día. ¡No aguantas más! Tomas una decisión:

- A. Le digo a mi padre: ¡Papá, por favor, habla con ellos!
- B. Voy a prepararles una broma muy fuerte que no olvidarán jamás.
- C. Decido no hablarles más.

6. Paseas con tu chico/a de la mano y de repente… ¡Horror, tus padres! ¿Cómo reaccionas?

- A. Les presento a mi amigo/a. Es una buena ocasión.
- B. Les digo 'hola' y sigo paseando como si nada.
- C. Miro hacia otro lado. ¡No los he visto!

Soluciones

Mayoría de A: Te llevas muy bien con tus padres y con tu familia en general. En tu casa hay comunicación y buen ambiente, compartís los problemas y estáis muy unidos. Confías en tus padres y ellos en ti, saben que pueden dejarte solo/a. Vuestra disciplina es el respeto. Sigue así, no hay nada mejor que estar bien en casa.

Mayoría de B: ¡Cuidado! Estás a punto de estallar de un momento a otro, pero lo bueno es que tienes paciencia. Vas un poco a tu aire, pero también intentas en lo posible estar bien en casa. Prefieres no discutir, no soportas las discusiones. Eres una persona muy independiente que prefiere estar sola en muchos momentos en lugar de estar con la familia. No puedes estar en casa más de dos horas.

Mayoría de C: No te gusta la vida familiar. Vas completamente a tu aire y no te importan los demás. Eres una persona super independiente y algo rebelde. Debes esforzarte un poco más en tener mejores relaciones en casa. ¡Es por tu bien! Sé inteligente y ganarás.

Meta

Habla con tus compañeros/as sobre el tema. Usa las preguntas de *¿Qué sabes?*.

C: Cuenta tu problema

Objectives: ■ Talk about your problems and ask for advice

 **¿Qué sabes?**

Lee los problemas que tienen estos chicos y chicas, y ponlos en una lista de más importante a menos, según tu opinión. Compara con tus compañeros/as.

a Voy mal en el instituto.

b Mis padres no me dejan salir.

c No tengo amigos.

d Tengo muchos granos.

e Nadie me comprende.

f Discuto mucho con mis padres.

g Soy muy tímido/a.

h Riño mucho con mi hermano.

i No tengo éxito con las chicas.

 **1** Ahora escucha a los mismos chicos y chicas que hablan de sus problemas personales y di quién dice cada problema.

Ejemplo: chico 1: Voy mal en el instituto.

 **2** Ahora escribe con tu compañero/a una lista de otros problemas que crees que tienen los jóvenes de tu edad. Comparad vuestra lista con la de otros compañeros/as.

 **3** Lee el artículo sobre los jóvenes españoles de hoy y sus preocupaciones.

    a Escribe en inglés lo que significan estos números: 80%; 63%; 56%; 65%; 49%.

    b Explica también en inglés lo que significan para los jóvenes la familia, el amor y los estudios.

Los jóvenes españoles y sus problemas

Para los adolescentes la amistad es algo importantísimo y un 80% confiesa que lo que más les gusta es pasar una tarde con sus amigos. Por eso, los chicos y las chicas que tienen problemas para hacer amigos pueden llegar a sufrir muchísimo. Otra de las cosas que desean es tener una familia feliz. Los adolescentes que no se llevan bien con sus padres o hermanos, que tienen continuas discusiones o que incluso sufren abusos físicos o psicológicos pueden tener profundas depresiones que pueden llevarles incluso a escaparse y a vivir en la calle.

Pero el problema más importante para ellos, según confiesan, es el tener éxito con el sexo opuesto: esto es algo que preocupa a todos. Su aspecto físico les preocupa mucho. El 63% de ellos necesita por lo menos treinta minutos para prepararse para una cita. Son muy presumidos. El 56% confiesa pasar bastante tiempo peinándose y utiliza gominas y espumas. El 65% se mira mucho al espejo.

En cuanto al amor, el 49% confiesa que tiene pánico al llamar por teléfono a una chica o a un chico para pedirle una cita, incluso llegan a colgar el teléfono al oír su voz. Los chicos especialmente tienen un miedo tremendo a ser rechazados. Les horrorizan las negativas. Las chicas, en cambio, se lo piensan más, pero a la hora de la verdad son más decididas. Pero los amores duran poco: más de la mitad confiesa que entre dos semanas y dos meses. Los estudios y las notas les preocupan también, pero, en general, este tema se lo toman con más calma.

 **4** **Consultorio sentimental. Si tienes problemas puedes escribir al consultorio del señor Feliciano Alegre. Lee la carta de Pepito Pérez. ¿Cuántos problemas tiene? ¿Cuáles son sus problemas?**

Estimado señor Alegre:

Mi problema es que nadie me comprende, ni en casa ni en el instituto. Quiero hablar con alguien, pero nadie me escucha. Nadie me hace caso. Me siento como un extraño, como de otro planeta. Estoy muy solo. ¿Qué puedo hacer? Además, la chica que me gusta está enamorada de mi mejor amigo. Soy muy desgraciado. Le saluda atentamente:

Pepito Pérez

 **5** **En este programa de radio el señor Alegre da su respuesta. Elige las palabras del cuadro para completar la respuesta. Después escucha y comprueba. ¿Es similar a tu respuesta?**

Estimado Pepito:

¿Estás seguro de que nadie te comprende? Seguro que ______(1)______ te quiere y te comprende, pero no te das cuenta. Quizás eres muy tímido y un poco introvertido. Debes hablar más con la ______(2)______, ser más ______(3)______; tienes que ser más optimista y alegre. Creo que debes ______(4)______ a la chica de tu amigo. Esta ______(5)______ es muy difícil y vuestra ______(6)______ es más importante que el ______(7)______ por esa chica. Hay muchas otras chicas en el ______(8)______. ¡Ten ______(9)______! ¡Diviértete! ¡Sal con nuevos amigos. ¡Sé ______(10)______!

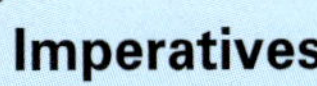

olvidar   amor   paciencia   feliz   situación   gente   alguien
    abierto   mundo   amistad

Imperatives

These are three very commonly used imperatives:
ten (from **tener** *to have*); **sal** (from **salir** *to go out / to leave*); **sé** (from **ser** *to be*).
Ten cuidado. *Be careful / take care.*
¡Sal de aquí ahora! *Leave here now!*
Sé bueno. *Be good.*

Remember, when you add a pronoun to an imperative, put it on the end of the verb:
¡Diviértete! *Enjoy yourself!*

Ayuda
***Tienes que / debes* + infinitive**

These two expressions both mean to have to do something:
Tienes que ser paciente.
You have to be patient.
Debes hablar con el médico.
You should talk to the doctor.
alguien / nadie *someone / no one*

 ## Meta

Inventa tu problema. Cada estudiante escribe una carta con su problema. En grupos se mezclan las cartas. Coge una carta y contesta dando una solución al problema. Leed las soluciones y cada uno adivina si es para su problema.

1 ▷ Object pronouns

See page 180

More examples of object pronouns:

Le pido algo.	*I ask <u>him</u> for something.*
Me da dinero.	*He gives <u>me</u> money.*
Me dice.	*He says to <u>me</u>.*
Se lo pido.	*I ask <u>him</u> for <u>it</u>.*
¿**Le** vas a decir? / ¿Vas a decir**le**?	*Are you going to tell <u>him</u>?*
Dáme**lo**.	*Give <u>it to me</u>.*
Dime la verdad.	*Tell <u>me</u> the truth.*

2 ▷ Prepositions

See page 181

con (*with*):

Me llevo mejor <u>con</u> mi madre. *I get on best <u>with</u> my mother.*
Salgo <u>con</u> mi amigo. *I go out <u>with</u> my friend.*
Estudio <u>con</u> mi hermano. *I study <u>with</u> my brother.*

Note that **con** goes at the beginning of a question in Spanish:
¿**<u>Con</u> quién te llevas mejor?** *Who do you get on <u>with</u> best?* (lit. *With whom do you get on best?*)
¿**<u>Con</u> quién sales por la noche?** *Who do you go out <u>with</u> at night?*
¿**<u>Con</u> quién estudias?** *Who do you study <u>with</u>?*

de usually means *of* or *from*:
Es de oro. *It's made of gold.*
Soy de Madrid. *I'm from Madrid.*

It also means *about*:
Hablo de mis problemas. *I talk about my problems.*

De also goes at the beginning of a question:
¿**<u>De</u> qué país eres?** *What country are you <u>from</u>?*
¿**<u>De</u> qué hablas con tus padres?** *What do you talk <u>about</u> with your parents?*

3 ▷ Irregular imperatives

See page 177

The verb **tener** is used in the expression **tener cuidado** (*to be careful* or *to take care*).
Its imperative form is irregular: **ten cuidado** *take care, be careful*.

Other irregular imperatives are also used in common expressions:

salir: ¡Sal de aquí ahora! *Leave here immediately!*
ser: Sé bueno. *Be good.*
poner: Pon el libro en la mesa. *Put the book on the table.*

Ejercicio
Translate these sentences.

1 Who do you go out with?

2 What do you talk about with your boyfriend?

3 I get on well with my brother.

4 My mother gives me money.

5 Who do you get on with best?

La personalidad y el carácter — Personality and character

alegre	cheerful
la alegría	cheerfulness
la cualidad	quality
el defecto	defect
divertido/a	fun
egoísta	selfish
el egoísmo	selfishness
la envidia	jealousy, envy
envidioso/a	jealous, envious
la generosidad	generosity
generoso/a	generous
leal	loyal, faithful
la lealtad	loyalty
la mentira	lie
el/la mentiroso/a	liar
el optimismo	optimism
el/la optimista	optimist
el orgullo	pride
orgulloso/a	proud
la pereza	laziness
perezoso/a	lazy
el pesimismo	pessimism
pesimista	pessimistic
presumido/a	vain
sensible	sensitive
serio/a	serious
simpático/a	friendly, nice
la simpatía	friendliness
la sinceridad	sincerity
sincero/a	sincere
triste	sad

Las relaciones familiares — Family relationships

aguantar	to bear, to stand
el ambiente	atmosphere
la amistad	friendship
la confianza	trust
confiar (en)	to trust (in)
una discusión	an argument
discutir	to argue
distinto/a	different
en cuanto al amor…	as far as love is concerned…
esforzarse	to force oneself

estallar	to explode
ir a su aire	to go one's own way
ir mal en el instituto	to do badly at school
juntos/as	together
meterse con alguien	to make fun of/to argue with someone
molestar	to bother
parecido/a	the same, similar
un pesado/una pesada	a 'pain' (referring to a male or female person)
el rebelde	rebel
reñir (riño/reñimos)	to quarrel (I quarrel/we quarrel)
¿Riñes con tu hermano?	Do you fight with your brother?
ser rechazado/a	to be rejected
No soporto las fiestas.	I can't stand parties.
tomar el pelo (me toma el pelo)	to pull someone's leg (he pulls my leg)
una tontería	a silly thing
¿Con quién te llevas bien?	Who do you get on with?
me llevo bien/mal	I get on well/badly

Otras palabras y expresiones — Other words and expressions

aprovechar	to take advantage of
una broma	a joke, a trick
charlar	to chat
la cita	date
colgar el teléfono	to hang up the telephone
compartir	to share
en cambio	on the other hand
darse cuenta	to realise
los demás	the others
el/la desgraciado/a	poor thing
echarse (en el sofá)	to lie down (on the sofa)
el espejo	mirror
la espuma, la gomina	(hair) gel
en lugar de	instead of
el mando a distancia	remote control
las (malas) notas	(bad) exam results
la pandilla	group, gang
quedarse	to stay
Me quedo un rato.	I'll stay for a bit.
el tema	topic

A: Temas de actualidad

Objectives: ■ Talk about social problems

¿Qué sabes?

Lee las palabras subrayadas del artículo de la Actividad 1 y ponlas en la foto correspondiente. Escucha y comprueba. ¿Qué quieren decir? ¿De qué crees que trata el artículo?

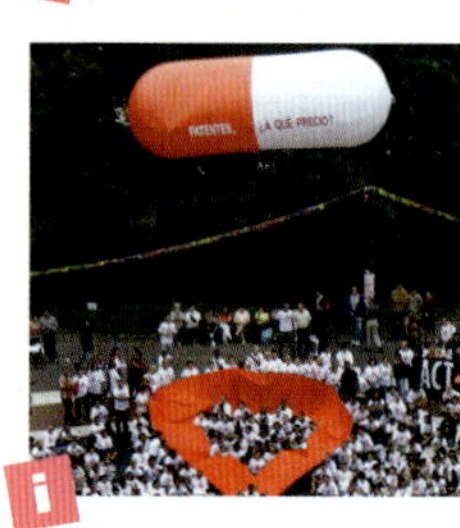

1 Lee y traduce el artículo para saber las preocupaciones que tienen los jóvenes españoles de hoy. Compara con las de los jóvenes de tu país.

¿Qué preocupa a los jóvenes de hoy?

Los jóvenes de hoy se enfrentan a numerosos problemas. Una de las mayores preocupaciones de los jóvenes es su futuro, su porvenir. <u>El paro</u> es un problema muy grave en nuestro país y muchos adolescentes se preguntan si sus estudios y esfuerzos servirán para algo, si podrán encontrar un empleo.

Otros problemas muy graves son las tentaciones que aparecen en cada esquina: <u>las drogas</u>, <u>el tabaco</u>, <u>el alcohol</u>. Los amigos pueden tener una influencia muy negativa a la hora de fumar, beber o tomar drogas, y muchos jóvenes empiezan a hacer estas cosas porque si no las hacen, pueden quedar marginados de su pandilla o grupo. <u>Las guerras</u>, <u>la violencia</u>, <u>el racismo</u> y <u>la pobreza</u> son temas que preocupan a la mayoría de los jóvenes, pero que algunos ven aún como problemas lejanos. Sin embargo los problemas de la ecología y del <u>medio ambiente</u> y sobre todo del <u>SIDA</u> les interesan y preocupan porque les afectan o pueden afectar directamente y en cualquier momento.

---

2 Escucha las conversaciones de María con Manolo y Ana.

a Lee las frases siguientes y escribe quién dice las frases: Manolo o Ana.

1 No todos somos violentos o drogadictos, la mayoría somos personas normales.

2 La vida es dura para los jóvenes porque es difícil encontrar un buen empleo.

3 Los jóvenes tenemos que cuidar el mundo del futuro y por eso nos preocupa mucho el medio ambiente.

4 Me preocupa mucho el racismo, todos somos iguales.

5 Muchos jóvenes fuman y beben demasiado.

6 Me preocupan mucho los desastres ecológicos.

7 Hay que luchar contra la droga porque es un problema terrible.

	Manolo	Ana
Opinion of young people		
Problems that worry them		

b Toma notas y completa el cuadro de arriba en inglés.

3 Lee los titulares del periódico y di a qué problema de los mencionados en la Actividad 1 se refiere cada uno.

1 CAMIÓN ACCIDENTADO: VERTIDO DE PRODUCTOS QUÍMICOS PELIGROSOS EN EL RÍO ISUELA.

2 ES LA PRIMERA CAUSA DE MUCHAS ENFERMEDADES, ESPECIALMENTE DE CÁNCER DE PULMÓN Y GARGANTA.

3 DESMANTELAN UN LABORATORIO CLANDESTINO DONDE SE PREPARABAN LAS PASTILLAS.

4 MILES DE NIÑOS HAN MUERTO O HAN SIDO GRAVEMENTE HERIDOS A CAUSA DE LAS EXPLOSIONES DE MINAS.

6 LOS ESPAÑOLES BEBEN MENOS VINO AHORA QUE HACE DIEZ AÑOS, PERO HA AUMENTADO EL CONSUMO DE CERVEZA

8 AUNQUE NO TIENE CURA, EN LOS ÚLTIMOS AÑOS LOS ENFERMOS HAN VISTO CÓMO SU VIDA SE HA ALARGADO Y CÓMO SU CALIDAD DE VIDA HA MEJORADO EN GENERAL.

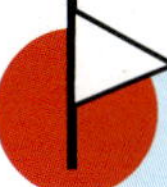

Personal pronouns (pronombres personales)

Look at the way these personal pronouns are used:
me / te / le / nos / os / les preocupa
it worries me / you / him / her / us / you / them
Y a vosotros, ¿qué os preocupa?
Nos preocupa la pobreza.
And you, what worries you? Poverty worries us.

The pronoun **se** is used as follows:
Los jóvenes se preocupan de… *Young people are worried (worry themselves) about…*
Los jóvenes se preguntan…
Young people ask themselves…

5 EN LOS ÚLTIMOS MESES HA AUMENTADO EL NÚMERO DE PERSONAS QUE TIENEN UN PUESTO DE TRABAJO, AUNQUE EN MUCHOS CASOS ÉSTE SEA TEMPORAL.

7 UN GRUPO DE JÓVENES VIOLENTOS ATACAN A DOS JÓVENES MARROQUÍES A LA SALIDA DE UNA DISCOTECA.

9 EN LOS ÚLTIMOS AÑOS EL NÚMERO DE PERSONAS QUE VIVEN EN LA CALLE Y SIN RECURSOS HA IDO AUMENTANDO DE MANERA ALARMANTE.

Meta

Y tú, ¿qué opinas? Usa la información anterior para hablar con tus compañeros/as. Pregunta y responde.

¿Qué opinas de la juventud actual? ¿Qué problemas de la actualidad te preocupan más? ¿Por qué?

Ayuda
Remember to use the article with abstract nouns: **el paro, la pobreza, el alcohol, la violencia, las drogas.**

 **¿Qué sabes?**

Mira los dibujos de este pueblo español en los años sesenta y ahora, y describe con tu compañero/a las diferencias que hay. Fíjate en el tiempo que usas para describir la escena del pasado: ¿cuál es?

Ejemplo: Antes había una montaña con muchos árboles; ahora no hay árboles en la montaña.

 **1** Escucha a la señora Martínez que habla del pueblo: ¿qué dice?

 **2** ¿Qué pasó en el pueblo? Mira los dibujos y escribe.

Usa estos verbos: *destruir, construir, quemarse, quitar, cortar, abrir.*

 **3** Ahora escucha a la señora Martínez y comprueba.

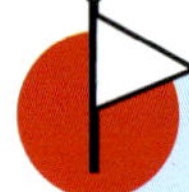

To describe something that <u>was done</u> in the past, use **se** with the verb:
se quemó *it burnt down*
se construyó *it was built*

Another way of saying the same thing is to use the 3rd person plural:
construyeron *they built*
abrieron *they opened*

Ayuda

Remember to use the imperfect when you want to describe how things were in the past:
Había muchos árboles. *There were lots of trees.*

But use the preterite to talk about actions that happened once in the past:
En 1968 se quemó el bosque.
In 1968 the forest burnt down.

4 Lee y escucha el reportaje sobre el turismo ecológico. Mira los dibujos y elige los puntos correspondientes a cada uno. Después tradúcelos.

VACACIONES SANAS Y ECOLÓGICAS

España es uno de los países más turísticos del mundo. El turismo ha traído grandes beneficios a España pero también ha causado grandes daños ecológicos. Pero aún estamos a tiempo de hacer algo. A continuación te damos unas ideas para proteger el medio ambiente.

1 Si vas a la playa debes mantenerla limpia. Lleva siempre contigo una bolsa para la basura.

2 Respeta las plantas y los animales del lugar. No debes llevarte 'recuerdos' naturales como piedras o plantas.

3 Lleva poco equipaje. Es mejor adquirir muchas cosas en el lugar de vacaciones (en muchos lugares son más baratas). Compra y consume los productos del lugar.

4 Visita los lugares interesantes y los monumentos históricos de la zona. Aprenderás mucho más que si estás todo el día tumbado en la playa.

5 A la hora de buscar alojamiento, las casas y hoteles rurales son una excelente alternativa.

6 La acampada es una alternativa más de alojamiento que, además de ser barata, te permitirá disfrutar directamente de la naturaleza.

7 No debes malgastar el agua o la electricidad.

8 Respeta el silencio. Si quieres escuchar música en la playa o en un parque, utiliza cascos para no molestar a los demás.

9 Los fuegos forestales son desgraciadamente muy comunes cada verano en nuestro país. Nunca debes encender fuego en una zona de bosque o vegetación. Sólo se puede hacer en lugares permitidos y con mucho cuidado.

10 Viaja lo más posible en bicicleta y a pie. Si tienes que hacer recorridos largos, recuerda que el medio de transporte más ecológico es el tren.

Meta

Y tú, ¿qué opinas? Habla del tema con tus compañeros/as. ¿Conocéis algún lugar turístico de vuestro país? Podéis analizar los cambios y considerar los aspectos positivos y negativos.

Ejemplo: Las playas están sucias. Se han construido muchos edificios, etc.

 **¿Qué sabes?**

Escribe una lista de las cosas que contaminan el medio ambiente y otra lista de objetos y materiales que se pueden reciclar.

 **1** **Escucha y lee lo que le dicen Manolo y María a Javier sobre la contaminación. ¿Cuál es el problema? ¿Qué podemos hacer?**

1

Javier: ¿Qué te parece lo peor de la contaminación?

María: Yo creo que lo peor son los coches y los gases que producen los tubos de escape.

Javier: ¿Qué crees que se puede hacer?

María: Pues yo creo que se debe usar el coche lo menos posible, ir a pie o en bicicleta... Usar más el transporte público y, ya he dicho, dejar el coche en casa. Debemos ayudar en campañas ecologistas porque hay que decir a la gente lo que pasa.

2

Javier: ¿Qué te parece lo más grave de la contaminación?

Manolo: Me parece que lo peor son las fábricas y las centrales térmicas y todos los gases que producen las industrias.

Javier: ¿Qué crees que se puede hacer?

Manolo: Bueno... no tener tantas fábricas. Se debe usar menos electricidad y agua caliente. Hay que ahorrar energía, poner más baja la calefacción... Creo que hay que desarrollar otro tipo de energía más limpia, como la energía solar o la del viento.

> **1** Remember that **se** is used with some verbs to make them impersonal. In English you would use *you* or *one*.
>
> **se debe** *you have to / one has to*
> **se puede** *you can / one can*

Ayuda

When giving an opinion you can use:
Creo que (*I think*)
or **Me parece que** (*It seems to me*)
or **En mi opinión** (*In my opinion*).

To say you have to do something or to give advice you can say:
hay que *it's necessary to*, **debemos** *we should*,
or **se debe** *you should / one should*.

 **2** **Haz diálogos con tu compañero/a con las frases siguientes.**

> *Ejemplo:* **Estudiante A:** En mi opinión hay que usar más el transporte público.
> **Estudiante B:** Sí, yo creo que se debe ir en autobús o en tren.

- Dejar el coche en casa / ir a pie o en bicicleta.
- Ayudar en campañas ecologistas / usar energía solar.
- No tener tantas fábricas / hacer campañas para tener fábricas más limpias.
- Ahorrar energía / usar la energía del viento.
- Usar menos electricidad / apagar las luces.
- Usar menos agua caliente / tomar una ducha y no un baño.
- Poner más baja la calefacción / ponerse un jersey.
- Reciclar el papel / usar bolsas de papel y no de plástico.

 **3** **Mira las fotos y los letreros. ¿Qué debes o no debes hacer?**

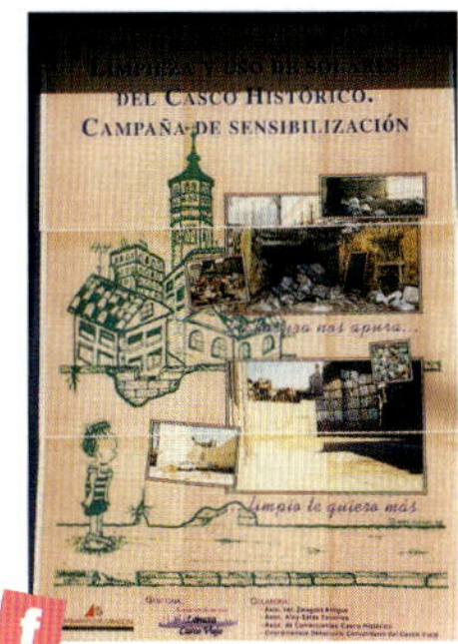

 **4** **¿Qué puedes hacer tú? Lee el texto y completa las frases con el verbo adecuado. Usa estos verbos: *dejar, escribir, tirar, usar, comprar, utilizar*.**

ECOLOGÍA PARA JÓVENES CIUDADANOS

Éstas son algunas de las cosas que puedes hacer tú cada día para proteger el medio ambiente.

- No __________ nunca basura al campo que no sea orgánica y degradable, como plásticos, aceites de motor, latas, papeles, etc.

- No __________ esprays ni insecticidas para ahuyentar los insectos.

- No lo __________ todo al cubo de la basura; los periódicos, el vidrio, las pilas y las medicinas caducadas se pueden llevar a contenedores o lugares de recogida.

- No __________ desperdicios en la calle, como envoltorios de caramelos, papeles, etc. Puedes llevar una bolsa de plástico en la cartera y poner ahí tus basuras.

- No __________ botellas de plástico.

- No __________ bolsas de plástico de los supermercados, lleva tu bolsa de compra.

- No __________ cosas con mucho envoltorio.

- No __________ sólo por una cara de un folio, escribe por las dos caras.

- Si ves basura en la calle o en el parque, no la __________ tirada en el suelo, recógela. Forma con tus amigos y amigas un grupo 'cazabasuras'.

- No __________ rotuladores y pinturas elaborados con sustancias contaminantes.

 **5** **Escucha el programa de radio sobre el tema y comprueba.**

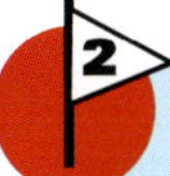
2
To give instructions, orders and advice in the negative, use **no** plus the subjunctive:
No tires papeles al suelo. *Don't throw papers on the floor.*
No utilices insecticidas. *Don't use insecticides.*
No compres botellas de plástico. *Don't buy plastic bottles.*

Here are a few verbs in their subjunctive form:
tirar: no tir*es*; beber: no beb*as*; escribir: no escrib*as*.

 **Meta**

Ahora habla tú del tema con tu compañero/a. ¿Qué te parece lo peor de la contaminación? ¿Qué crees que se puede hacer?

1 ▷ Object pronouns
See page 180

You have already studied **me / te / le (se) / nos / os / les (se)**:

¿Te preocupa la violencia? *Does violence worry you? / Are you concerned about violence?*
Nos preocupa la pobreza. *Poverty worries us. / We are concerned about poverty.*
Les preocupa el paro. *Unemployment worries them. / They are concerned about unemployment.*

You can use other forms of personal pronoun to change focus or for emphasis:
a mí / a ti / a él / a ella / a usted
a nosotros / a nosotras / a vosotros / a vosotras / a ellos / a ellas / a ustedes

Me preocupa la pobreza, ¿y a ti, te preocupa?
I'm worried about poverty. And you, are <u>you</u> worried?
Nos preocupa el paro, y a vosotros, ¿qué os preocupa?
We're worried about unemployment; and you, what concerns <u>you</u>?

You can also use both in one sentence for emphasis:
<u>**A mí**</u> **me preocupa la violencia.**   *I <u>myself</u> am concerned about violence.*
<u>**A ellos**</u> **les preocupa su hijo.**   *They (<u>themselves</u>) are worried about their son.*

Notice that the second group have different forms for the masculine and feminine:
A nosotros nos interesa el cine. / A nosotras nos interesa el cine.
We are interested in the cinema.
A ellos les interesa el museo. / A ellas les interesa el museo.
They are interested in the museum.

2 ▷ Negative imperative
See page 177

When you want to give instructions, orders or advice, use the imperative. If the instructions, orders or advice are in the negative, use the present subjunctive form of the verb:

tirar:	**No tires (tiréis) papeles al suelo.**	*Don't throw papers on the floor.*
utilizar:	**No utilices (utilicéis) insecticidas.**	*Don't use insecticides.*
comprar:	**No compres (compréis) botellas de plástico.**	*Don't buy plastic bottles.*

Here are some more examples:

beber:	**No bebas esto.**	*Don't drink this.*
escribir:	**No escribas aquí.**	*Don't write here.*
entrar:	**No entres.**	*Don't go in.*
comer:	**No comas chocolate ahora.**	*Don't eat chocolate now.*

Ejercicios

1 Complete these sentences.

1 A mí ____ preocupa la violencia.
2 ¿A ti ____ interesa el cine?
3 ¿A vosotros ____ interesan los deportes?
4 A ellos ____ preocupa su amigo.
5 A nosotros ____ preocupa el paro.
6 A María ____ interesa el arte.

2 Escribe la frase negativa.

Ejemplo: escribe el email > no escribas el email

1 come chocolate
2 habla con tus amigos
3 compra mucha ropa
4 escucha música
5 lee esta revista
6 entra en la clase
7 toma el autobús
8 desayuna tarde

Los problemas sociales	Social problems
a causa de	because of
el alcohol	alcohol
clandestino/a	secret
el /la drogadicto/a	drug addict
las drogas	drugs
la ecología	ecology
elaborarse	to make, to produce, to manufacture
enfrentarse	to confront
el esfuerzo	effort
fumar	to smoke
grave	serious
(gravemente) herido/a	(seriously) injured
lejano/a	distant
(quedar) marginado/a	to be marginalised
la mina	mine
el paro	unemployment
la pobreza	poverty
el porvenir	the future
preguntarse	to ask oneself
preocuparse	to worry
químico	chemical
el racismo	racism
servir para algo	to be of some use
el Sida	AIDS
sin embargo	nevertheless
sin recursos	without resources
la tentación	temptation
la violencia	violence
temporal	temporary

El medio ambiente	The environment
los aceites de motor	motor oils
adquirir	to acquire
ahorrar	to save
ahuyentar	to frighten off
a tiempo (de hacer algo)	in time (to do something)

caducado/a	past its sell-by date
la campaña	campaign
la central térmica	power station
el contenedor	container
cortar	to cut
el cubo de basura	rubbish bin
los daños ecológicos	ecological damage
degradable	degradable
desarrollar	to develop
los desperdicios	items of rubbish
destruir	to destroy
encender fuego	to set alight
la energía solar	solar energy
los envoltorios (de caramelos)	(sweet) wrappers
el espray	spray products
lo menos posible	as little as possible
el lugar de recogida	collection point
malgastar	to waste
(de) manera alarmante	(in) an alarming way
la pila	battery
proteger	to protect
quemar(se)	to burn
reciclar	to recycle
el tubo de escape	exhaust pipe
el vertido	(tipped) rubbish
el vidrio	(things made of) glass

Otras palabras y expresiones	Other words and expressions
abrir	to open
la acampada	campsite
los cascos	headphones
construir	to construct/to build
desgraciadamente	unfortunately
disfrutar	to enjoy
el puesto de trabajo	position of work
quitar	to quit, to leave
tumbado (en la playa)	lying (on the beach)

A: ¿Qué vas a estudiar?

Objectives: ■ Talk about your future studies and career plans

¿Qué sabes?

Di qué significan estas asignaturas que los chicos y chicas españoles estudian en el bachillerato. Esucha.

Biología   Geología   Dibujo Técnico   Fisiología y Anatomía   Técnicas de laboratorio
Geografía   Fundamentos del Diseño   Mecánica   Electrónica   Historia del Arte
Griego   Imagen   Economía y organización de Empresas   Física   Ciencias de la Tierra y Medioambientales

1 Lee la carta de Sara que escribe sobre sus estudios y el sistema educativo en España, y contesta las preguntas.

1 ¿Qué posibilidades tienen los jóvenes a los 16 años?

2 ¿A qué edad se termina el bachillerato?

3 ¿Cuántos tipos de bachillerato hay?

4 ¿Qué asignaturas tienen que estudiar todos?

5 ¿Qué va a estudiar Sara y por qué?

Este año estoy estudiando el último año de ESO (la enseñanza secundaria). Cada año hacemos exámenes finales, pero no se llaman exámenes, se llaman evaluaciones y en junio terminaré. El año próximo estudiaré el bachillerato que dura dos años, pero no es obligatorio. En España, a los dieciséis años se puede elegir entre hacer el bachillerato o hacer formación profesional o empezar a trabajar. Algunos de mis amigos harán la formación profesional, pero yo quiero ir a la universidad y tengo que hacer el bachillerato. En el bachillerato todos tenemos que estudiar unas asignaturas comunes, que son Lengua y Literatura, Filosofía, Lengua extranjera, Historia, Educación física y Religión o Actividades de estudio si no se es religioso.

Entonces hay que elegir entre el tipo de bachillerato que se quiere hacer; hay cuatro: Artes, Ciencias de la Naturaleza y de la Salud, Humanidades y Ciencias Sociales y Tecnología. Yo haré el bachillerato de Humanidades, porque quiero trabajar en una empresa y dedicarme a los negocios. Sara

2 Ahora lee otra vez las asignaturas de ¿Qué sabes? y di a qué tipo de bachillerato pertenecen.

Escucha a Sara y a sus amigos y amigas y comprueba.

3 Habla con tu compañero/a de lo que vas a hacer el año próximo.

¿Qué harás el año próximo? ¿Estudiarás o trabajarás? ¿Qué estudiarás? ¿Qué asignaturas harás? ¿En qué trabajarás (o te gustaría trabajar)?

4 Escucha a Javier, María, Manolo y Ana que nos dicen lo que quieren hacer cuando terminen sus estudios en el instituto.

a Une el dibujo con el chico/a que lo menciona (pero no mencionan todos).

b   **Contesta.**

1   ¿Quieren seguir estudiando todos?

2   ¿Qué carrera quieren estudiar? ¿Por qué?

3   ¿Qué profesión quieren elegir? ¿Por qué?

4   ¿Qué profesiones consideran como imposibles? ¿Por qué?

Ayuda

To say what you would like to do or to be, use the conditional form of **gustar**: **gustaría**.

¿Qué te gustaría ser?
What would you like to be?
Me gustaría ser piloto.
I would like to be a pilot.

The subjunctive is used in the following expressions (see forms on page 158):

cuando termine *when I finish / when you (formal) finish*
cuando termines *when you finish*
¿Qué harás cuando termines … ?
What will you do when you finish … ?
Cuando termine el instituto iré a la universidad.
When I finish school I'll go to university.

  **5**   **Tu amiga mexicana, Eréndira, te ha escrito esta postal. Escríbele, contestando sus preguntas.**

Querido/a amigo/a:
Éste es mi último año en la escuela y el año que viene iré a la universidad. Iré a la UNAM, que es la Universidad Nacional Autónoma de México. Es muy grande. Allí voy a estudiar Medicina porque quiero ser doctora, pero me han dicho que hay que estudiar mucho y estoy un poco preocupada. ¿Y tú? Ya sé que terminarás pronto la obligatoria, pero, ¿vas a seguir estudiando el bachillerato superior? ¿Qué asignaturas escogerás? ¿Cuántas asignaturas tienes que hacer? ¿Quieres seguir estudiando en la universidad después o te pondrás a trabajar? ¿Qué carrera estudiarás? ¿Qué profesión te gustaría elegir?
Bueno, si tienes tiempo me escribes. Un abrazo. Eréndira.

 **Meta**

Haz conversaciones similares a la siguiente con tu compañero/a. Elige entre las actividades del cuadro y añade otras.

A: ¿Qué harás cuando termines este curso?

B: Haré el bachillerato superior.

A: ¿Y qué harás cuando termines?

B: Iré a la universidad.

A: ¿Y qué estudiarás?

B: Estudiaré español.

A: ¿Y qué harás cuando termines la universidad?

B: Trabajaré como profesor(a) de español / intérprete / traductor(a).

hacer formación profesional
ir al extranjero   trabajar en una tienda
pasar un año en el extranjero
ir a otro instituto
quedarse en el mismo instituto
viajar   no estar seguro/no saber
buscar trabajo
trabajar en una empresa

B: ¿Qué te gustaría ser?

Objectives: ■ Talk about the kind of work you would like to do in the future and give reasons for your choice

¿Qué sabes?

Si tienes dudas sobre lo que quieres hacer en el futuro haz el siguiente cuestionario.

Añade más cosas que quieres hacer para saber lo que quieres ser.

Quiero...	sí	no	no estoy seguro/a
1 trabajar con niños / jóvenes			
2 ser famoso/a			
3 escribir novelas			
4 viajar al extranjero			
5 trabajar en un laboratorio			
6 arreglar máquinas			
7 trabajar con ordenadores			
8 defender a las personas en el tribunal			
9 manejar dinero			
10 investigar			
11 curar animales			
12 usar diferentes idiomas			
13 tener un trabajo tranquilo y ordenado			
14 volar			
15 ganar mucho dinero rápidamente			

 **1** **Piensa qué profesiones le corresponden a cada punto del cuestionario.**

Ejemplo: arreglar máquinas: ingeniero, obrero de fábrica…

 **2** **Escucha la conversación entre Manolo y su padre que le da consejos sobre qué hacer en el futuro. ¿Qué asignaturas y profesiones menciona cada uno?**

	Manolo	Padre
Asignaturas		
Profesiones		

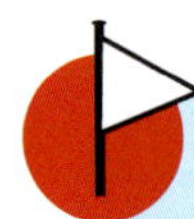

Expressions of advice

tienes que *you have to*; **debes** *you should*; **¿Por qué no … ?** *Why don't you … ?*

You can also use these verbs in the conditional form:
deberías *you should*; **tendrías que**… *you have to*… (lit. *you would have to*)

 **3** Haz diálogos cortos con tu compañero/a. Usa la lista de *¿Qué sabes?*

Ejemplo:
A: ¿Qué te gustaría ser en el futuro? / ¿Qué profesión te gustaría tener?
B: Me gustaría ser profesor(a) de español.
A: ¿Por qué?
B: Porque me gusta trabajar con jóvenes y me gusta mucho el español.
A: Entonces deberías estudiar español en la universidad.

Continúa con otras profesiones: programador, ingeniero, banquero, intérprete, piloto, etc.

Piensa en las asignaturas y / o carreras que hay que estudiar para hacer esas profesiones.

 **4** Lee este artículo de una revista para jóvenes. Explica en inglés lo que debes hacer para tener éxito en tu vida profesional futura.

CONSEJOS PARA ESTUDIANTES

En la actualidad es difícil obtener un trabajo fijo y seguro al terminar la carrera en la universidad. Ya no hay empleos fijos ni carreras para toda la vida. Por eso hay que aprender varias destrezas y cosas diferentes que permitan saltar de trabajo en trabajo.

Éstos son nuestros consejos:

1 Estudia informática. Es esencial y lo será aún más en los próximos años.
2 Aprende idiomas. Serán esenciales para encontrar trabajo en diferentes países y tendrás más oportunidades de vivir en sitios diferentes e interesantes.
3 Es necesario aprender los principios básicos de cómo llevar un pequeño negocio. Quizás tendrás tu propia empresa.
4 Aprende a trabajar en equipo.
5 Debes ser flexible. El mundo avanza más rápido que tú, tienes que continuar aprendiendo.
6 Haz lo que te gusta. No debes elegir tu profesión pensando solamente en lo que puede ser más útil económicamente, sino en lo que te hará más feliz.

 ## Meta

Y a ti, ¿qué te interesa más? ¿Por qué? ¿Qué carrera te gustaría estudiar? ¿Qué asignaturas tienes que hacer? Encuentra información sobre el trabajo o profesión que quieres hacer y prepara una presentación para tus compañeros/as.

Ejemplo:

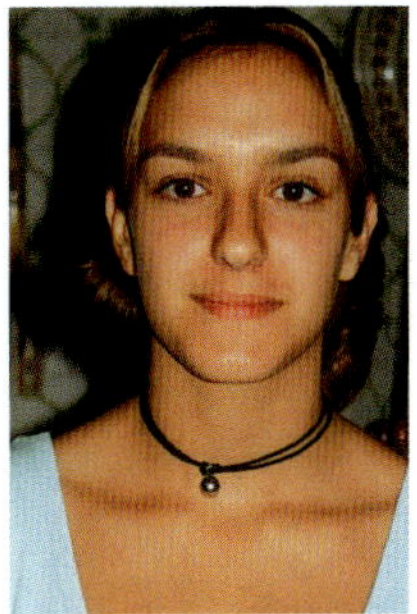

C: Quiero trabajar

Objectives:
- Prepare a CV and write a letter asking for work
- Understand job advertisements

 **¿Qué sabes?**

¿Qué información tienes que poner en un currículum para pedir trabajo? Escribe una lista bajo las categorías del cuadro.

 **1** Escucha la conversación entre María y su profesor de español que la está ayudando a completar su currículum. Toma notas y ayúdala tú a escribirlo.

Datos personales:
Formación y estudios:
Experiencia laboral:
Otros datos de interés:

 **2** Lee el anuncio de trabajo y completa las dos listas.

Lo que piden	Lo que ofrecen

ANÍMATE

Primera empresa de Animación de España precisa

JÓVENES

que hablen español perfectamente y por lo menos dos idiomas de los siguientes: inglés, francés y / o alemán, para trabajar como animadores turísticos en hoteles de nuestras costas. Además deberán tener terminado el bachillerato superior. Es necesario tener un año de experiencia en un puesto turístico. Si te gusta trabajar con gente y la vida al aire libre y los deportes, este trabajo es para ti. Envía Currículum Vitae y foto a: Avenida Cádiz, 18 Madrid, hasta el 22 de enero.

Los seleccionados deberán realizar un período de formación y de prueba y estarán preparados a viajar a menudo y a trasladarse a vivir a cualquier lugar de la costa española. Haremos entrevistas en Madrid y en Barcelona en febrero.

¡Atención!

con relación al anuncio = with regard to the advertisement

tengo dos años de experiencia = I have two years' experience

les escribo para... = I am writing to you to...

solicitar un puesto = to apply for a position

Sé que... = I know that...

Considero que... = I consider that...

trabajar como... = to work as...

animador turístico = holiday rep / tourist guide

les adjunto... = I attach / enclose...

en espera de sus noticias = I look forward to hearing from you

 **3** Lee la carta en que Marta pide el trabajo anterior y contesta las preguntas.

1 ¿Dónde vio el anuncio?

2 ¿Qué experiencia tiene?

3 ¿Por qué quiere el trabajo?

4 ¿Qué idiomas habla?

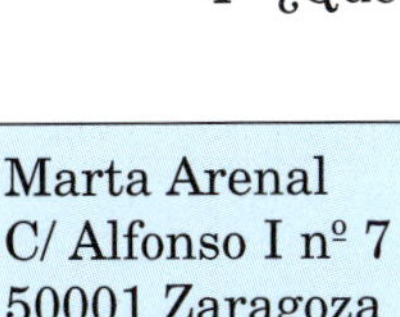

Marta Arenal
C/ Alfonso I nº 7
50001 Zaragoza

Animatur
Pº de la Reina,128
28026 Madrid

Zaragoza a 12 de enero

Muy señor(es) mío(s):

Con relación a su anuncio aparecido en el periódico 'El País' el día 10 de enero, les escribo para solicitar el puesto de animador turístico.

Tengo dos años de experiencia en diversas actividades relacionadas con el turismo y trabajé como guía turística durante cinco meses el año pasado. Soy bilingüe y hablo español e inglés perfectamente. También hablo francés, alemán y un poco de italiano. Practico deportes y me encanta trabajar con gente. Hace un año que vivo en este país y deseo quedarme pues me gusta mucho. Sé que su empresa es líder en la industria turística y me gustaría mucho trabajar para ustedes.

Considero que tengo las cualidades que ustedes piden para el puesto, y tengo muchos deseos de aprender.

Les adjunto mi currículum.

En espera de sus noticias, le saluda atentamente,

Marta Arenal

 **4** Escribe tú una carta similar pidiendo un trabajo y hablando de tus estudios y experiencia. Puedes contestar al anuncio de la Actividad 2 o buscar un anuncio en el periódico. Usa las expresiones subrayadas de la carta.

 **Meta**

a Quieres pedir un trabajo en España; prepara tu propio currículum en español.

b Tu compañero/a te ayuda a hacer el currículum. Habla con él / ella de: tus datos personales, tus estudios del instituto y otros, tu experiencia laboral, tus gustos y aficiones.

▷1 More uses of the subjunctive form

See page 177

The subjunctive is also used to talk about 'when something happens'. It is often combined with the future tense.

Cuando termine en la universidad buscaré trabajo.
When I finish university I'll look for a job.

¿Qué harás cuando termines?   *What will you do when you finish?*
A: ¿Cuándo vas a hacer los deberes?   *When are you going to do your homework?*
B: Cuando termine el programa.   *When the programme finishes.*

▷2 Expressions used to give advice

You have already seen how to use the subjunctive form to give advice. Here are some other expressions:

Tienes que ir al dentista.   *You have to go to the dentist.*
Debes ir al médico.   *You should go to the doctor.*

Notice that **tener que** and **deber** are always followed by a verb in the infinitive.

We can also use these verbs in the conditional form:
Tendrías que ir al dentista.
Deberías ir al médico.

Using this form does not really change the meaning.
Alternatively, use **¿Por qué no … ?**
¿Por qué no vas al dentista?   *Why don't you go to the dentist?*

Note that **¿Por que no … ?** is followed by a verb in the present tense.

Ejercicios

1 Escribe los verbos en paréntesis en la forma correcta.

Ejemplo: Cuando yo (estudiar) mucho español (hablar) perfectamente.

     > Cuando yo estudie mucho español hablaré perfectamente.

  1 Cuando yo (terminar) el instituto (ir) a la universidad.

  2 Cuando Manolo (terminar) el trabajo (volver) a casa.

  3 Cuando tú (terminar) las vacaciones (volver) al instituto.

  4 Cuando María (terminar) el colegio (ir) de vacaciones.

  5 Cuando yo (trabajar) (ganar) mucho dinero.

  6 Cuando mi hermano (ganar) dinero (comprar) una casa grande.

  7 Cuando tú (comprar) un coche (viajar) mucho.

2 Escribe las frases usando *Tendrías* o *Deberías*.

  1 Tienes que ir al médico.

  2 Debes encontrar trabajo.

  3 Tienes que estudiar más.

  4 Debes comprar el libro.

  5 Tienes que hacer los deberes.

  6 Debes trabajar en casa.

Las asignaturas — Subjects of Study

Artes	Arts
Biología	Biology
Ciencias de la Naturaleza y de la Salud	Natural Science and Health
Ciencias de la Tierra y Medioambientales	Earth and Environmental Science
Ciencias Sociales	Social Sciences
Dibujo Técnico	Technical Drawing
Economía y organización de Empresas	Economics and Company Organisation
Educación física	Physical Education
Electrónica	Electronics
Filosofía	Philosophy
Física	Physics
Fisiología y Anatomía	Physiology and Anatomy
Fundamentos del Diseño	Basic Design
Geografía	Geography
Geología	Geology
Griego	Greek
Historia del Arte	History of Art
Historia	History
Humanidades	Humanities
Imagen	Image
Informática	Computer Studies/ Computer Science
Lengua extranjera	Foreign Language
Lengua y Literatura	Language and Literature
Mecánica	Mechanics
Religión	Religion
Técnicas de laboratorio	Laboratory Technique
Tecnología	Technology

La educación — Education

asignaturas comunes	core subjects
el bachillerato	baccalaureate (post 16 education)
elegir	to choose
la ESO (Educación Secundaria Obligatoria)	secondary education (compulsory: 11–15)
el estudio	study
la evaluación	test/exam
la Formación Profesional	vocational qualifications
obligatorio/a	compulsory

El trabajo — Work

la actualidad	these days

el/la animador(a) turístico/a	holiday rep/tourist guide
arreglar máquinas	to repair machinery
buscar trabajo	to look for a job
la carrera	career, university course
el consejo	advice
curar animales	to cure animals
dedicarse	to devote oneself
defender	to defend
la destreza	skill
el doctor/la doctora	doctor
un empleo fijo	permanent employment
la empresa	company
la entrevista	interview
el equipo	team
en equipo	in a team
la formación	training
ganar dinero	to earn money
el intérprete	interpreter
investigar	to do research
llevar un negocio	to manage a business
los negocios	business
el obrero	manual worker, labourer
obtener	to get, to obtain
pertenecer	to belong to
el piloto	pilot
por lo menos	at least
preocupado/a	worried
principios básicos	basic principles
una profesión	a profession
(un periodo de) prueba	(period of) probation
un puesto de trabajo	post/job
saltar de trabajo en trabajo	to jump/switch from job to job
trasladarse	to move, to transfer
un trabajo (fijo)	a (permanent) job
el/la traductor(a)	translator
el tribunal	law court
volar	to fly

Pedir trabajo — Applying for a job

el anuncio	advertisement
con relación al anuncio	with regard to the advertisement
les adjunto mi CV	I attach my CV
les escribo para…	I am writing to you to…
trabajar como…	to work as…

 **¿Qué sabes?**

Di o escribe seis deseos para el futuro.

Ejemplo: Me gustaría tener un coche muy grande.

 **1** **Escucha a Manolo, María, Elisa y Javier que nos dicen qué planes tienen para el futuro.**

a Completa el cuadro. ¿Quién habla de qué tema? Marca con un ✓.

	Manolo	María	Elisa	Javier
Viajes				
Estudios y trabajo				
Transporte				
Amor y familia				
Dinero				
Lugar para vivir				

b Después escribe en inglés un resumen de lo que dicen.

c ¿Quién cree que el futuro será mejor / será peor?

2 Ahora tú. Haz una encuesta en la clase y completa un cuadro como el de la Actividad 1.

 **3** Tu amigo Carlos te ha escrito una carta preguntándote qué planes tienes para el futuro. Lee su carta y di si las frases son verdaderas (V) o falsas (F).

1 Va a sacar notas altas en todo menos en Física.
2 El Inglés se le da bien.
3 Después de los exámenes irá a la playa.
4 Se quedará con sus abuelos en la playa.
5 Le gustaría ir con sus amigos pero no le dejan.
6 No sabe qué hará el año próximo.
7 Aún tiene que hacer dos años antes de ir a la universidad.
8 El dinero no le importa.
9 Prefiere un trabajo interesante en un banco.
10 Le gustaría visitar muchos países.

Ayuda

Use the future tense to talk about your plans:
yo me casaré *I will get married*;
estudiaré *I will study*;
tendré un trabajo muy bueno *I will have a very good job.*

To say you would like to do something use **me / te / le / nos / os / les gustaría** followed by the infinitive:
Me gustaría ir a la playa.
I would like to go to the beach.

Hola:

Ya casi estamos a finales de curso y vamos a hacer los exámenes muy pronto. Yo no estoy seguro si voy a aprobar todo. Estoy un poco preocupado por la Física pues no se me da muy bien. Lo demás, creo que bien, pero no sé si sacaré notas muy altas. Espero sacar una buena nota en Inglés. ¿Y tú? ¿Crees que aprobarás todo? ¿Qué notas crees que vas a sacar?

Después de los exámenes iré al pueblo de mis abuelos a pasar unos días con ellos y después iré con mis padres y hermanos a la playa durante quince días. Me gustaría ir solo con mis amigos, pero mis padres dicen que soy aún muy joven. Quizás el año que viene. ¿Y tú, qué harás cuando termines los exámenes? Yo, en otoño, cuando terminen las vacaciones, volveré al instituto para hacer el bachillerato superior, que son dos años, y después no sé qué haré. Me gustaría seguir estudiando, pero para entrar en la universidad hay que hacer exámenes muy difíciles y no sé qué pasará, tendré que estudiar mucho... En fin, ya veremos. Me gustaría estudiar Economía porque me gustaría trabajar en un banco y ganar mucho dinero. Es un poco aburrido pero si gano dinero quizás pueda viajar, que es lo que me gusta. También me gustaría sacarme el carnet de conducir y comprarme un coche, pero hasta los dieciocho... nada.

¿Y tú? ¿Qué harás el año próximo? ¿Qué planes tienes para el futuro? Escríbeme pronto, antes de las vacaciones.
Un abrazo, Carlos

Ayuda

Note the use of the subjunctive followed by the future in these expressions:
Cuando termine los exámenes iré a la playa. *When I finish the exams I'll go to the beach.*

 **4**   Contesta la carta de Carlos.

 **Meta**

Habla con tu compañero/a. Pregunta: ¿Qué deseos y planes tienes para el futuro?

a   Contesta con los dibujos.

b   Contesta con tu propia información.

B: Todo es posible

Objectives:
- Talk about the future and your future dreams
- Talk about your dream holidays

¿Qué sabes?

Di o escribe cinco frases sobre qué te gustaría hacer en tus vacaciones ideales.

1 Escucha a María que habla de sus vacaciones ideales y dice adónde le gustaría viajar si fuera rica. Mira las fotos de varios lugares de Hispanoamérica y toma nota de toda la información que dice.

La Habana

La Selva Amazónica

Machu Picchu

Cartagena de Indias

Playa Dorada

Iguazú

2 Habla con tu compañero/a: ¿qué lugar prefieres de los anteriores? ¿A qué lugar te gustaría ir y por qué?

3 Vas a viajar a México con tu familia. Lee el reportaje de una revista sobre este país.

a Toma notas de todos los detalles que puedas y completa el cuadro.

b Explica en tu idioma a tu familia la información que has obtenido sobre:

To express a remote possibility, use the imperfect subjunctive:
Si fuera rico/a... *If I were rich…*
Si me tocara la lotería...
If I won the lottery…

These clauses are followed by another clause in the conditional tense (ending in **-ría**): **compraría**, **viajaría**, **viviría**.

Moneda	Clima y ropa	Salud	Gastronomía (comida)	Compras

México

Como están cerca las vacaciones vamos a daros hoy unos consejos para viajar a un maravilloso país: México.

La moneda en este país es el peso. El clima es diferente a causa de la altitud; los lugares que están a mayor altura son más fríos, por eso la capital, Ciudad de México, tiene un clima bastante más fresco que las zonas bajas y cálidas, como Cancún. La temperatura media de la capital es de 18 grados, así que deberías llevar alguna prenda de abrigo ligero. Por lo demás, sólo necesitarás ropa cómoda en tejidos frescos y naturales.

En cuanto a la salud, es importante protegerse del sol, así que usa gafas de sol y protectores solares que son indispensables. También deberías beber siempre agua embotellada. La gastronomía es muy variada y se combinan los gustos indígenas, europeos y americanos. Es una cocina que usa muchas especias. El ingrediente más extendido es el maíz, seguido del chile, el tomate, que allí se llama 'jitomate', y el aguacate. Entre sus platos típicos destacan las enchiladas, los tacos y las tortillas. La cerveza y el vino son de buena calidad y combinan estupendamente con la comida típica del país. La bebida tradicional que se produce en México es el 'tequila', que se toma tradicionalmente con sal y limón.

En lo referente a las compras, es una verdadera tentación ir de compras en México. ¡Ya puedes llevarte bastantes pesos! Encontrarás tiendas de arte y artesanía inspirados en las célebres culturas maya y azteca; también encontrarás joyas, sobre todo de plata, cristal, artículos de piel, alfombras, arte religioso, y muchas otras cosas más. ¡Diviértete mucho!

4 Escucha a Manolo y a María que dicen lo que harían si les tocara la lotería y fueran ricos. ¿Qué harían con el dinero? ¿Qué comprarían? ¿Adónde irían?

Meta

Habla con tu compañero/a. ¿Qué harás durante las vacaciones? ¿Cuáles serían tus vacaciones ideales? ¿Adónde irías y qué harías? Si fueras rico/a, o si te tocara la lotería, qué harías?

1 ▷ Use of the future tense for plans

Use the future tense to talk or ask about plans:

Yo me casaré.	*I will get married.*
Estudiaré.	*I will study.*
Tendré un trabajo muy bueno.	*I will have a very good job.*
¿Qué harás durante las vacaciones?	*What will you do during the holidays?*

2 ▷ Conditional (forms ending in *-ría*)

See page 177

To say you would like to do something use the conditional of **gustar** followed by the infinitive:

Me gustaría ir a la playa.	*I would like to go to the beach.*
Deberías estudiar más.	*You should study more.*

3 ▷ Subjunctive and future tenses

See page 177

You can use the subjunctive followed by the future tense:

Cuando termine los exámenes iré a la playa.	*When I finish the exams I'll go to the beach.*
Cuando trabaje ganaré dinero.	*When I work I will earn money.*

4 ▷ The imperfect subjunctive

This is used to express something that is possible (but not likely) to happen:

Si fuera rico/a...	*If I were rich…*
Si me tocara la lotería...	*If I won the lottery…*

These clauses are followed by a second clause in the conditional:

Si fuera rico compraría un coche grande.	*If I were rich I'd buy a big car.*
Si me tocara la lotería viajaría mucho.	*If I won the lottery I'd travel a lot.*

Ejercicios

1 **Write ten plans for the future. Use the future tense.**

   Ejemplo: Iré a la universidad.

2 **Write five sentences using *me / te / le gustaría*.**

3 **Write five sentences in the conditional for each of the following.**

   Ejemplo: Si me tocara la lotería iría a España.

   a Si me tocara la lotería…

   b Si fuera de vacaciones a España...

Los deseos	Wishes
el amor	love
aprobar	to pass (exams)
dejar	to allow
no le dejan salir	they don't let him go out
el dinero	money
en cuanto a la salud…	as far as health goes…
los estudios y el trabajo	study and work
ganar mucho dinero	to earn a lot of money
importar	to be important
el dinero no le importa	money is not important to him
el Inglés se le da bien	he's good at English
(en todo) menos (Física)	(in everything) except (Physics)
un lugar para vivir	a place to live
no se me da muy bien	I'm not very good at it
las notas	(exam) results
por lo demás	as far as the rest is concerned
sacar el carnet de conducir	to take out a driving licence
sacar notas altas	to get good results (exams)
la salud	health
seguir estudiando	to continue studying

Expresiones	Expressions
¡Diviértete mucho!	Have a great time!
¡Ya puedes llevarte bastantes pesos!	So you can take lots of pesos!

Viaje a México	Journey to Mexico
el aguacate	avocado
el agua embotellada	bottled water
la alfombra	carpet
el arte y la artesanía	art and crafts
los artículos de piel	leather goods
así que	that's why, for that reason
así que usa gafas de sol	for that reason use sunglasses
aún	even
a causa de (la altitud)	because of (the altitude)
célebre	celebrated
el clima	climate
el consejo	piece of advice
lo demás	the rest
destacar	to stand out
en lo referente a (las compras)	with regard to (shopping)
es una verdadera tentación	it's a real temptation
la especia	spice
los gustos	tastes
indispensable	essential
ligero	light
a mayor altura	higher
la moneda	currency
la prenda	item of clothing
protectores solares	protection from the sun
el tejido	fabric
la temperatura media	the average temperature
la vida social	social life

 **1** Lee los anuncios de este periódico de cosas que se han perdido. Contesta en inglés.

a How many things are advertised: found? lost? What was lost: in the street? On public transport?

b To which advertisements do the following refer?

a a very expensive item with a reward

b an item of clothing found in the park

c someone found a phone

d someone was on her way to the beach

e a special item of jewellery which your aunt gave you

f someone was expecting rain

g something to keep money in

h the person who lost this needs it for his work

i a piece of plastic found underground

1 Perdido anillo de oro en los alrededores de la Plaza de Roma. Se ruega devolución por ser recuerdo de familia.

2 Perdidos pendientes de brillantes, de gran valor. Se recompensará su devolución con cien euros.

3 Encontrado maletín conteniendo documentos, móvil y tarjetas de crédito a nombre de José Blasco.

4 Encontrada en el metro tarjeta de crédito a nombre de Manuela López.

5 Perdida maleta de piel marrón con documentos y tarjetas de crédito. Se ruega su devolución por ser documentos de trabajo importantes.

6 Encontrada en el parque Ruiseñor chaqueta de niño de algodón, blanca y azul.

7 Perdido bolso de tela, de color negro con permiso de conducir y monedero de piel rojo.

8 Encontrado en un taxi bolso de señora rojo con gafas y toalla de playa.

9 Perdida maleta de viaje con ropa de señora y un paraguas verde con mango dorado.

 **2** Ahora escribe anuncios para algunos objetos que se te han perdido: la mochila del instituto; un bolso; unas gafas de marca muy caras; un reloj de oro; el móvil, etc.

 **3** Lee esta noticia que ha aparecido en un periódico y di si las siguientes afirmaciones son verdaderas (V) o falsas (F).

UNA FAMILIA MADRILEÑA PASA UNA HORA RETENIDA EN SU CASA POR DOS ATRACADORES

Una familia de Madrid permaneció retenida en su chalé durante una hora por dos atracadores mientras que un tercero les esperaba en un coche robado. Los ladrones robaron joyas y otros efectos valorados en ciento cincuenta mil euros.

Los hechos ocurrieron durante la noche del día diecinueve. Dos hombres encapuchados, que entraron por la ventana de la cocina, sorprendieron al proprietario de la casa que en ese momento veía la televisión en el cuarto de estar.

Después de preguntar cuántas personas había en la casa, los intrusos reunieron en el salón a los cinco miembros de la familia, a los que ataron las manos. Mientras se apoderaban de las joyas y otros objetos de valor, los delincuentes amenazaron de muerte a los miembros de la familia para que revelaran el número secreto de sus tarjetas de crédito.

A uno de los ladrones se le cayó la capucha, entonces cortaron el cable del teléfono y escaparon en el coche que les esperaba. Posteriormente la policía detuvo a tres personas con parte de los objetos robados.

1 Tres ladrones entraron a la casa.

2 La familia vive en un piso de Madrid.

3 Los ladrones se llevaron cosas de mucho valor.

4 Los ladrones robaron el coche de la familia.

5 Los ladrones llevaban la cara cubierta.

6 Entraron por una ventana.

7 La primera persona que los vio fue una de las hijas.

8 Cuando entraron los ladrones la familia estaba en el cuarto de estar.

9 Los ladrones dijeron a la familia que los matarían.

10 Los ladrones querían ir después al banco para robar más dinero a la familia.

11 La familia no podía llamar a nadie.

12 Los ladrones escaparon.

 **4** **Lee la carta de este joven mexicano, Pedro, en la que cuenta cómo era su vida antes, cuando iba a la universidad. Marca las respuestas correctas.**

1 Pedro se levantaba: muy tarde / muy temprano.

2 Para desayunar comía: mucho / poco.

3 La pesera es: un autobús pequeño con paradas fijas / un autobús pequeño con paradas que cambian.

4 Tomaba la pesera o el autobús en: la misma calle donde vivía / otra calle.

5 El autobús paraba: cerca de la universidad / lejos de la universidad.

6 Iba a la universidad con una amiga que vivía: en su calle / cerca de su calle.

7 A mediodía: volvía a casa todos los días / volvía a casa a veces.

8 Por la tarde: nunca tenía clases en la universidad / tenía clases alguna vez.

9 Por la tarde Pedro: siempre se quedaba en casa leyendo / hacía deporte y leía.

10 No le gustaba ir: al cine / a fiestas.

Me levantaba muy temprano, porque mis clases empezaban temprano. Después solía tomar un desayuno muy ligero, como suele ser en México entre semana: un vaso de leche, un pan, café, algo así. Salía rápidamente a clase y me iba a tomar la pesera que es un pequeño autobús, o un pequeño coche en el cual tú pagas una cantidad dependiendo de la distancia que vas a recorrer, y te baja donde tú quieres. Las peseras tienen un poco más de flexibilidad y paran donde quiere el cliente.

Entonces, tenía que irme hasta la avenida más grande para tomar la pesera, que me dejaba justo enfrente de la facultad de Filosofía y Letras, en la Universidad Autónoma.

Una amiga se iba conmigo porque vivía cerca del barrio, nuestros barrios estaban cerca y entonces nos íbamos a veces juntos. Y, ya en la facultad, las clases empezaban. Generalmente la primera clase era la de literatura y bueno, pasaba ahí toda la mañana hasta la hora de comer.

A veces comía en la universidad, pero los días que no tenía que hacer nada por la tarde, regresaba a casa y comía en casa. Cuando tenía cosas que hacer por la tarde, había días que me quedaba en la universidad, y entonces me llevaba un sándwich para comer ahí.

Por la tarde no tenía nunca clases en la universidad, pero yo iba a clases particulares de inglés y francés en una escuela de idiomas que estaba cerca. Y si no, me iba a casa.

Generalmente iba a nadar, por la tarde, o ya regresaba y me dedicaba a leer porque tenía que leer para el siguiente día o a preparar algún trabajo o escribir en el ordenador, lo que fuera necesario.

Los fines de semana no me gustaba mucho ir de reventones, bueno, ustedes les llaman fiestas, ¿verdad? … pero bueno, me gustaba ir al cine, salir por la tarde con amigos a tomar algo…

 **5** Escribe una carta a Pedro contándole cómo era tu vida cuando eras pequeño/a.

 **6** Lee lo que escribe María sobre su paga y cómo gana un poco de dinero extra.

a Contesta: ¿Cuándo le dan la paga sus padres y cuánto le dan? ¿Tiene tiempo para ganar un poco de dinero extra? ¿Por qué?

b Haz una lista en inglés de los trabajos que hace.

c Escribe un texto similar sobre ti.

Mis padres me dan paga cada mes, pero no me dan mucho dinero; por eso tengo que ganar dinero extra. Mi vecina es una señora mayor y muchas tardes la ayudo, voy a comprar y saco a pasear a su perro por el parque. Mi tío tiene una cafetería y le ayudo los fines de semana, trabajo como camarera y pongo y quito las mesas. Me gusta mucho trabajar en la cafetería porque hay mucha gente y hago muchos amigos. Mi abuela tiene una tienda de ropa y a veces la ayudo también, me encanta trabajar en la tienda porque me encanta la ropa. Soy bastante buena estudiante y tengo tiempo de estudiar y trabajar un poco.

 **7** Lee el email de Javier que habla sobre las relaciones con su familia.

a Contesta las preguntas en inglés.

1 How many of his brothers and sisters does Javier get on well with?
2 Why does he have a problem with his little sister?
3 What does he argue about with his parents?
4 Where does he go at the weekends?
5 What is his favourite topic of conversation?
6 Where is he allowed to go at night?

b Escribe un texto similar sobre ti.

Tengo un hermano mayor y me llevo mal con él, reñimos mucho, pero con mi hermana mayor me llevo muy bien. También tengo una hermana menor, tiene cinco años menos que yo y reñimos bastante, porque entra a mi cuarto y quiere tocar todas mis cosas. A veces es una pesada. Pero tampoco me llevo muy mal con ella, lo que pasa es que aún es muy pequeña.

Me llevo muy bien con mis padres, pero de vez en cuando tenemos alguna discusión por cosas de los estudios. Con mi madrastra no discuto, sólo algunas veces, sobre todo porque no ayudo mucho en casa. Voy a casa de mi madre todos los fines de semana y hablo mucho con ella de cosas de los jóvenes, de los estudios, de los amigos, y de otras cosas. También temas generales como la contaminación, los animales, a veces de historia que me gusta mucho. Mi padre me deja salir a veces por la noche, pero sólo a veces: si voy a casa de alguno de los amigos, si hay alguna fiesta o si voy al cine, pero no puedo volver a casa muy tarde.

 **8** **Lee el artículo que ha aparecido en el periódico sobre los jóvenes y la búsqueda de empleo. Escribe en tu agenda, en inglés, lo que debes hacer.**

7–8am	1–3pm
8–9am	4–5.30pm
9–10am	6–8pm
10–11am	8.30pm

¿ESTÁS SIN TRABAJO?

¿Has terminado tus estudios y no quieres continuar estudiando por ahora? ¿Has perdido un trabajo y no has encontrado otro aún? Si es así es muy importante seguir un ritmo regular de vida y estar ocupados todos los días. Es esencial diferenciar el tiempo de ocio del tiempo de 'ocupación'. Aquí te proponemos una agenda diaria para que te organices.

1 Levántate pronto, sobre las 7 o 7.30.

2 Después haz algo de ejercicio hasta las ocho.

3 De 8 a 9, lee las ofertas de empleo en los periódicos y contesta las que se adaptan a tus características. Identifica las empresas para las que podrías trabajar y escribe y envía una carta de presentación y un currículum. Prepara una lista de empresas buscando en los anuncios.

4 De 9 a 10 visita las oficinas de empleo y otros centros oficiales para ver si existe alguna oferta que puedas aceptar.

5 De 10 a 11 realiza alguna actividad de tipo profesional, si puede ser relacionada con tu profesión, aunque no te paguen. Por ejemplo, trabajar en el taller de algún conocido, ayudar en una tienda u oficina, sin cobrar.

6 A mediodía intenta salir a comer con algún amigo o conocido que está trabajando para ver si haces contactos.

7 Por la tarde, de 16 a 17.30 estudia en casa y prepárate para mejorar en tu profesión o estudia algo diferente. Prepara algún examen.

8 Después, más tarde, de 6 a 8 debes ir a alguna academia para estudiar idiomas, mecanografía, informática, algo útil para diferentes tipos de trabajos.

9 Por la noche, a partir de las 8.30, debes estar con la familia y salir con amigos, hablar con ellos e intercambiar experiencias; es muy importante para mantenerte optimista.

10 El fin de semana tienes que hacer deporte, y salir al campo es una buena manera de mantenerse sano mental y físicamente.

 **9** **Lee los problemas que tienen estos chicos y chicas y une cada problema con el consejo correspondiente.**

1	Tengo mucha tos y dolor de pecho.	**a**	Debes decírselo a tu profesor.
2	Voy a ir a una fiesta.	**b**	No debes beber más vino o te pondrás peor.
3	Quiero dejar de fumar.	**c**	Tienes que dejar de fumar, así te sentirás mejor.
4	Creo que mi amigo toma drogas.		
5	Me duele la cabeza y estoy mareada.	**d**	No debes hacerles caso, eso no es verdad.
6	A veces me ofrecen pastillas en la discoteca.	**e**	Toma chicle.
7	Mis amigos dicen que si tomo alcohol seré menos tímida.	**f**	Deben prohibir fumar en los sitios públicos.
		g	No debes beber si conduces.
8	No soporto el humo del tabaco.	**h**	Debes decir que no quieres.

CONVERSACIÓN Y PRESENTACIÓN

1 ▷ Las tareas diarias

¿Cómo es tu vida ahora?

¿Cómo era tu vida antes de ir al instituto / cuando eras pequeño/a?

¿A qué jugabas? ¿Qué juguetes tenías / eran tus favoritos?

¿Ayudas en casa? ¿Qué tareas / trabajos de la casa haces? ¿Cómo vas a ayudar en casa este fin de semana? ¿Compartís el trabajo entre todos?

¿Cuál es la tarea que más te gusta? ¿Y la que menos te gusta? ¿Por qué?

¿Qué has hecho esta mañana antes de venir al instituto / colegio?

¿Tienes paga? ¿Cuánto dinero te dan?

¿Cuánto dinero te gustaría tener?

¿Trabajas fuera de casa? ¿Haces algún trabajo por horas? ¿Cuántas horas trabajas a la semana? ¿Cuánto dinero ganas?

¿Te gusta el trabajo? ¿Por qué?

¿Has hecho prácticas laborales? ¿Has tenido experiencia de trabajo? ¿Qué trabajo hiciste? ¿Qué actividades hacías? ¿Qué opinas de tu experiencia de trabajo? ¿Crees que es útil / inútil? ¿Por qué?

2 ▷ Tiempo libre

¿Qué haces en tu tiempo libre / tus ratos libres?

¿Qué diversiones hay para los jóvenes aquí / en tu ciudad / en tu pueblo?

¿Qué tipo de espectáculos te gustan? ¿Sales los fines de semana / por las tardes / por las noches? ¿Sales mucho o poco? ¿Vas con tus amigos/as? ¿Adónde vas?

3 ▷ Los medios de comunicación

¿Te gusta el cine / el teatro / bailar / patinar / ir al restaurante / ir a tomar algo (a una cafetería) / ir de excursión…?

¿Cuándo vas al cine? ¿Cuánto cuestan las entradas? ¿Hay descuentos especiales?

¿Qué tipo de películas te gustan? ¿Y qué películas no te gustan?

Cuenta una película que has visto recientemente en el cine o en la tele. ¿De qué trata? ¿Quiénes son los protagonistas? ¿Qué opinas del argumento, de los actores, de la música, de la fotografía…?

Describe a una persona famosa: un(a) cantante, actor / actriz, deportista.

¿Qué medio(s) de comunicación prefieres? ¿Por qué?

¿Qué opinas de la televisión / la radio? ¿Ves mucha televisión? ¿Escuchas mucho la radio?

¿Qué programas te gustan? ¿Qué programas no te gustan? ¿Cuál es tu programa favorito?

¿Te gustan las telenovelas? ¿Cuál es tu favorita? ¿De qué trata?

¿Lees periódicos / revistas / libros / cómics?

¿Qué (tipo de revistas) te gusta leer?

4 ▷ Las compras

¿En qué gastas tu dinero?

¿Te gusta ir de compras? ¿Qué te gusta comprar?

¿Cuándo vas de compras? ¿Qué compras?

¿Qué hiciste la última vez que fuiste de compras? ¿Qué compraste?

¿Cómo son las tiendas en tu ciudad / pueblo?

¿Qué tipo de tienda te gusta más? ¿Por qué?

¿Prefieres comprar en las tiendas pequeñas o en los grandes almacenes y centros comerciales?

¿Qué regalos te gustaría comprar para tus amigos y tu familia si fueras de vacaciones a España?

¿Qué cosas típicas pueden comprar los turistas en tu pueblo / ciudad / región / país?

¿Te gusta seguir la moda? ¿Qué ropa te gusta?

¿Qué ropa llevas? ¿Cuál es la moda actual?

5 ▷ Relaciones con los demás

Describe a tu mejor amigo/a. ¿Cuánto tiempo hace que sois amigos/as? ¿Tienes novio/a? ¿Cómo lo / la conociste?

¿Qué cualidades prefieres en un(a) amigo/a?

¿Qué defectos odias?

¿De qué hablas con tus amigos/as, compañeros/as?

¿Qué tal te llevas con tu familia: tu madre / tu padre / tu madrastra / tu hermanastro … ?

¿Riñes / Discutes con tu hermano/a?

¿De qué hablas con tus padres / hermanos … ?

6 ▷ Problemas y temas de actualidad

Cuenta algo que te pasó: un robo, un accidente, o algo que leíste en el periódico o viste en la televisión.

¿Qué problemas te preocupan más? ¿Y a tus amigos/as?

¿Qué problemas tienes en casa / en el instituto?

¿Te preocupa el medio ambiente? ¿Hay problemas de contaminación en tu región / ciudad? ¿Por qué?
¿Qué cambios has visto en tu pueblo / ciudad en los últimos años?
¿Qué haces para cuidar el medio ambiente de tu ciudad / pueblo / región? ¿Qué deberías hacer y no haces?

7 > Educación y empleo

¿Qué estudias? ¿Cuántos deberes haces cada día / a la semana?
¿Qué estudiarás el año próximo? ¿Estudiarás en este / el mismo instituto?
¿Quieres seguir estudiando o prefieres trabajar? ¿En qué te gustaría trabajar? ¿Por qué?
¿Qué carrera quieres estudiar? ¿Y tus amigos/as?
¿Qué quieren tus padres para ti? ¿Están de acuerdo con lo que quieres hacer? ¿Por qué?
Si vas a la universidad, ¿te gustaría estudiar en otra ciudad o en la tuya? ¿Por qué?
¿Te gustaría viajar / tener un año libre / trabajar / antes de ir a la universidad?

8 > El futuro

¿Qué te gustaría ser / hacer en el futuro? ¿Por qué? ¿Cuál sería tu trabajo ideal? ¿Por qué?
¿Quieres vivir en tu ciudad o ir a vivir a otra ciudad / otro país?
¿Te gustaría trabajar en el extranjero / en España? ¿Por qué (no)?
¿Quieres casarte? ¿Quieres tener hijos? ¿Prefieres estar soltero/a?

Role plays

9 > You have been invited to a birthday party and you don't know what present to buy. Ask your friend what present she would like.

Tú: (Ask your friend.)

Tu amiga: Depende, no sé, ¿qué le gusta?

Tú: (Say he loves computers.)

Tu amiga: Pues podrías comprarle un juego.

Tú: (No. Expensive. You only have a few euros left.)

Tu amiga: Pues, ¿qué te gustaría comprarle con ese dinero?

Tú: (You are not sure, choose 2 possible cheaper things.)

Tu amiga: Sí, yo creo que tienes bastante.

10 > Last month you went to Spain to do work experience. Your friend asks you some questions:

Tu amigo: ¿Dónde trabajabas?

Tú: (Choose a place.)

Tu amigo: ¿Cuál era tu puesto de trabajo?

Tú: (Choose a job.)

Tu amigo: ¿Qué hacías todos los días? ¿Cuáles eran tus funciones?

Tú: (Say 4 things you had to do in the job.)

Tu amigo: ¿Cuáles eran tus horarios?

Tú: (9am to 1.30pm and 4pm to 7.30pm)

Tu amigo: ¿Te gustaba? ¿Por qué?

Tú: (Say yes / no and give 2 reasons.)

Tu amigo: ¿Qué hacías después del trabajo?

Tú: (Mention 3 things.)

Tu amigo: ¿Cómo era la ciudad donde estabas?

Tú: (Choose a town and describe it - say 4 things about it.)

11 > En la comisaría: you've lost your bag which had your wallet inside with all your money and cards. Go to the police and report it.

Policía: ¿En qué puedo ayudarle?

Tú: (Di lo que perdiste y dónde.)

Policía: ¿Cómo y cuándo ocurrió?

Tú: (Explica lo que hacías y cómo ocurrió todo.)

Policía: ¿Puede describir su bolso, por favor?

Tú: (Describe el bolso y lo que había dentro.)

MIS PRÁCTICAS LABORALES

En el mes de febrero hice mis prácticas laborales que el instituto organiza para los estudiantes. Trabajé durante dos semanas en una escuela de danza y música. Cada día empezaba a trabajar a las diez de la mañana y terminaba a las seis.

Todos los días me levantaba a las ocho y media y desayunaba. Después me duchaba y me vestía. Tenía que llevar un uniforme que era una camiseta negra con el nombre de la escuela y unos pantalones negros. Cuando estaba preparada salía de casa y me iba a trabajar a las nueve y media más o menos. Iba a pie, porque la escuela está bastante cerca de mi casa. Llegaba a las diez menos cuarto. Toda la mañana trabajaba en la oficina de la escuela haciendo trabajos administrativos. A la una iba al supermercado y compraba la comida para mis compañeros y para mí. Volvía a la escuela y comía. Teníamos una hora de descanso para comer. Por la tarde ayudaba a los profesores en las clases de baile y enseñaba los bailes a los niños pequeños. Terminaba mi trabajo a las seis de la tarde y volvía a casa andando. Cuando llegaba a casa estaba bastante cansada y veía la televisión hasta las siete. Entonces cenaba y después leía un rato y me acostaba pronto.

Mi trabajo era muy variado. Cada día hacía cosas diferentes y por eso era muy interesante. Todos los días atendía a los clientes y preparaba café para ellos y por la tarde ayudaba a los profesores. El primer día, el lunes archivé documentos y también hice fotocopias. El martes aprendí cómo funciona la caja y por la tarde cobré el dinero de las clases. El jueves trabajé en la recepción y contesté el teléfono para dar información sobre los horarios. El viernes ayudé en la oficina.

Me gustó mucho tener esta experiencia y trabajar en la escuela porque la directora y mis compañeros eran muy simpáticos y me ayudaron y enseñaron mucho. Por eso aprendí a hacer muchas cosas nuevas que son muy útiles para mi futuro.

Cuando termine el instituto quiero ir a la universidad y quiero estudiar idiomas, pero también quiero estudiar baile. Me gustaría mucho trabajar en un lugar similar cuando termine la universidad, pero prefiero ser profesora de baile en vez de trabajar en la oficina.
Isabel

1 ¿Qué dice Isabel? Completa el cuadro con la información que da:

Tipo de trabajo:	
Un día típico de su trabajo:	
Una cosa diferente que hizo cada día de la semana:	
Su opinión sobre esta experiencia:	
Sus proyectos para el futuro:	

2 ¿Qué significan las palabras y frases de color rojo?

3 Escribe dos listas con los verbos del texto. ¿Cuándo se usa cada tiempo?

    Pretérito indefinido   **Imperfecto**

4 Escribe una redacción sobre tus prácticas laborales. Usa el cuadro de la Actividad 1 como ayuda.

'BICICLETAS: TRANSPORTE IDEAL': CARTA AL ALCALDE DE LA CIUDAD

Sr. Alcalde:

El motivo de mi carta es pedirle carriles para bicicletas en Valladolid. Es cierto que hasta ahora no hay mucha gente que utiliza este medio de transporte para viajar normalmente por nuestra ciudad, pero estoy seguro de que si ponen el carril, muchas más personas utilizarían la bicicleta. Hace poco leí en un periódico local unos datos estadísticos en los que se decía que el 42% de los hogares de Valladolid tienen una bicicleta en su casa. Supongo que sólo la utilizan cuando salen al campo o van de vacaciones al pueblo. Sin embargo, deberían usarlas en la ciudad, pero comprendo que estas personas tienen miedo. Yo la utilizo siempre y casi siempre es muy peligroso porque pienso que puedo tener un accidente grave. ¿Por qué? Pues porque en las calles hay demasiado tráfico y los coches no tienen cuidado y no respetan a los ciclistas. Hay también muchos conductores que van a demasiada velocidad. Tampoco los peatones tienen respeto por los ciclistas y cruzan por todas partes sin mirar. Un día, un peatón cruzó cuando yo llegaba, entonces me caí de la bicicleta y me rompí el brazo. Yo voy siempre por la derecha, hago las señales correctas, me paro en los semáforos y aún así encuentro problemas todos los días.

La gente tiene que dejar el coche en casa y utilizar la bicicleta, porque el tráfico causa mucha contaminación y ruido. Además, todos estaremos más sanos y en forma, porque la bicicleta es un ejercicio excelente.

Nuestra ciudad es ideal para utilizar la bicicleta porque es llana y pequeña y las distancias no son largas. ¡Ayúdenos, Señor Alcalde, y ayudará a su ciudad! *Juan*

1 Encuentra en el texto las palabras y expresiones españolas correspondientes a las del cuadro.

> traffic lights reason they should streets serious arm drivers
> travel healthier homes countryside dangerous newspaper pedestrians cross cycle lane

2 ¿Qué significan las palabras y frases de color rojo?

3 Lee la carta de Juan, que es de Valladolid, una ciudad que está en el centro de España y contesta las preguntas en inglés.

a What does Juan ask in his letter?

b How many people in Valladolid have a bicycle at home?

c When do they usually ride their bikes?

d What does he say about his cycling?

e What are the problems of using a bike in town? Why?

f Has he ever had an accident?

g What are the advantages for the town in the use of bikes?

h What are the advantages for the people?

i Why is Valladolid an ideal town to cycle in?

4 Escribe una carta al alcalde de tu ciudad sobre un problema similar o relacionado con el medio ambiente.

NOMBRES SUSTANTIVOS Y ARTÍCULOS — NOUNS AND ARTICLES

Gender

Nouns are either masculine or feminine.
Most nouns which end in **-o** are masculine: **el libro**
Most nouns which end in **-a** are feminine: **la casa**

But there are exceptions to this rule:
el día (*day*); la mano (*hand*).

Other noun endings do not follow a pattern:
el coche (*car*); la calle (*street*).

Some nouns can be masculine or feminine. Nouns ending in **-o** change to **-a**:
el chico (*boy*); la chica (*girl*).

If a noun ends in a consonant, add **-a** for feminine:
el profesor / la profesora (*teacher*).

Nouns ending in **-e** are the same in masculine and feminine:
el / la estudiante (*student*).

Nouns ending in **-a** are the same in masculine and feminine:
el / la recepcionista (*receptionist*).

Nouns ending in **-or**, **-ón**, or **-és** are always masculine:
actor / profesor (*actor / teacher*); ratón (*mouse*); inglés (*English*).

Nouns ending in **-dad**, **-tad** or **-ción** are always feminine:
ciudad / lealtad (*city / loyalty*); educación (*education*)

Plurals

If a noun ends in a vowel add **-s** to form the plural:
el libro / los libros   *the book / the books*
la casa / las casas   *the house / the houses*

If a noun ends in a consonant add **-es**:
el profesor / los profesores   *the teacher / the teachers*

An exception to this rule occurs if a noun ends in **-z**, in which case the plural is **-ces**:

la luz / las luces   *light / lights*

The definite article

	masculino	femenino
singular	**el** libro	**la** casa
plural	**los** libros	**las** casas

Note how the definite article is sometimes used in Spanish where it wouldn't appear in English:
La sociedad española   *Spanish society*
Me gustan los deportes.   *I like sports.*

Feminine nouns with a stressed **a** as their first letter take **el** as the definite article:
el agua   *water*

When talking about days of the week, use **el / los** to mean *on*:
Vuelvo **el** domingo.   *I'm returning on Sunday.*
Juego al tenis **los** sábados.   *I play tennis on Saturdays.*

Contractions:
a + el = al: Voy **al** centro. (*I'm going to the centre.*)
de + el = del: el padre **del** chico (*the boy's father*).

The indefinite article

	masculino		femenino	
singular	**un** libro	*a book*	**una** casa	*a house*
plural	**unos** libros	*some books*	**unas** casas	*some houses*

The indefinite article is not used in the following cases:
a) Professions:
Soy profesor.   *I'm a teacher.*
Ana es arquitecta.   *Ana is an architect.*
b) Questions and negations:
¿Tienes hermanos?   *Do you have any brothers?*
No. No tengo hermanos.   *No. I don't have any brothers.*
c) Plurals:
Quiero manzanas.   *I'd like some apples.*

VERBOS — VERBS

Present tense of regular verbs
SEE PAGE 10

There are three types of regular verbs in Spanish: **-ar, -er,** and **-ir** verbs. Study the table.

	-ar	-er	-ir
	estudiar	**comer**	**escribir**
yo	estudi**o**	com**o**	escrib**o**
tú	estudi**as**	com**es**	escrib**es**
él/ella/Vd	estudi**a**	com**e**	escrib**e**
nosotros/as	estudi**amos**	com**emos**	escrib**imos**
vosotros/as	estudi**áis**	com**éis**	escrib**ís**
ellos/ellas/Vds	estudi**an**	com**en**	escrib**en**

Irregular verbs

There are several different types of irregular verbs:

Verbs that are irregular in the 1st person singular
SEE PAGE 28

Examples:

Verb	1st person singular (*yo*)	English
conocer	**conozco**	*to know (someone / a place)*
dar	**doy**	*to give*
hacer	**hago**	*to make / to do*
saber	**sé**	*to know (something)*
salir	**salgo**	*to leave / to go out*

Verbs that are irregular

	ser (*to be*)	**estar** (*to be*)	**ir** (*to go*)
yo	soy	estoy	voy
tú	eres	estás	vas
él/ella/Vd	es	está	va
nosotros/as	somos	estamos	vamos
vosotros/as	sois	estáis	vais
ellos/ellas/Vds	son	están	van

Radical-changing verbs (verbs that change their stem)
SEE PAGE 28

These verbs change their stem in the 1st and 2nd persons singular and 3rd persons singular and plural. There are three kinds of these verbs:

from **e** to **ie**		from **e** to **i**		from **o** to **ue**	
querer		**pedir**		**dormir**	
quiero	queremos	pido	pedimos	duermo	dormimos
quieres	queréis	pides	pedís	duermes	dormís
quiere	quieren	pido	piden	duerme	duermen

More examples of these verbs are as follows:

from **e** to **ie**	from **e** to **i**	from **o** to **ue**
cerrar	repetir	acostar(se)
empezar	servir	costar
entender	vestir(se)	doler
perder		encontrar
preferir		morir
recomendar		volver

Tener (*to have*): tengo, tienes, tiene, tenemos, tenéis, tienen

Venir (*to come*): vengo, vienes, viene, venimos, venís, vienen

Jugar (*to play*): juego, juegas, juega, jugamos, jugáis juegan

Reflexive verbs
SEE PAGE 28

Reflexive verbs, such as **levantarse**, **despertarse**, **bañarse**, change according to the following pattern:

yo	**me** levanto
tú	**te** levantas
él/ella/Vd	**se** levanta
nosotros/as	**nos** levantamos
vosotros/as	**os** levantáis
ellos/ellas/Vds	**se** levantan

Negatives
To form the negative, start the sentence or question with **no**.

| **No** juego al fútbol. | *I don't play football.* |
| ¿**No** vienes conmigo? | *Aren't you coming with me?* |

Other negative expressions with **no** are as follows:

No voy **nunca** al cine.	*I never go to the cinema.*
No me gusta **nada** la televisión.	*I don't like television at all.*
No tengo **ni** leche **ni** pan.	*I have neither milk nor bread.*
No hay **nadie**.	*There isn't anybody.*

You can also start the sentence with the negative word and omit **no**.

| **Nunca** voy al cine. | *I never go to the cinema.* |

Impersonal constructions with *se*
SEE PAGES 59, 148

Examples:

¿Se puede pagar con tarjeta?	*Is it possible to pay by card?*
se habla español	*Spanish spoken*
se alquilan bicicletas	*bicycles for hire*

Ser and *estar*
SEE PAGES 7, 10, 30, 56, 62

Use **ser** to describe who you are, jobs, nationality, or description (colour, size, personality, etc.):

Soy María.	*I'm María.*
¿**Eres** profesora?	*Are you a teacher?*
Es española.	*She's Spanish.*
El coche **es** blanco.	*The car is white.*
Los hermanos **son** altos.	*The brothers are tall.*
María **es** simpática.	*María is nice.*

Estar is used in the following circumstances:

a) Location:

| **Está** en el sur. | *It's in the south.* |

b) Temporary or changing state:

| La mesa **está** sucia. | *The table is dirty.* |
| El espejo **está** roto. | *The mirror is broken.* |

c) Mood or health:

| **Estoy** triste. | *I'm sad.* |
| Mi madre **está** enferma. | *My mother is ill.* |

d) Marital status:

| **Estoy** casado. | *I'm married.* |
| **Está** divorciada. | *She is divorced.* |

The present continuous tense
SEE PAGE 28

The present continuous tense uses the verb **estar** with the gerund:

-**ar** verbs: **ando**	**estoy** trabaj**ando**	*I'm working*
-**er** verbs: **iendo**	**está** com**iendo**	*(s)he's having lunch*
-**ir** verbs: **iendo**	**están** viv**iendo**…	*they're living…*

-**ir** radical-changing verbs change the stem in the gerund form as well:

| dormir | **durmiendo** | *sleeping* |
| pedir | **pidiendo** | *coming* |

The preterite tense (simple past)
SEE PAGES 27, 28, 68, 103, 114

	-**ar** verbs	-**er** verbs	-**ir** verbs
yo	estudi**é**	com**í**	escrib**í**
tú	estudi**aste**	com**iste**	escrib**iste**
él/ella/Vd	estudi**ó**	com**ió**	escrib**ió**
nosotros/as	estudi**amos**	com**imos**	escrib**imos**
vosotros/as	estudi**asteis**	com**isteis**	escrib**isteis**
ellos/as/Vds	estudi**aron**	com**ieron**	escrib**ieron**

Some verbs are irregular in the 1st person singular:

sacar:	Sa**qué** entradas.	*I bought tickets.*
cruzar:	Cru**cé** la calle.	*I crossed the street.*
empezar:	Empe**cé** la novela ayer.	*I started the novel yesterday.*
jugar:	Ju**gué** esta mañana.	*I played this morning.*
llegar:	Lle**gué** tarde.	*I arrived late.*

Some verbs are irregular in the 3rd person singular and plural:

leer:	le**yó** / le**yeron** el libro	*(s)he / they read the book*
caer:	ca**yó** / ca**yeron**	*(s)he / they fell over*

Irregular forms in the simple past

	ser and ir	hacer	venir	tener	dormir
yo	fui	hice	vine	tuve	dormí
tú	fuiste	hiciste	viniste	tuviste	dormiste
él/ella/Vd	fue	hizo	vino	tuvo	durmió
nosotros/as	fuimos	hicimos	vinimos	tuvimos	dormimos
vosotros/as	fuisteis	hicisteis	vinisteis	tuvisteis	dormisteis
ellos/as/Vds	fueron	hicieron	vinieron	tuvieron	durmieron

The present perfect tense
SEE PAGES 73, 78, 81, 88

This is formed as follows: **haber** + past participle of verb.

	haber	Past participle -ar = ado -er = ido -ir = ido		
yo	**he**			
tú	**has**			
él/ella/Vd	**ha**	estudiado	comido	vivido
nosotros/as	**hemos**			
vosotros/as	**habéis**			
ellos/ellas/Vds	**han**			

We use the present perfect to say what we have done or what has happened recently:

He terminado mis deberes.	*I've finished my homework.*
María ha salido.	*María has gone out.*
Mis padres han ido al cine.	*My parents have gone to the cinema.*

Here are some irregular past participles:

abrir / **abierto**	decir / **dicho**	escribir / **escrito**
hacer / **hecho**	morir / **muerto**	poner / **puesto**
romper / **roto**	ver / **visto**	volver / **vuelto**

The present perfect is used with time expressions:
¿Has comido calamares **alguna vez**? *Have you ever eaten squid?*

No he comido **nunca** calamares. *I've never eaten squid.*

The imperfect tense
SEE PAGES 35, 36, 67, 70, 104, 108, 114

	-ar verbs	-er verbs	-ir verbs
yo	estudi**aba**	com**ía**	escrib**ía**
tú	estudi**abas**	com**ías**	escrib**ías**
él/ella/Vd	estudi**aba**	com**ía**	escrib**ía**
nosotros/as	estudi**ábamos**	com**íamos**	escrib**íamos**
vosotros/as	estudi**abais**	com**íais**	escrib**íais**
ellos/as/Vds	estudi**aban**	com**ían**	escrib**ían**

Note: **había** (*there was / were*) comes from the verb **haber** (**hay** in the present tense).

The following verbs are irregular in the imperfect:

	ser	ir	ver
yo	era	iba	veía
tú	eras	ibas	veías
él/ella/Vd	era	iba	veía
nosotros/as	éramos	íbamos	veíamos
vosotros/as	erais	ibais	veíais
ellos/as/Vds	eran	iban	veían

We use the imperfect tense in the following ways:

a) Where we use 'used to do' in English:
   Jugaba al tenis. *I used to play tennis.*
b) Where we use 'was / were doing' at a specific time:
   Llovía / Estaba lloviendo cuando salí. *It was raining when I left.*
c) To describe what something was like:
   La casa **era** grande. *The house was big.*

The future tense
SEE PAGES 41, 44

There are three ways of expressing the future in Spanish:

a) The verb **ir** + **a** + the infinitive of the main verb.

yo	voy a	
tú	vas a	
él/ella/Vd	va a	estudiar
nosotros/as	vamos a	
vosotros/as	vais a	
ellos/ellas/Vds	van a	

b) In the future form these endings are added to the infinitive: **-é / -ás / -á / -emos / -éis / -án.**

	-ar verbs	-er verbs	-ir verbs
yo	estudiar**é**	comer**é**	escribir**é**
tú	estudiar**ás**	comer**ás**	escribir**ás**
él/ella/Vd	estudiar**á**	comer**á**	escribir**á**
nosotros/as	estudiar**emos**	comer**emos**	escribir**emos**
vosotros/as	estudiar**éis**	comer**éis**	escribir**éis**
ellos/as/Vds	estudiar**án**	comer**án**	escribir**án**

With irregular verbs the endings are the same as for regular verbs.

decir *to say / tell*	**diré**	**salir** *to go out*	**saldré**
hacer *to do*	**haré**	**tener** *to have*	**tendré**
poner *to put*	**pondré**	**venir** *to come*	**vendré**

c) You can also use the present tense to refer to the future.

¿Qué hacemos? — *What shall we do?*
(lit. *What do we do?*)
Quedamos en el cine. — *We'll meet at the cinema.*

The conditional tense
SEE PAGE 164

We use the conditional tense to talk about what we would do.

The conditional adds the imperfect endings for **-er** and **-ir** verbs to the infinitive of regular verbs.

	-ar verbs	**-er** verbs	**-ir** verbs
yo	estudiar**ía**	comer**ía**	escribir**ía**
tú	estudiar**ías**	comer**ías**	escribir**ías**
él/ella/Vd	estudiar**ía**	comer**ía**	escribir**ía**
nosotros/as	estudiar**íamos**	comer**íamos**	escribir**íamos**
vosotros/as	estudiar**íais**	comer**íais**	escribir**íais**
ellos/as/Vds	estudiar**ían**	comer**ían**	escribir**ían**

Verbs that change their stem in the future also change their stem in the conditional:
Vendría pero no puedo. *I would come, but I can't.*
salir: **saldría**   poder: **podría**   decir: **diría**

Conditional sentences
SEE PAGE 44

a) **si** (*if*) + present simple + future
   Si llueve, iré al cine. *If it rains, I'll go to the cinema.*

b) **si** (*if*) + imperfect subjunctive + **-ría** forms:
   Si **fuera** rico, compra**ría** una casa grande.
   If I were rich, I would buy a big house.
   Si **hubiera** nieve, esquiar**íamos**.
   If there were some snow, we'd ski.

Passive voice
SEE PAGE 146

The passive is used less in Spanish than in English.

If we want to say, *The school was built last year*, in Spanish we can use the pronoun **se** + the verb:
El instituto **se construyó** el año pasado.
or the passive:
El instituto **fue construido** el año pasado.

Present subjunctive
SEE PAGES 153, 158, 164

	-ar verbs	**-er** verbs	**-ir** verbs
yo	estudi**e**	com**a**	escrib**a**
tú	estudi**es**	com**as**	escrib**as**
él/ella/Vd	estudi**e**	com**a**	escrib**a**
nosotros/as	estudi**emos**	com**amos**	escrib**amos**
vosotros/as	estudi**éis**	com**áis**	escrib**áis**
ellos/as/Vds	estudi**en**	com**an**	escrib**an**

We use the present subjunctive in the following circumstances:

a) To answer the phone:
   Diga or **Dígame**   (lit. *Speak [to me]*)
b) To give a negative command:
   No entres.   *Don't go in.*
c) To express hopes, wishes, doubts, etc.:
   Espero que **venga**. *I hope he comes.*
   Quiero que **tengas** cuidado. *I want you to take care.*
   No creo que **vuelva**. *I don't think (s)he'll come back.*
d) To talk about the future after **cuando**:
   Cuando **termine** el curso buscaré trabajo.
   When I finish the course I'll look for a job.

Imperative: informal and formal
SEE PAGES 54, 132, 141, 142

	Informal		Formal	
	singular	plural	singular	plural
-ar verbs	escucha	escuchad	escuche	escuchen
-er verbs	bebe	bebed	beba	beban
-ir verbs	escribe	escribid	escriba	escriban

Reflexive verbs in the imperative add the reflexive pronoun at the end. Note that the **d** of **levantad** and **sentad** disappears:

	Singular		Plural	
levantarse	**levántate**	*get up*	**levantaos**	*get up (all of you)*
sentarse	**siéntate**	*sit down*	**sentaos**	*sit down (all of you)*

Other irregular imperative forms are as follows:

	Informal		Formal		
	singular	plural	singular	plural	
decir	di	decid	diga	digan la verdad	*tell the truth*
hacer	haz	haced	haga	hagan el trabajo	*do your work*
ir	ve	id	vaya	vayan ahora	*go now*
oír	oye	oíd	oiga	oigan	*listen*
poner	pon	poned	ponga	pongan el libro aquí	*put the book here*
salir	sal	salid	salga	salgan de aquí ahora	*leave here now*
ser	sé	sed	sea	sean bueno(s)	*be good*
tener	ten	tened	tenga	tengan el dinero	*have the money*
venir	ven	venid	venga	vengan aquí	*come here*

Negative imperatives for regular verbs are as follows:
SEE PAGES 149, 150

	Informal		Formal	
	singular	plural	singular	plural
-ar verbs	no escuches	no escuchéis	no escuche	no escuchen
-er verbs	no bebas	no bebáis	no beba	no beban
-ir verbs	no escribas	no ecribáis	no escriba	no escriban

Look at the table below for some common irregular negative imperatives:

	Informal		**Formal**	
	singular	plural	singular	plural
decir	no digas	no digáis	no diga	no digan
salir	no salgas	no salgáis	no salga	no salgan
venir	no vengas	no vengáis	no venga	no vengan

Verbs like *gustar*
SEE PAGE 13, 14, 18, 124

We use **gustar** in the 3rd person singular and plural to express likes and dislikes:
Me / Te / Le / Nos / Os / Les gusta(n)…
I / You / He, She, You / We / You / They, You like…

Me **gusta** la paella.   *I like paella.*
                            (lit. *paella pleases me*)

When we like more than one thing we use the plural form:
Me **gustan** las manzanas. *I like apples*
                            (lit. *apples please me*)

To say we like *doing* something, **gustar** is followed by a verb in the infinitive:
Me gusta leer.   *I like reading.*

Other verbs that work in this way are:

encantar	me encanta el arte	*I love art*
doler	me duele la cabeza	*my head aches*
faltar	me falta un tenedor	*I need a fork*
pasar	¿Qué te pasa?	*What's the matter with you?*

Explaining what you would like to do (*gustaría*)
SEE PAGE 36

For this we use the verb **gustar** in the conditional form:
¿Dónde te gustaría vivir?   *Where would you like to live?*
Me gustaría vivir en un pueblo. *I'd like to live in a village.*

ADJETIVOS	ADJECTIVES

SEE PAGES 9, 10

Adjectives in Spanish agree with the noun they describe. They agree in gender (masculine or feminine) and they agree in number (singular or plural).

	masculino	**femenino**
singular	un chico alt**o**	una chica alt**a**
plural	unos chicos alt**os**	unas chicas alt**as**

Adjectives that end in a consonant or in **-e** do not change in the singular form:
un coche gris   *a grey car*
un coche verde   *a green car*
una bicicleta gris   *a grey bike*
una bicicleta verde   *a green bike*

In the plural form, adjectives ending in a consonant add **-es** and those ending in **-e** simply add **-s**:
dos coche**s** grises   dos bicicleta**s** verdes

Most adjectives occur immediately after the noun:
un chico **alto**   *a tall boy*
una casa **grande**   *a big house*

Some adjectives which occur before the noun change their form:
El tiempo es **bueno**. / Hace **buen** tiempo.
The weather is good. / It's good weather.
El tiempo es **malo**. / Hace **mal** tiempo.
The weather is bad. / It's bad weather.

Some adjectives change their meaning depending on their position:
Es un hombre **grande**. / Es un **gran** hombre.
He is a big man. / He is a great man.

Possessive adjectives
SEE PAGES 7, 10, 33, 36, 106

These agree with the possessed object and not with the owner.

	masculine	
singular	**mi** hermano	*my brother*
	tu libro	*your book*
	su cuaderno	*his / her / your exercise book*
	nuestro coche	*our car*
	vuestro instituto	*your school*
	su salón	*their / your lounge*
plural	**mis** hermanos	*my brothers*
	tus libros	*your books*
	sus cuadernos	*his / her / your exercise books*
	sus reglas	*his / her / your rulers*
	nuestros coches	*our cars*
	vuestros institutos	*your schools*
	sus salones	*their / your lounges*

	feminine	
singular	**mi** hermana	*my sister*
	tu casa	*your house*
	su regla	*his / her / your ruler*
	nuestra clase	*our class*
	vuestra universidad	*your university*
	su cocina	*their / your kitchen*
plural	**mis** hermanas	*my sisters*
	tus casas	*your houses*
	nuestras clases	*our classes*
	vuestras universidades	*your universities*
	sus cocinas	*their / your kitchens*

We use **de** to express possession or family relation:

el padre **de** Isabel — *Isabel's father (lit. the father of Isabel)*

el coche **de** mi amigo — *my friend's car*

Comparatives and superlatives

SEE PAGES 54, 84

Comparatives

To say *more … than* we use **más** + the adjective + **que** as in these examples:

El Talgo es **más** rápido **que** el Intercity.
The Talgo is faster than the Intercity.
El tren es **más** cómodo **que** el autocar.
The train is more comfortable than the coach.

To say *less … than* we use **menos** + the adjective + **que** as in these examples:

El autocar es **menos** caro **que** el Talgo.
The coach is less expensive than the Talgo.
El autocar es **menos** cómodo **que** el tren.
The coach is less comfortable than the train.

To say something is *as … as* we use **tan** + adjective + **como**:

El libro es **tan** interesante **como** la película.
The book is as interesting as the film.

Some comparatives do not follow this pattern:

mejor	*better*
peor	*worse*
mayor	*older*
menor	*younger*

Superlatives

To say something is the best or biggest, we use **el** or **la** + **más** + adjective:

El Talgo es **el más** rápido. — *The Talgo is the fastest.*
La bicicleta es **la más** barata. — *The bicycle is the cheapest.*

To say something or somebody is the biggest, fastest, most beautiful, etc. we put the definite article (**el / la / los / las**) in front of the noun + **más** + the adjective:

el coche **más** rápido	*the fastest car*
la casa **más** grande	*the biggest house*
los libros **más** interesantes	*the most interesting books*
las clases **más** aburridas	*the most boring classes*

If we want to emphasise an adjective but not compare it with anything else, we use **-ísimo / -ísima**:

El AVE es rapid**ísimo**. — *The AVE is very fast.*

<table><tr><td>**ADVERBIOS**</td><td>**ADVERBS**</td></tr></table>

Many adverbs are formed by adding **-mente** to (feminine) adjectives, like adding 'ly' to adjectives in English:

rápido	El coche va **rápidamente**. *The car goes quickly.*
probable	**Probablemente** lloverá. *It will probably rain.*

Adverbs of time

SEE PAGES 119, 124

Voy al cine **a menudo**.	*I **often** go to the cinema.*
Voy al teatro **a veces**.	***Sometimes** I go to the theatre.*
Voy a la piscina **muy poco**.	*I **rarely** go to the swimming pool.*
Juego al tenis **de vez en cuando**.	*I play tennis **from time to time**.*
Veo la televisión **siempre que puedo**.	*I watch the television **whenever I can**.*
No voy al centro **muchas veces**.	*I don't go to the centre **often**.*
Ahora estudio en la universidad.	***Now** I'm studying at university.*
Siempre desayuno cereales.	*I **always** have cereals for breakfast.*

Other adverbs (quantity, mode, place)

Me gusta **mucho** el cine.	*I like the cinema **a lot**.*
Juega **bien**.	*He plays **well**.*
Juegan **mal**.	*They play **badly**.*
Vivo **aquí**.	*I live **here**.*
María vive **allí**.	*María lives **there**.*
He comido **bastante**.	*I've eaten **enough**.*

<table><tr><td>**PRONOMBRES**</td><td>**PRONOUNS**</td></tr></table>

Sujeto	**Subject**
Yo soy estudiante.	*I*
¿**Tú** eres española?	*you*
Él / Ella / Usted es de Madrid.	*he / she / you (formal)*
Nosotros somos estudiantes.	*we (masculine)*
Nosotras somos estudiantes.	*we (feminine)*
¿**Vosotros** sois estudiantes?	*you (masculine plural)*
¿**Vosotras** sois estudiantes?	*you (feminine plural)*
Ellos son de Argentina.	*they (masculine)*
Ellas son de Uruguay.	*they (feminine)*
¿**Ustedes** son de Perú?	*you (formal plural)*

In a normal conversation, subject personal pronouns are not used:

A: Hola Pedro. ¿Adónde vas?

B: Voy al gimnasio. ¿Quieres venir?

A: No; tengo que hacer mis deberes.

We include the subject pronouns when we need to emphasise something:

A: ¡Hola! ¿Quién eres?

B: **Yo** soy Ana. Trabajo aquí. ¿Y **tú**?

A: **Yo** soy Alfonso. **Yo** trabajo aquí también.

Or when we want to distinguish between two people:

María y Manuel estudian en la universidad. **Él** estudia Historia y **ella** estudia Ciencias.

Tú and Usted

The **Usted** form is used in formal situations or when speaking to someone, usually older than you, who you don't know, or someone in authority. Mostly people of the same age use the **tú** form and they also use it with older people they know well.

Note: **usted** and **ustedes** are sometimes written as: **Vd** (or **Ud**) and **Vds** (**Uds**).

Object pronouns

SEE PAGES 51, 54, 62, 74, 76, 78, 126, 131, 134, 138, 142, 150

Object pronouns can be direct or indirect:

Direct:	**lo** compró	*he bought **it***
Indirect:	**me** compró un libro	*he bought **me** a book (a book **for me**)*

In most cases both direct and indirect pronouns have the same form:

	Direct object pronouns		Indirect object pronouns	
	singular	plural	singular	plural
1st person	**me**	**nos**	**me**	**nos**
2nd person	**te**	**os**	**te**	**os**
3rd person	**lo, le, la**	**los, les, las**	**le (se)**	**les (se)**

Object pronouns usually go before the verb:
¿Qué **me** recomienda? *What do you recommend (to me)?*
¿Qué **le** debo? *What do I owe you?*
me quiere *he loves me*

Exceptions:
Object pronouns go on the end of the infinitive:
¿Puede pasar**me** la sal? *Could you pass me the salt?*

Also on the end of requests in the form of commands:
Pása**me** la sal. *Pass me the salt.*
Páse**me** la sal. *Could you pass me the salt?* (formal)

And also when the pronoun is attached to a gerund:
Estoy comiéndo**lo**. *I'm eating it.*

If a direct and indirect object are both used in the same sentence, the indirect pronoun goes first:
Me lo compró María. *Maria bought it for me.*

But if the first pronoun is **le** it becomes **se**:
Se la preparo. *I'll prepare it for him / her / them.*
Quiero dár**selo**. *I want to give it to him.*

Reflexive pronouns

Note that when we refer to parts of the body, we use a reflexive pronoun (**me / te / se**, **nos**, **os**, **se**) with the verb, and the definite article (**el / la**) with the noun:

Me he cortado **la** mano. *I've cut **my** hand.* (Note here that we don't say '**mi** mano'.)

Relative pronouns

SEE PAGES 132, 134

The most common relative pronoun is **que**:
El bolso **que** compré ayer. *The bag (that) I bought yesterday.*

We can also use **que** with the definite article to mean *the one* or *the ones*.

el que, la que, los que, las que

El bolso: es **el que** he comprado para mi madre.
The bag: it's the one I bought for my mother.

Las sandalias: son **las que** compré ayer.
The sandals: they are the ones I bought yesterday.

Personal pronouns after prepositions

These are usually used after a preposition. They are:

mí	Compró el libro para **mí**.	*S(he) bought the book for **me**.*
ti	Confía en **ti**.	*He trusts **you**.*
él	Trabaja con **él**.	*S(he) works with **him**.*
ella	Estudia con **ella**.	*S(he) studies with **her**.*
usted	¿Este libro es de **usted**?	*Is this book yours?* (lit. *of **you***).
nosotros/as	Dio el dinero a **nosotros**.	*He gave the money to **us**.*
vosotros/as	El regalo es para **vosotros**.	*The gift is for **you**.*
ellos/as	Juan vive con **ellos**.	*Juan lives with them.*
ustedes	¿Este señor está con **ustedes**?	*Is this gentleman with **you**?*

Note: **mí** and **ti** used with **con** have their own special form:
¿Vienes **conmigo**? *Are you coming with me?*
Voy al cine **contigo**. *I'm coming to the cinema with you.*

Possessive pronouns

SEE PAGES 33, 36, 100, 106

Masculine singular:
el mío *mine* / **el tuyo** *yours* / **el suyo** *his, hers, yours* / **el nuestro** *ours* / **el vuestro** *yours* / **el suyo** *theirs*

Feminine singular:
la mía / **la tuya** / **la suya** / **la nuestra** / **la vuestra** / **la suya**

Masculine plural:
los míos / **los tuyos** / **los suyos** / **los nuestros** / **los vuestros** / **los suyos**

Feminine plural:
las mías / **las tuyas** / **las suyas** / **las nuestras** / **las vuestras** / **las suyas**

Examples: ¿Es tu casa? Sí, es la mía.
¿Éstos son los libros de Juan? Sí, son los suyos.

Indefinite pronouns

The main indefinite pronouns are: **algo** (*something*), **alguien** (*someone, anyone*), **nada** (*nothing*) and **nadie** (*nobody*).

Lleva **algo** en la mano. *He's carrying **something** in his hand.*

Viene **alguien**. ***Someone** is coming.*

Interrogative pronouns (Question words)

SEE PAGES 10, 13, 18

Notice all interrogative pronouns have an accent:

¿Qué?	*What?*	**¿Quién(es)?**	*Who?*
¿Cuál(es)?	*Which?*	**¿Cómo?**	*How?*
¿Dónde?	*Where?*	**¿Adónde?**	*(To) Where?*
¿Cuándo?	*When?*	**¿Cuánto/a/os/as?**	*How much?/*
¿Por qué?	*Why?*		*How many?*

We use **¿qué ... ?** when the question word is followed by a noun:

¿Qué bebida quieres? *What drink do you want?*

And we use **¿cuál ... ?** when the question word is followed by a verb:

¿Cuál es tu bebida favorita? *What is your favourite drink?*

If we use a preposition with a question word, it goes before the question word:

¿De qué hablas con tus padres? *What do you talk **about** with your parents?*

But note when **a** is used with **dónde**, it becomes part of the word:

¿Adónde vas? *Where are you going?*

Demonstrative pronouns

SEE PAGES 7, 10

éste / ésta *this*   **éstos / éstas** *these*

Demonstrative pronouns are used to present or introduce things or people. Each form agrees with the noun.

Éste es mi padre. *This is my father.*
Éstas son mis hermanas. *These are my sisters.*

They are also used to indicate something without saying its name:

Quiero **éste**. *I want **this one** (pointing at a sweater – **un jersey**).*

PREPOSICIONES		PREPOSITIONS

SEE PAGES 84, 142

a	*to, at*	**hacia**	*towards*
con	*with*	**por**	*for (see below)*
de	*from, of*	**para**	*for (see below)*
desde	*from, since*	**entre**	*between, amongst*
en	*in, on*	**sin**	*without*
sobre	*on, about, above*		

Prepositions of place

delante de	*in front of*
detrás de	*behind*
debajo de	*under*
dentro de	*in, inside*
encima de	*on top of*
enfrente de	*opposite*
cerca de	*near*
lejos de	*a long way from*

The personal *a*

Spanish always places **a** before a person:
Invitó **a** María al cine. *He invited María to the cinema.*

Uses of *por*

Trabajo **por** la mañana.	*I work **in** the morning.*
Voy a mi trabajo **por** el parque.	*I go to work **through** the park.*
Nos comunicamos **por** email.	*We communicate **by** e-mail.*
Cuesta veinte euros **por** hora.	*It costs twenty euros **per** hour.*
No fuimos **por** la lluvia.	*We didn't go **because of** the rain.*

Uses of *para*

El regalo es **para** mi madre.	*The gift is **for** my mother.*
Trabajo **para** ganar dinero.	*I work (**in order**) **to** earn money.*
¿De dónde sale el tren **para** Madrid?	*Where does the train **for** Madrid leave from?*

CONJUNCIONES		CONJUNCTIONS

y	el chico **y** la chica	*the boy **and** the girl*
e (= **y** before i/hi)	padre **e** hijo	*father **and** son*
o	más **o** menos	*more **or** less*
u	uno **u** otro	*one **or** another*
pero	Tengo un hermano **pero** no tengo hermanas.	*I have a brother **but** I don't have sisters.*
porque	Fue **porque** le invitaron.	*He went **because** they invited him.*
aunque	Fue **aunque** no quería.	*He went **although** he didn't want to.*

Vocabulario español–inglés

A

a ver	*let's see*
abajo	*below, downstairs*
el abanico	*fan (hand)*
el/la abogado/a	*lawyer, solicitor*
el abrazo	*hug*
abril	*April*
el/la abuelo/a	*grandfather / grandmother*
acampar	*to camp*
el accidente	*accident*
acompañar	*to accompany*
aconsejar	*to advise*
acordarse	*to remember*
el actor	*actor*
la actriz	*actress*
actualmente	*now, nowadays*
actuar	*to act*
además	*besides*
¿adónde?	*(to) where?*
el agua (*f*)	*water*
alegrarse	*to be happy*
alemán / alemana	*German*
el algodón	*cotton*
alrededor	*around, surrounding*
el ama de casa	*housewife*
amable	*friendly, kind*
amarillo	*yellow*
América del Sur	*South America*
el/la amigo/a	*friend*
amistoso/a	*friendly*
el año	*year*
anoche	*last night*
aparte de	*apart from*
el apellido	*surname*
arriba	*above, upstairs*
el asiento	*seat*
la aspiradora	*vacuum cleaner*
el atún	*tuna*
el autobús	*bus*
la ayuda	*help, assistance*
el ayuntamiento	*town hall*
el azúcar	*sugar*
azul	*blue*

B

el bacalao	*cod*
bailar	*to dance*
bajo/a	*short*
el balcón	*balcony*
el banco	*bank*
bañarse	*to bathe*
la barba	*beard*
la basura	*rubbish*
beber	*to drink*
la bicicleta	*bicycle*
el bigote	*moustache*
la blusa	*blouse*
la boca	*mouth*
la bombilla	*(light) bulb*
las botas	*boots*

C

el caballo	*horse*
cada	*each, every*
la cafetería	*cafeteria*
la caja	*box, till*
caliente	*hot*
la calor	*heat*
calvo	*bald*
el/la camarero/a	*waiter / waitress*
cansado/a	*tired*
el/la cantante	*singer*
cantar	*to sing*
la cara	*face*
el carácter	*character*
caro/a	*expensive*
la carta	*letter / menu*
la casa	*house*
casado/a	*married*
(pelo) castaño (claro / oscuro)	*chestnut brown (light / dark) (hair)*
la catedral	*cathedral*
la cebolla	*onion*
los cereales	*cereals*
cerrado/a	*closed*
cerrar	*to close*
la cerveza	*beer*
el ciclismo	*cycling*
el cine	*cinema*
claro/a	*light (colour)*
el coche	*car*
cocinar	*to cook*
el/la cocinero/a	*cook*
coger	*to get, to catch (a bus or train)*
la coleta	*pony tail*
el color	*colour*
el conejillo de Indias	*guinea pig*
contento/a	*happy*
el correo	*post, mail*
la cosa	*thing*
la costa	*coast*
costar	*to cost*
creer	*to believe*
¿cuándo?	*when?*
cuarto	*fourth*
el cumpleaños	*birthday*
el/la cuñado/a	*brother- / sister-in-law*

D

darse prisa	*to hurry up*
de acuerdo	*OK, agreed*
de nuevo	*again*
deber	*must*
deber (¿cuánto le debo?)	*to owe (how much do I owe you?)*
decir	*to say, to tell*
el dedo	*finger*
dejar de (+ infinitive)	*to stop (doing)*
delante de	*in front of*
delgado/a	*thin, slim*
delicioso/a	*delicious*
deme	*(Could you) give me … ?*
el/la dentista	*dentist*
el desastre	*disaster*
desde hace (tres años)	*for (three years)*
el desempleo	*unemployment*
después (de)	*after (afterwards)*
destruir	*to destroy*
detrás (de)	*behind*
dibujar	*to draw*
el dibujo	*drawing, picture*
diciembre	*December*
la diferencia	*difference*
difícil	*difficult*
la dirección	*address / direction*
el director	*director*
el disco (compacto)	*record (CD)*
la discoteca	*disco*
divorciado/a	*divorced*
el documental	*documentary*
el dormitorio	*bedroom*
ducharse	*to have a shower*
durante	*during, for*

E

echar / echan una película	*to show / they are showing a film*
la edad	*age*
el egoísmo	*selfishness*
el ejemplo	*example*
el/la electricista	*electrician*
elegante	*smart, elegant*
empezar	*to begin*
el/la empresario/a	*company manager*
(estar) enamorado/a de	*(to be) in love with*
en punto	*exactly (time)*
encantado/a	*delighted (to meet you)*
encima de	*on top of*
enero	*January*
enfadado/a	*angry*
el/la enfermero/a	*nurse*
enfermo/a	*ill*
la ensalada	*salad*
entender	*to understand*
entonces	*then, next*
entrar	*to go in, to enter*
enviar	*to send*
el equipo	*team / equipment*
escoger	*to choose*
escocés / escocesa	*Scottish*
escuchar	*to listen*
la escuela	*school*
la escultura	*sculpture*

la esquina	the corner
la estación	station
el estadio	stadium
la estatura (mediana)	(medium) height
estropear	to break
el euro	euro
evitar	to avoid
exactamente	exactly
el examen	exam
el éxito	success
explicar	to explain

F

la fábrica	factory
fácil	easy, simple
falso/a	false
la familia	family
famoso/a	famous
la farmacia	chemist's
febrero	February
feliz	happy
la ficha	(registration) form
firmar	to sign
el/la fontanero/a	plumber
la foto	photo
francés / francesa	French
la frase	sentence / phrase
la fresa	strawberry
el frigorífico	fridge
frío/a	cold
la frutería	fruiterer
fuera	outside
funcionar	to function, to work
el fútbol	football
el futuro	the future

G

la galería	gallery
galés / galesa	Welsh
las gambas	prawns
ganar un premio	to win a prize
el gato	cat
generalmente	generally
la Geografía	Geography
gordo/a	fat, well-built
grande	big
gratis	free
gris	grey
el grupo	group
guapo/a	good-looking
guardar	to keep

H

hablar	to speak
hace (tres meses)	(three months) ago
hace cinco años (que juego)	I've been (playing) for five years
¿hace cuánto tiempo?	how long?
hacerse socio	to join, become a member
hacia	towards
el hambre	hunger
la hamburguesa	hamburger
(estar) harto/a de	fed up (with)
hasta	until
la herida	injury
hermanastro/a	half-brother / sister
el/la hermano/a	brother / sister
el/la hijo/a	son / daughter
el hombre	man
la hora	the time
hoy	today
el humo	smoke

I

la iglesia	church
imposible	impossible
el/la ingeniero/a	engineer
inmediatamente	immediately
inteligente	intelligent
interesante	interesting
invitar	to invite

J

el jabón	soap
el jamón	ham
el jefe	boss
el jersey	sweater
joven	young
el/la joven	young person
jubilado/a	retired
el juego	game

L

el laboratorio	laboratory
el lado	the side
el lavaplatos	dishwasher
lavarse	to wash oneself
la leche	milk
la lechuga	lettuce
la lectura	reading
leer	to read
los lentes de contacto	contact lenses
levantarse	to get up
el libro	book
el limón	lemon
la limonada	lemonade
el litro	litre
la llamada	(telephone) call
llamarse	to be called
la llave	key
lleno	full
llevar	to wear
llorar	to cry
llover (llueve)	to rain (it rains / it's raining)
la lotería	lottery
luego	then, later, after

M

la madrastra	stepmother
la madre	mother
la maleta	suitcase
la manzana	apple
la máquina	machine
mareado/a	faint, sick
el marido	husband
el matrimonio	married couple
mayor	older
el médico	doctor
el medio ambiente	the environment
medir (¿cuánto mides?)	to measure (how tall are you?)
(a lo) mejor	probably, (I) expect
mejor	better
la melena (corta)	shoulder-length hair
menor	younger
el mensaje	message
mentir	to lie
(a) menudo	often
el mercado	market
merecer	to deserve
la mesa	table
el metro	underground
moderno/a	modern
moreno/a	dark, brown (hair, eyes)
morir	to die
el (teléfono) móvil	mobile (phone)
muerto/a (estar)	(to be) dead
la mujer	woman, wife
la música	music

N

nacer	to be born
nadar	to swim
la naranja	orange (fruit)
la nariz	nose
la natación	swimming
el/la nieto/a	grandson / granddaughter
el/la niño/a	child
la noche	night
la Nochebuena	Christmas Eve
la Nochevieja	New Year's Eve
normalmente	normally
la novela	novel
el/la novio/a	fiancé(e), boyfriend / girlfriend
la nube	cloud
numerado/a (las entradas son numeradas)	numbered (the tickets are numbered)

O

odiar	to hate
oír	to hear, to listen
el ojo	eye

el olor	*smell*
olvidar	*to forget*
ordenado/a	*tidy, organised*
ordenar	*to tidy, to organise*
la oreja	*ear*
organizar	*to organise*

P

el padrastro	*stepfather*
el padre	*father*
el paisaje	*countryside*
el pájaro	*bird*
la panadería	*baker's*
la papelería	*stationer's*
parar	*to stop*
la pareja	*couple*
los parientes	*relatives*
el pasajero	*passenger*
pasear	*to walk, to stroll*
la pasta de dientes	*toothpaste*
el pastel	*cake*
la pastelería	*cake shop*
pedir	*to ask for*
peinarse	*to comb one's hair*
peligroso/a	*dangerous*
pensar	*to think*
la pera	*pear*
perder	*to lose*
la pereza	*laziness*
el/la periodista	*journalist*
el perro	*dog*
pescar	*to fish*
el peso	*weight*
pintar	*to paint*
el piso	*flat (apartment)*
planificar	*to plan*
pobre	*poor*
poder	*to be able*
la policía	*police*
ponerse	*to come (to the*
(ahora se pone)	*phone) (he/she's just coming)*
por ahí	*around and about*
porque	*because*
¿por qué?	*why?*
por todo	*everywhere, all over*
portarse	*to behave oneself*
(bien / mal)	*(well / badly)*
el/la primo/a	*cousin*
el problema	*problem*
el programa	*programme*
la propiedad personal	*personal belongings*
propio	*own*
(mi propio libro)	*(my own book)*
próximo/a	*next*

Q

quejarse	*to complain*
la quemadura	*burn*
el queso	*cheese*

R

el ratón	*mouse*
el/la recepcionista	*receptionist*
recordar	*to remind*
recto	*straight on*
redondo/a	*round*
el régimen	*diet*
reírse	*to laugh*
rellenar	*to fill (in)*
respetar	*to respect*
el retraso	*delay*
revelar	*to develop (film)*
ruidoso/a	*noisy*

S

saber	*to know*
el sabor	*taste*
la salida	*exit / departure*
salir	*to leave, to go out*
la salsa	*sauce*
sano/a	*healthy*
se escribe…	*it is spelt…*
el/la secretario/a	*secretary*
la sed	*thirst*
el semáforo	*traffic light*
sentarse	*to sit down*
siempre	*always*
significar	*to mean*
la silla	*chair*
el sillón	*armchair*
el/la sobrino/a	*nephew / niece*
el/la socio/a	*member*
el/la soltero/a	*single (person)*
sonreír	*to smile*
subir	*to go up*
el sueldo	*salary*
la suerte	*luck*
(tener suerte)	*(to be lucky)*

T

el tabaco	*tobacco*
las tapas	*bar snacks*
la tarde	*afternoon*
tarde	*late*
tener	*to have*
tener calor	*to be hot (person)*
tener frío	*to be cold (person)*
tener hambre	*to be hungry*

tener sed	*to be thirsty*
terminar	*to finish*
el tiempo	*weather*
a tiempo	*in time (to do*
(de hacer algo)	*something)*
tiempo libre	*free time*
el/la tío/a	*uncle / aunt*
tocar	*to touch*
tocar	*to play (an*
(un instrumento)	*instrument)*
todo el mundo	*everyone*
torcerse (me he	*to twist/sprain*
torcido el tobillo)	*(I've twisted my ankle)*
la tortilla	*omelette*
la trenza	*plait*
el/la turista	*tourist*

U

el/la último/a	*the last one*
la universidad	*university*
utilizar	*to use*

V

las vacaciones	*holidays*
vacío/a	*empty*
el/la vecino/a	*neighbour*
la velocidad	*speed*
(a gran velocidad)	*(very fast)*
la ventaja	*advantage*
el verano	*summer*
el vestido	*dress*
vestirse	*to get dressed*
viejo/a	*old*
visitar	*to visit*
el/la viudo/a	*widower / widow*
el vuelo	*flight*

W

el windsurf	*windsurfing*

Y

el yogur	*yogurt*

Z

la zanahoria	*carrot*
el zapato	*shoe*

Vocabulario inglés–español

A

abroad	el extranjero
advertisement	el anuncio
aeroplane	el avión
again	otra vez
ago (three months ago)	hace (hace tres meses)
AIDS	el sida
air conditioning	el aire acondicionado
airport	el aeropuerto
almost	casi
although	aunque
amusing	divertido/a
angry	enfadado/a
to get angry	enfadarse
ankle	el tobillo
to annoy	molestar
to apply for a job	pedir trabajo
area (of a city)	la zona
to argue	discutir
argument	la discusión
arm	el brazo
to arrange to meet (we'll meet)	quedar (quedamos)
to arrive	llegar
assembly hall	el salón de actos
athletics	el atletismo
atmosphere	el ambiente
aunt	la tía

B

back (body)	la espalda
(to be) bad-tempered	(tener) mal genio
bag	el/la bolso/a
bald	calvo/a
ball	la pelota
basketball	el baloncesto
basketball court	la cancha
bath	la bañera
bathroom	el baño / el cuarto de baño
beach	la playa
beard	la barba
bedside table	la mesilla, la mesita de noche
to behave oneself (well / badly)	portarse (bien / mal)
besides	además
between	entre
bicycle	la bicicleta
bilingual	bilingüe
bill	la cuenta
blow, bump	el golpe
boat	el barco
book	el libro
bookshop	la librería
to be bored	estar aburrido/a
to be boring	ser aburrido/a
to get bored	aburrirse

boy	el chico
boyfriend	el novio
bracelet	la pulsera
to break	romper
breakdown	la avería
bridge	el puente
broken	roto/a
broken, damaged	estropeado/a
brother	el hermano
brother-in-law	el cuñado
to build	construir
building	el edificio
bulb (light)	la bombilla
bump, blow	el golpe
to burn	quemar
to burn oneself	quemarse
bus stop	la parada de autobús
business	el negocio / los negocios
busy	ocupado/a
butcher's shop	la carnicería
butter	la mantequilla
to buy	comprar
to buy tickets	sacar (entradas)

C

calculator	la calculadora
calm	tranquilo/a
campsite	la acampada / el camping
can, tin	la lata
cap	la gorra
car hire	el alquiler de coches
(credit) card	la tarjeta (de crédito)
carpet	la alfombra
cartoon films	los dibujos animados
cashpoint	el cajero automático
champion	el campeón / la campeona
championship	el campeonato
to change	cambiar
to change (clothes)	cambiarse
changeable	variable
changing room (in shop)	el probador
channel (television)	la cadena / el canal
character, personality	el carácter
to chat	charlar
to chat online	chatear
cheap	barato/a
cheerful	alegre
chest (body)	el pecho
to choose	elegir
chore	la tarea
Christmas Day	el día de Navidad

city	la ciudad
classroom	el aula (f)
clean	limpio/a
to clean	limpiar
clear, fine (weather)	despejado
climate	el clima
clock	el reloj
clothes	la ropa
cloud	la nube
cloudy	nublado
coach, bus	el autocar
coin	la moneda
(it's) cold (weather)	(hace) frío
comfortable	cómodo/a
company	la empresa
to complain	quejarse
complaint	la queja
compulsory	obligatorio/a
computer	el ordenador
to construct	construir
contact lenses	las lentes de contacto
(it's) cool (weather)	(hace) fresco
corridor	el pasillo
cough	la tos
course (education)	el curso
cousin	el/la primo/a
cow	la vaca
cup	la taza
curly (hair)	(pelo) rizado
currency	la moneda
to cut	cortar
to cut oneself	cortarse

D

damage	el daño
to damage	dañar
dark	oscuro/a
date (with someone)	la cita
dead	muerto/a
department store	los grandes almacenes
dessert	el postre
to destroy	destruir
diary	la agenda
diet	el régimen
different	distinto/a, diferente
dining room	el comedor
dirty	sucio/a
discount	el descuento
divorced	divorciado/a
door	la puerta
dream	el sueño
drink	la bebida
to drink	beber
driving licence	el carnet de conducir
drug addict	el/la drogadicto/a

drugs	las drogas
dry	seco/a
to dust	limpiar el polvo
duty	la tarea

E

to earn money	ganar dinero
earrings	los pendientes
Easter	Pascua
education	la educación
egg	el huevo
e-mail	el correo electrónico (email)
to employ	emplear
employee	el/la empleado/a
employment	el empleo
empty	vacío/a
engineer	el/la ingeniero/a
to enjoy	disfrutar
to enjoy oneself	divertirse
enjoyable	divertido/a
entertaining	entretenido/a
entrance	la entrada
environment	el medio ambiente
especially, above all	sobre todo
even though	aunque
every day	todos los días
excitable	nervioso/a
exercise	el ejercicio, la gimnasia

F

fairground, theme park	el parque de atracciones
fantastic!	¡fenomenal!
far away	lejos
fashion	la moda
father	el padre
favourite, preferred	preferido/a
(to be) fed up (with)	(estar) harto (de)
field	el campo
to fill (in)	rellenar
to find	encontrar
first course (meal)	el primer plato
(to be) fit	(estar) en forma
flat (apartment)	el piso
flat (land)	plano/a
floor (storey)	el piso
flu	la gripe
fog	la niebla
it's foggy	hace niebla
food	la comida
foot	el pie
football ground	el campo de fútbol
for sale	se vende
fork	el tenedor
form	la ficha
fountain pen	la pluma
free (time)	(tiempo) libre
friendly, nice	simpático/a
friendship	la amistad
from time to time	de vez en cuando

full	lleno/a
funny	divertido/a
furniture	los muebles

G

garden	el jardín
to get on (a bus / train)	subir (al autobús/ tren)
to get on with (someone)	llevarse bien con (alguien)
to get up	levantarse
girl	la chica
girlfriend	la novia
to give	dar
glass (material)	el cristal
glass (for drinking)	el vaso
glass (wine)	la copa
glasses (sight)	las gafas
gloves	los guantes
to go to bed	acostarse
good-looking	guapo/a
grandfather	el abuelo
grandmother	la abuela
grape	la uva
group	la pandilla
gym	el gimnasio

H

hallway	el pasillo
hand	la mano
to hang up the telephone	colgar el teléfono
hard-working	trabajador(a)
hat	la gorra
to have	tener
to have (eat, drink)	tomar
head	la cabeza
headache	el dolor de cabeza
health	la salud
heart	el corazón
heating	la calefacción
to help	ayudar
hip	la cadera
hole	el agujero
holidays	las vacaciones
homework	los deberes
(it's) hot (weather)	(hace) calor
house	la casa
housewife	el ama de casa
how long?	¿cuánto tiempo?
how long ago?	¿hace cuánto tiempo?

I

ice cream	el helado
illness	la enfermedad
immediately	en seguida
impatient	impaciente
to improve	mejorar
inhabitant	el/la habitante
injection	la inyección

instead of	en lugar de
interview	la entrevista
to interview	entrevistar
to introduce (someone)	presentar (a alguien)
iron	la plancha
to iron	planchar

J

jacket	la chaqueta, la cazadora
jealous	envidioso/a
jealousy	la envidia
jeans	los (pantalones) vaqueros
jewellery	la joyería
job	el trabajo
journalist	el/la periodista
journey	el viaje

K

to kill	matar
kiosk	el estanco / el quiosco
kitchen	la cocina
knife	el cuchillo
to know (person or place)	conocer

L

lake	el lago
lamp	la lámpara
language	la lengua, el idioma
languages	los idiomas
laptop computer	el ordenador portátil
to last (time)	durar
last week	la semana pasada
lazy	perezoso/a
leaflet	el folleto
left	la izquierda
to learn to (do something)	aprender a (hacer algo)
to leave a message	dejar un recado
leg	la pierna
liar	el/la mentiroso/a
library	la biblioteca
lie	la mentira
to lie	mentir
lift / elevator	el ascensor
light (illumination), electricity supply	la luz
little	poco, poquito
to look after	cuidar
to look for	buscar
lounge	el salón
love	el amor
luck (to be lucky)	la suerte (tener suerte)

M

magazine	*la revista*
main course (of a meal)	*el plato fuerte, segundo plato*
map	*el mapa*
married	*casado/a*
match (football)	*el partido (de fútbol)*
maybe	*quizás*
medicine	*la medicina*
to meet	*reunirse*
member	*el/la socio/a*
message	*el recado*
mirror	*el espejo*
mobile (phone)	*el (teléfono) móvil*
money	*el dinero*
month	*el mes*
more or less	*más o menos*
most	*la mayoría*
mother	*la madre*
motorbike	*la moto*
motorway	*la autopista*
mountain	*la montaña*
moustache	*el bigote*

N

narrow	*estrecho/a*
naughty	*travieso/a*
near	*cerca*
neck	*el cuello*
to need	*necesitar*
neighbourhood	*el barrio*
nephew	*el sobrino*
nervous	*nervioso/a*
never	*nunca*
nevertheless	*sin embargo*
news	*las noticias*
newspaper	*el periódico*
next to	*al lado de*
niece	*la sobrina*
noise	*el ruido*
noisy	*ruidoso/a*
now	*ahora*
nowadays	*en la actualidad*
number plate (car)	*la matrícula*
nurse	*el/la enfermero/a*

O

often	*a menudo*
oil	*el aceite*
ointment	*la pomada*
older	*mayor*
open	*abierto/a*
to open	*abrir*
opposite	*enfrente (de)*
organised	*ordenado/a*
outskirts	*los alrededores, las afueras*
overcast	*cubierto*
overseas	*el extranjero*
to owe (how much do I owe you?)	*deber (¿cuánto le debo?)*
owner	*el/la dueño/a*

P

packet	*el paquete*
parcel	*el paquete*
to pass (exams)	*aprobar*
passage	*el pasillo*
pastime	*el pasatiempo*
patient	*paciente*
peach	*el melocotón*
pencil	*el lápiz*
people	*la gente*
pepper	*la pimienta*
performance, showing (cinema)	*la sesión*
perhaps	*quizás*
personality	*la personalidad*
pill	*la pastilla*
pillow	*la almohada*
place	*el lugar*
plait	*la trenza*
plan(s)	*el plan (los planes)*
playground	*el patio*
pleasant	*agradable*
pleased to meet you	*mucho gusto*
plot (storyline)	*el argumento*
plumber	*el/la fontanero/a*
pocket money	*la paga*
pollution	*la contaminación*
pony tail	*la coleta*
post office	*(la oficina de) correos*
postcard	*la (tarjeta) postal*
poverty	*la pobreza*
to prefer	*preferir*
price	*el precio*
probably	*a lo mejor*
procession	*la procesión*
profession	*la profesión*
purse	*el monedero*
to put	*poner*

Q

quality	*la cualidad*

R

rain	*la lluvia*
to rain (it rains)	*llover (llueve)*
it's raining	*está lloviendo*
to realise	*darse cuenta*
receipt	*el recibo*
registration plate	*la matrícula*
to relax	*descansar*
(remote) control	*el mando (a distancia)*
to rent (flat for rent)	*alquilar (se alquila piso)*
to repair	*arreglar / reparar*
report (to police)	*la denuncia*
to report (to the police)	*denunciar*
results	*las notas*
retired	*jubilado/a*
to return	*regresar / volver*

S

rice	*el arroz*
right (side)	*la derecha*
robbery	*el robo*
room	*el cuarto, la habitación*
rubber (eraser)	*la goma*
rucksack	*la mochila*
to run	*correr*
sad	*triste*
sales (reductions)	*las rebajas*
salt	*la sal*
salty	*salado/a*
sample	*la muestra*
sausage	*la salchicha*
to save (money)	*ahorrar (dinero)*
scarf	*la bufanda*
school	*el colegio, la escuela (primary) / el instituto (secondary)*
school bag	*la cartera/ la mochila*
science fiction	*la ciencia-ficción*
season	*la estación*
see you later	*hasta luego*
selfish	*egoísta*
to sell	*vender*
sensitive	*sensible*
separated	*separado/a*
series	*la serie*
serious	*serio/a*
to share	*compartir*
shelf	*la estantería*
shirt	*la camisa*
shoes	*los zapatos*
shop	*la tienda*
shop assistant	*el/la dependiente/a*
(to go) shopping	*(ir de) compras*
shopping centre	*el centro comercial*
shoulder	*el hombro*
show (theatre, TV)	*el espectáculo*
to show	*enseñar*
to show (they are showing a film)	*echar (echan una película)*
shower (in bathroom)	*la ducha*
shower (rain)	*el chubasco*
to have a shower	*ducharse*
to shrink	*encogerse*
shy	*tímido/a*
sincere	*sincero/a*
single (person)	*el/la soltero/a*
sister	*la hermana*
sister-in-law	*la cuñada*
size (clothes)	*la talla*
to skate	*patinar*
skating	*el patinaje*
to ski	*esquiar*
skiing	*el esquí*
skirt	*la falda*
sky	*el cielo*

to be sleepy	*tener sueño*
slow	*despacio*
to smoke	*fumar*
snow	*la nieve*
to snow (it snows / it's snowing)	*nevar (nieva)*
socks	*los calcetines*
sometimes	*a veces*
(I'm) sorry	*lo siento*
to spend (money)	*gastar (dinero)*
spoon	*la cuchara*
sport / sports	*deporte / los deportes*
sports centre	*el centro deportivo*
sports shoes	*las zapatillas (de deporte)*
sprain	*el esguince*
square	*la plaza*
staircase	*la escalera*
to stay (I'll stay at home)	*quedarse (me quedaré en casa)*
to steal / to rob	*robar*
stepfather	*el padrastro*
stepmother	*la madrastra*
to sting (from a burn)	*escocer*
stomach	*el estómago*
storm	*la tormenta*
straight (hair)	*(pelo) liso*
straight on	*todo recto*
strange	*extraño/a*
stripes	*las rayas*
strong	*fuerte*
study	*el estudio*
to study	*estudiar*
subject (school)	*la asignatura*
suburb	*el barrio*
to sunbathe	*tomar el sol*
sunglasses	*las gafas de sol*
(it's) sunny	*hace sol*
to sweep (the floor)	*barrer (el suelo)*
sweet	*dulce*
to swim	*nadar*
swimming	*la natación*

T

tablet	*la pastilla*
to take (time)	*tardar*
tap	*el grifo*

to teach	*enseñar*
team	*el equipo*
teaspoon	*la cucharilla*
to tell (a story)	*contar*
temperature (fever)	*la fiebre*
temperature (weather)	*la temperatura*
tent	*la tienda (de camping)*
terrific! great!	*¡estupendo/a!*
theft	*el robo*
there	*allí*
thief	*el ladrón / la ladrona*
ticket	*la entrada*
to buy the tickets	*sacar las entradas*
ticket (for travel)	*el billete*
tidy	*ordenado/a*
to tidy	*ordenar*
tie	*la corbata*
tights	*las medias*
timetable	*el horario*
to be tired	*estar cansado/a*
toast	*la tostada*
together	*junto/a, juntos/as*
toilets	*los servicios*
too much, too many	*demasiado/a demasiados/as*
tourism	*el turismo*
tourist office	*la oficina de turismo*
towel	*la toalla*
town	*el pueblo*
toy	*el juguete*
to train	*entrenar*
trainer	*el/la entrenador(a)*
training	*la formación*
to travel	*viajar*
tree	*el árbol*
trip	*la excursión / el viaje*
to trust (a person)	*confiar (en una persona)*
T-shirt	*la camiseta*
twist / sprain (I've twisted my ankle)	*torcerse (me he torcido el tobillo)*

U

ugly	*feo/a*
umbrella	*el paraguas*
uncle	*el tío*
uncomfortable	*incómodo/a*
underneath, below	*debajo de*
unemployment	*el paro*
unfriendly	*antipático/a*
used to	*acostumbrado/a*
useful	*útil*

V

village	*el pueblo*

W

wallet	*la cartera*
wardrobe	*el armario*
to wash	*lavar*
to wash oneself	*lavarse*
washbasin	*el lavabo*
washing machine	*la lavadora*
watch	*el reloj*
to watch television	*ver la televisión*
to wear	*llevar*
weather forecast	*la predicción del tiempo*
to weigh (how much do you weigh?)	*pesar (¿cuánto pesas?)*
whenever I can	*siempre que puedo*
wide	*ancho/a*
widower / widow	*el/la viudo/a*
window	*la ventana*
(it's) windy	*hace viento*
wood	*la madera*
wood (trees)	*el bosque*
work	*el trabajo*
to work	*trabajar*
worried	*preocupado/a*
to worry	*preocuparse*
wrist	*la muñeca*

Y

yesterday	*ayer*
younger	*menor*